i

为了人与书的相遇

We read the world

出品人　　　　　于威　张帆

主编　　　　　　吴琦

副主编　　　　　刘宽

编辑　　　　　　刘婧

英文编辑　　　　Callum Smith（高林）

特约编辑　　　　阿乙

　　　　　　　　Filip Noubel（马云华）

　　　　　　　　Isolda Morillo（莫沫）

　　　　　　　　索马里

　　　　　　　　文珍

封面摄影作品　　彭可

如果还有明天

我家以前住在五楼，后来搬家，还是住在五楼。

在南方，六七十年代留下的老式住宅楼，多数都建到七八层。虽然没有决定权，但我总在心里暗暗谋划，住在三楼最好。一楼二楼太吵，看上去容易招贼，顶楼太高，又没有电梯，每天数着台阶爬楼，太辛苦。住在五楼，好像还凑合？在小区里占据一个中间偏上的位置，发呆的时候能盯着对面的楼，看看谁也趴在窗台看外面，数一数有多少人家在夜里亮着灯。

后来搬去另一个五楼，对面没有楼房，小区铁门外有一条小溪，被垃圾砌成了水沟，旁边有几户很旧的农舍没有拆掉，几乎就要倾塌的几根漆黑的木柱子撑着，里面早就没人住。于是窗外的风景便只有它们，看久了几乎像是在等待，等着有人来收拾这几间屋子，收拾那条水沟。

小时候住在小地方，却总盼着大事发生，从五楼搬到五楼，这种小事让我感到无趣，生活怎么一点变化也没有。

后来在北京，搬了几次家之后，竟然还是住在五楼。我很晚才意识到这个巧合，其实也没真的把它当作巧合，因为在巨型城市里生活，就像在远洋的深海里游泳，人没什么选择。五楼在这里根本算不上高处，绝大多数楼房都装电梯，每层之间的差距不过几秒钟。窗外也没什么景色，没人会在窗台上探出头，外面有人吵架、发酒疯，有狗乱叫，只需要在屋里咒骂。人变得迟钝、懒惰。我也不再像过去的我，一层一层去计较，去想象自己要在几楼。

再有清晰的楼层意识，是到《单读》工作以后。这座四层小楼躲在一个大院，一个国有单位的大院里，外墙覆满一层爬山虎，大门开在草丛深处，被一排海棠和一丛竹子挡着，初次来根本找不到，仿佛它真的在躲避什么。一楼是书店和咖啡厅，二楼是开放空间，做沙龙和展览，以前我来，通常匆匆就走，觉得这种世外桃源一样的地方不适合逗留。直到后来，走上了"参观止步"的三楼四楼，坐进了这里的办公室，我才真正走入它的结构中。

一道楼梯贯穿了这座房子。一楼二楼的楼梯铺着木地板，到了三楼就换成了水磨石，墙面的颜色也有变化，楼下水泥的颜色裸在外面，楼上挂着海报和照片，把墙刷成了白色。楼道狭窄，只够两人过身，窄到不能像在电梯里那样对遇到的人无动于衷。也没有别的风景了，只有每层开一扇小小的窗户，在窗外攀爬的植物总是把天光拖拽到那点有限的空间里，交缠出各种出人意料的画面，天晴的时候比烈日诗意，雾霾的时候又比雾霾温柔。每天上班，我都穿过它们，走上四楼。

想事的时候，我就慢慢走，慢到足够看清墙上凸出的钉子，跨上每节台阶都像跨过一个难题。着急或者振奋了，就快走几步，甚至跑起来，别看只有矮矮四层楼，夏天时也能走得大汗临头。有时会突然被自己陷入这种旷日持久的重复吓到，有时又侥幸于在喧哗的巨变中，还始终拥有这上楼下楼的几分钟。

小时候的挑剔，对于变化、成就、一个更庞大的未来的渴求，好像直到这个新的常态的建立，才渐渐平息下来。四楼之外的生活如火如荼，我也投身进去，而楼里这条僻静的通道，日夜奔流，竟已过去四年了。

现在，我即将告别这段走楼梯上下班的时光。在《单读 19》出版的时候，我们的编辑部应该已经搬离花家地，去往东风乡。这是我们在这座楼里制作完成的最后一辑《单读》。同事做了一张告别海报，我看他们用的照片拍的就是四层楼道里唯一的那扇窗户，那是我最喜欢的风景，我才想到应该在这本书里，为它、为这四年的生活写点什么。

《单读》是在这座楼里获得新生的。一开始参与进来，就像以前住在五楼向外看，它完全外在于我，好像一个更大更远的传统，需要去靠近，小心地揣摩。因为能力和经验的限制，以及对出版的敬畏，我和它保持着安全的距离，害怕冒进和犯错，很多想法都长久停在想象中。后来发现，这种安全感是虚妄的，它阻碍了真正的热情。在今天做出版物，如果不能提供独特的视角，不能提供人的温度，也就不再具有价值。自我必须作为原材料，投入进去，才能把楼道里穿过玻璃和植物到达我们身上的光影，传递给读者，让彼此感受到对方的感受。

我努力回忆这个过程里真正宝贵的、激发过我的东西，好像不是那些精致、浪漫的情绪，而是看起来难以忍耐的日复一日的工作和生活，是对价值观、风格、纸张、字词、标点符号等等事物的重复。一篇文章写完，就开始写另一篇，一本书做完，再做一本，这个夜晚过去了，明早起床会再迎接一个。就像爬楼。重复成了最好的镇静剂，推动着我，更准确地分辨出那些个人的、作者式的敏感，让它们沉默，而留下那些更能与人通约的部分，与人交换，被人说服，既妥协又顽强地，留在这栋房子、这个世界的内部。

这次我们以"未来"为题，也是从内部进入的。它不是一个来自外太空的预言，好像用些刺激的、炫目的、烟花般的句子，就能自带科幻片的效果，自动照亮人的前路，而是在想象未来之前，首先打破对未来的想象。

未来是一种幻觉，我们不因整体上的悲观而放弃它，也不因为我们这一代人正活在兴头上就必须对它充满期待。

更真实的情况是，每个人都处在同等的迷茫中。对未来失去追踪，某种意义上让人如释重负。那就更加热烈地了解过去吧。去反省，现在自己该做点什么。

我们在海边组织演讲，在文体上不拘一格，发表实验形态的小说，寻找新的写作者。捕捉那些不确定、未完成、新出现的事物，原本就是《单读》最迷恋的工作。它困难而易逝，琐碎又宽阔。它可能通向许多方向，而不只有未来一种。在那些模糊的、非线性的进步和实践中，未必会有某种新的价值横空出世，但有一些准则会被再次证明是不可放弃的，它们将穿越时空，被文学、伦理和人的情感所保留。

以前，我觉得自己面对不了离别这种煽情时刻，现在似乎已经可以接受它。成长带来的一个变化是，我们开始能够分清楚哪些是真正的离别，哪些是真正的痛苦。流浪的书店训练我们的敏感，而一次又一次重建《单读》的工作，让我们健康起来。能在这里工作四年，秘诀可能首先是忍耐，而不是什么坚持。也不是一段多么长的时间不是吗？走楼梯的故事，并没有让我从此相信人往高处走，它带来的真正的教育，是人不应该那么害怕爬楼。小时候的构想之所以幸福，是因为不需要自己付出实际的努力，而未来之所以令人苦恼，在于我们并不舍得真正为之改变，世界的结构似乎已经闭合，要花很大的力气，才能突破。其实未来也是一段可以度量的时间，到未来去的路程，就是要花更多的时间，走更远的路，持续地做，来回地走，没那么容易看到终点罢了。如此一来，就不必再神秘化任何关于未来的讨论，未来并不遥远，明天就是未来。

撰文：吴琦

SET UP

A MEMORIAL

FOR 为那些从未发生的事建造一座纪念碑。

THOSE THINGS

THAT

NEVER HAPPENED.

布罗茨基 ｜ Joseph Brodsky

○ 话题

这世上有一样东西是机器无法计算的，那也许就是人类所谓的……爱吧。

这一刻我们是快乐的

撰文　陈楸帆

————黑场————

背景音：一颗心跳加入了另一颗心跳，前者平缓稳健，后者节奏要快上三分之二，又慢下来，带着一种紧张的活力，两股心跳相互缠绕律动，音色逐渐冷下来，变得机械，融入更为复杂宏大的电音织体中。

字幕：2015年春，北京大学人文学院新设置的"影像人类学"课程要求学生以小组形式完成作业，第二年夏课程结业时共收到小组作业8份，其中由徐昕玥、Ibanca Singh（留学生）、袁骁、Sebastian Schwarz（留学生）组成的小组提交的作业《新·生》（*New Newborn*）获得了全班最高分，并入围当年大学生电影节最佳纪录片年度决选名单。

《新·生》探讨了科技如何改变人类的自然生育过程及

其背后的复杂语境，被作为一项长期选题保留在课程设置中，截至 2040 年 8 月，已经收集了超过 300 小时的影像资料，受访对象遍及全球各地，时间跨度长达 25 年，正好是人类一个代际的平均长度。

本片由其中部分素材重新剪辑制作完成，并获得受访者及拍摄团队授权。

部分声音画面内容应要求进行过后期处理。

————黑场————

画外音（O.S.）

是什么让你有了生宝宝的想法？

吴英冕

（37 岁，中国 粤港澳湾区，企业家）

作为女人，这是很自然的一件事情，你能感受到那种，就是身体里的那种涌动，就好像在告诉你，时候到了，该要一个了。另一方面，整个环境，包括身边的人，都对你有这样的期待，毕竟我们这个社会，是吧，几千年来对于女性的定位……

大野敬二（Keiji Ohno, a.k.a. K.O.）

（33 岁，美国 波士顿，多媒体艺术家）

对于我来说，是一种体验。我知道外面很多人会说，K.O. 只不过是在哗众取宠，向来如此。我 ★beep★ 一点也不介意。那些媒体最扯淡的就是一直把 PC（**字幕注释：Political Correctness，政治正确性**）挂在嘴上，可到了我这里，他们又 ★beep★ 不讲 PC 了。我觉得我在做一件也许是本世纪以来最伟大的事情，它的意义要过很多年才会被正确评价。我会等到那一天的。

Hanna & Fatima Kühn

（32 & 28 岁，德国 柏林，电影史教授 & 摄影师）

Hanna：很简单啊，我爱 Fatima，她也爱我，我们想要给这个世界留下点什么，作为一段关系的见证。很明显，作为一种储存介质，赛璐珞 [1] 或者磁盘都会过时，而生命不会，它会自我延续下去。

Fatima：这听起来有点自私（笑）……不过事实就是这样的，这个孩子，是完完全全属于我们两个的，不带有任何来自第三方的杂质，你懂我在说什么吧（笑），当我说"第三方"的时候，我想要确信不会冒犯到任何人。

---

1 Celluloid Nitrate，一种合成树脂，是历史上最早发明的热可塑性树脂。

Neha Srivastava

（22 岁，印度 古吉拉特邦，代孕妈妈）

我第一次怀孕是在 16 岁，我吓坏了，问 Rajan 该怎么办。

他当时比我大不了多少，只是摇着头说，"那就生下来嘛"。

于是我们结了婚，有了 Vishal，再过了一年，又有了 Seema。我说够了，我们会被吃穷的，Rajan 说，"没问题，我可以多打几份工"。可是，我们还是付不起账单，孩子吃得越来越多，很快就要上学。

Mehak 告诉我 Akanksha 医院在找年轻健壮的女孩，所以我来了这里。

生孩子就是我的工作，这是我为客户怀上的第三个孩子……

MOW45

（年龄不明，中南半岛某地，SHIIVA Lab 联络人）

……哼，这个问题我也一直觉得很好奇。有一种说法认为，人类不过是 DNA 的奴隶，所有的一举一动、所思所感，都是基因设置好的程序，而运行的最终目的就是把基因里储存的信息散播开去，越远越好。人体就像一台低效的 Enigma 机器，转子还经常出错，我怀疑最终收件方还能不能读取出初始信息，但在那之前，我们只能把这场拙劣的传话游戏继续下去，只不过换个玩法。

————黑出————

第一部分

　　吴英冕坐在黑色七座商务车后座，不停接听电话，车窗外快速掠过森林般丛立的镜面建筑物，叠在她略显憔悴的侧脸上。

　　镜头跟着她下车，步入一栋写字楼，电梯里不时有人向她弯腰问候，她只是轻轻点头回礼。

　　透过玻璃幕墙可以看到吴英冕坐在会议室正中，不时发表意见，激动时走到立体投影正中敲着桌面，数据报表在她身体表面扭曲变形。

　　吴英冕坐在办公室内处理文件，她的背后是宽大绵延的落地窗，可以看到整个城市的天际线以及更远处的深圳湾。她终于签完最后一份文件，轻轻舒了口气，端起凉透的茶杯。

吴英冕

　　我应该是遗传了我父亲吧，工作起来不要命那种（笑）。

　　没办法，言传身教，一家人都这样子，被架到那个位子上，那换你你怎么办？几千口人等着靠你养家糊口呢。（拿起桌上的家庭合影）也不是没想过自己要，什么办法都试过了，命吧。

而且，我父亲有那个，心理阴影。（父亲与母亲年轻时的合影）

我母亲，确实是为了要保我，大出血，她知道再不保吴家可能就无后了。所以这个就是我爸，他这辈子一个心结，他不希望我（突然停住）……

一个网页文件出现在吴英冕的电脑屏幕上，上面是许多张排列整齐的女性照片，肤色各异，点开照片会弹出详细履历，包括出生地、年龄、生理状况、教育背景、基因检测结果、生育史、兴趣爱好等，再点开下方十字箭头可看到往上追溯三代的信息。

吴英冕

很多群里的妈妈都说选白种人好，我觉得那纯粹是偏见，是种族歧视。

（与此同时，镜头掠过不同肤色代母头像）

我们选的都是最顶尖的服务，在这种 level 上人种差异可以忽略不计，我个人还是倾向亚裔，哪怕是南亚。

画外音（O.S.）

您先生是怎么考虑的？

吴英冕

（桌上夫妻合影，丈夫面部被模糊掉）你说他呀……他贡献了几毫升液体就有资格提意见啦？你是不知道取卵有多痛苦多折腾。这件事我肯定是百分百说了算。

会不会去实地考察代母？我需要再想想……（看向窗外）

场景切换。热带艳阳下，红土路上不时有飞驰而过的 Tutu 车扬起巨大烟尘，行人熟视无睹。我们跟随着 Neha 在路上走着，她向镜头介绍着周围环境，不时有小孩探头进入画面，笑出一口白牙。

Neha Srivastava

我之前也是住在那样的房子里（用帆布铁管支起来的简易棚屋），很多（代孕）妈妈如果没有被挑中或者没有成功（怀孕），她们就只能住在那里等着。现在我们一家搬进了新楼房，我运气好，多亏了神灵保佑。

画外音（O.S.）

他们付给你多少钱？

Neha Srivastava

……每次扣掉（中介）费用大概给我 6000 美金，那是 Rajan 好几年的收入，嘿……

几名相识的妇女看到 Neha，纷纷上前恭喜她，眼神中充满羡慕。

场景切换。Neha 走入一座淡米色楼房，门口牌子显示这是 Akanksha 医院其中一所代母之家。护士把 Neha 引到她的床位，三十平见方的房间里摆着八张床，其中三张空着。成功怀孕的代母都必须搬到这里。护士开始给 Neha 做各项检查。

Neha Srivastava

我怀 Vishal 和 Seema 的时候，还得干重活，吃得也不好，根本没人管，还是这里好（笑）。

护士帮 Neha 进行注射，又准备好营养餐，已经第三次代孕的 Neha 看起来轻车熟路。

画外音（O.S.）

像这样的针要打到什么时候？

Neha Srivastava

我没有数过，反正要打好多天……

护士

那是黄体酮，要打 75 天，能增厚子宫内膜，抑制子宫活动，使受精卵植入后产生胎盘……

Neha Srivastava

我懂我懂，一切都是为了保护那个贵重的小东西，那是公司资产（笑）。

画外音（O.S.）

这一切对你来说，困难吗？

Neha Srivastava

对我来说，这件事情本身没什么难的，难的是别人怎么看我。

Rajan 一开始很生气，他觉得这是亵渎神明，是不洁的行为，但是我告诉他，那些父母有些是失去了唯一的孩子，有些是因为身体原因没有办法生育，我们是在做善事，神明会原谅我们的。后来慢慢地，他也接受了，而且我们现在住上了新房子，孩子们也上了好学校，每个人都高兴，不是吗？

画外音（O.S.）

　　你会见那些父母吗？

Neha Srivastava

　　如果对方没有要求尽量不见，面试是通过视频，孩子生下来之后，鉴定完半小时内就会被抱走了，合同里面是这么规定的……

画外音（O.S.）

　　你会想再见到那些孩子吗？

Neha Srivastava

　　我（不安地笑）……没有想过……

　　<u>场景切换。</u>健身房里，吴英冕戴着无线耳塞，看着视频节目，在椭圆机上挥洒汗水。穿着紧身连体服的她，身材一点也不像快四十的人。

　　字幕：代孕中介公司拒绝了我们的拍摄请求。

吴英冕

不是说以后人都能活到 200 岁吗（笑），让自己看起来年轻点，有活力点，在职场上也是个加分项。以后选择冻卵或代孕的人会越来越多的，现在竞争这么激烈，休完产假回来就没你什么事儿了。以前人们还藏着掖着，假装出国休假回来就多了一个娃，现在大大方方的，就是代孕。

（指着健身房里一排奔跑中的年轻女孩）

你看她们更激进，根本不想结婚，只想有个自己的娃，至于男人，就像换衣服换手机一样（笑）。

吴英冕看的屏幕上播放着中介公司提供的动画视频，用一种卡通式的口吻讲解整个过程：

准备期需要连续口服 20 天避孕药，然后连续打 10 天抑制针，避免卵子过早发育流失。

排卵期到来前每天血检雌激素水平，每隔 2—3 天做排卵监测，每晚打三种促排卵针。取卵时，用一根 A4 纸长度的针状吸管，经母亲的阴道穿破内壁直抵卵巢，另一边，医生通过 B 超监视吸管到达的位置，并找到卵泡，一次吸出 10 个卵子。与此同时，代母需要打针调节身体激素水平。男方同期取精，卵子在体外培养 2—6 小时受精成为胚胎，培育一定时间后即可植入代母的子宫内。

为了提高成功率，一般同时会移植 3—4 个胚胎到代母子宫，观察发育情况。

吴英冕

我觉得他们应该把那个卡通女人换成母鸡（笑），不就是一个产卵机器。听说整个下来身上会多五六十个针眼儿，还有各种并发症什么的，真是花钱买罪受。唉，三十七是道坎儿啊。就算再高的科技你还是会觉得当男人省事儿，"同期取精"，四个字，完事儿。我听说有的富豪同时找了好多代孕，买的全是常春藤女高材生的卵子，这比古代纳妾还安全，不用担心后宫争夺家产了（笑）。

吴英冕健身完毕，离开充满荷尔蒙的房间。

<u>场景切换。</u>吴英冕驱车回家，路上接了一个电话。她与电话另一头产生了激烈的争执，出于她的要求，我们没有对通话内容进行录音录像。

挂断之后她一路没有说话。车子到达一栋掩藏在热带花园里的联排别墅，一条贵宾犬扑上前来欢迎她，室内装潢是典型的地中海风格。丈夫最近都出差在外，她快速吃了两口阿姨做的饭，回到书房开始研究厚厚的一叠合同。

吴英冕

一共六份，还是英文的，我特地请人翻译，律师都已经批注过了。你看看，这是和代孕中心的，这是和生殖中心的、代母经纪公司的、代母本人的、资金监管公司的，哦，还有和代理律师的。每个公司所在地不一样，监管法律法规都不一样，都得研究，这事儿可马虎不得，之前不有好几件代孕案子打了好长时间官司。

画外音（O.S.）

　　什么样的官司？

吴英冕

　　比如前些年，一对日本夫妇在印度实施代孕，但是孩子出生前两人就离婚了，当妈的不要孩子，当爹的又没有法律权利，孩子又不是印度人，这可怜的娃就变成了三不管。

画外音（O.S.）

　　你最担心什么问题发生？

吴英冕

　　（稍加思索）如果提供精子方想要争夺抚养权怎么办？如果代母想要留下孩子怎么办？如果她想要和孩子保持联系怎么办？如果当地法律保护代母的这种权利怎么办？我只想要一个完完全全属于我自己的孩子，他日后不会因为自己的来历产生任何困扰。我要在合同里把这些都约束得清清楚楚。

画外音（O.S.）

那在你看来，代母也是和你一样的母亲吗？毕竟……

吴英冕

（脸色一惬，打断）我知道你的意思，我不会用"子宫出租"这种粗暴的词，毕竟我们都是女人，只是在这份契约中身处的位置不同。科学把自然繁衍变成一项工程，那么我们就应该遵守规矩，每个人扮演好自己的角色。你又要名分，又要钱，还要孩子，天底下哪有这么好的事儿！

吴英冕停下，低下头继续翻看合同，突然像是自言自语地低声说道。

吴英冕

所以我不想见她们，我怕我会受不了，心软……

场景切换。代母之家的活动室里。一群腹部大小不一的代母们盛装打扮，头披纱丽，围坐一堂，中间摆放着各色食物，有 naan 烤饼、荤素咖喱、奶昔、masala 奶茶等，颇为丰盛。她们正在为其中肚子最圆最鼓的母亲唱着祈福的祷词。每当有代母将要临盆时，这里的人就会举行盛大的派对，为腹中那个即将降临却又并不属于她们的宝宝祈福。

Neha Srivastava（O.S.）

我经历过非常多次这样的迎生派对，大家一开始总是高高兴兴，吃吃喝喝，又唱又跳，但是到最后都不说话了。每个人心里都明白，孩子出生之后，只能在自己身边待几十分钟。虽然我们都会说服自己那是别人的孩子，可毕竟在我肚子里待了九个月，他身上也流着我的血，已经变成我的一部分。

那种感觉很难说清楚，就像是把你的心掏空一样，只剩下一个松松垮垮的皮囊。

那个临盆的代母开始哭起来，其他的母亲把手放在她肩上，安慰着她，但是自己的眼眶也不由得红了。Neha 抱着大家，把脸转向一旁，像是想着什么。

场景切换。镜头跟随着 Neha 走过热闹的街道，路人向她投来怪异的眼神。Neha 步入一片齐腿高的香根草地，她用手掌轻轻抚过那些坚硬带锯齿的草叶，嘴里轻轻哼着没有词的曲子。

Neha Srivastava（O.S.）

　　当我唱这首歌的时候，我能感觉到它动得特别厉害，就像一条鱼儿在肚子里摆尾。

　　它应该很喜欢这首歌吧，趁着还有机会，多给它唱。

　　Neha 来到小溪边，小心翼翼地坐下，用手抚弄着水流。

　　<u>特写。</u>手带着许多细小的伤痕，穿过波光粼粼的溪水。

Neha Srivastava（O.S.）

　　等它出生后，我要按照印度的习俗，给它的眉心点上红色的 bindi，还要给它的手腕脚踝和脖子系上丝线，这么做能够阻挡邪灵和厄运，保护它的生命能量。

　　我一定要这么做，我希望它能够健康长大，像我自己的孩子那样。

画外音（O.S.）

　　如果它的父母不让你这么做呢？

Neha Srivastava

　　（沉默片刻）他们什么都不知道！什么都不懂！

　　那些有钱人以为这是在宠物市场买小猫小狗吗？一手

交钱，一手提着笼子就走了。

　　我第一次干这种事的时候差点没命了，就因为他们放进去了三胞胎，在印度，只要你愿意给钱，他们可以让你放五胞胎。有时候放两个只是为了挑选男孩，然后把女孩杀掉！

　　这是什么？这是文明社会的规矩吗？我真的不懂。

　　很多女孩因为客户变卦了、离婚了，就得把快要出生的孩子引产，自己也送了命。

　　如果这不是谋杀我不知道什么才是。

　　Neha 陷入沉默。不远处传来水声，几个男孩从牛背跳进了小溪，欢快地打起了水仗，水珠在空气中勾勒出一道浅浅的彩虹。

Neha Srivastava

　　我做完第一次之后发誓再也不干了，可我又做了第二次、第三次。

　　我以为我会越来越习惯这种事情，什么也感觉不到，可并没有。

　　我还是会感觉到它的心跳，像是在和我的心跳对话。

　　我还是会因为它无缘无故地高兴、生气或者哭泣，一想到有一个在你身体里的小生命正在观察着你的一举一动、喜怒哀乐，虽然不知道它能感受到多少，可是你能感受到它，并相信它也能感受到你。

这种感觉太奇妙了，跟你肚子里的生命是否属于你没有一点关系。

你和它已经被某种东西牢牢地绑在了一起。

你能理解那种感觉吗？（含泪直视镜头）

场景切换。吴英冕书房，在散乱的合同文件前，她用力揉搓着自己发红的眼睛。她走到阳台上，看着不远处如星海般光芒四溢的城市，点了一根烟。她用力地吐息，白色烟雾在空中尚未成形便已缕缕消散。

吴英冕（O.S.）

我这几天整宿整宿地睡不着，一个是担心采卵和胚胎的质量，一个是听了太多耸人听闻的例子，有些心律不齐。半梦半醒之间老想起那些可怜的女人，和那些死于非命的孩子。你说胚胎发育到什么阶段能算是人呢，或者说，具有了人的感知能力和自我意识？这事不能细想，越想心越慌，我这到底是在造什么孽……

切至 Neha 特写。水波倒映在她脸上，双眼闪烁细碎的光亮。

Neha Srivastava（O.S.）

我经常做梦，梦见那几个孩子。

他们都已经长大了，长着白色或者黄色的脸。

我用我起过的名字叫他们，他们不搭理我。

我叫啊叫啊，嗓子都哑了，他们还是一点反应都没有。

直到我哼起那首歌……

一阵欢呼声让 Neha 侧目，男孩们已经上岸穿好衣服，其中一个年纪稍长的孩子变戏法般掏出了 Khanjira 手鼓，他熟练地在蛇皮上洒了点水，与那小鼓体量不相称的洪亮节奏就这么响了起来。Neha 露出了笑容，她突然唱了起来，还是她路上哼的那段曲子，只不过带上了歌词。男孩们兴奋起来，和着鼓点和歌声拍起手，他们开始还站着不动，慢慢地，脚开始抖起来，腰开始扭起来，手开始挥舞起来，咧嘴大笑起来。

Neha 也站起来，加入他们的舞蹈，她步伐谨慎，肢体和眉眼却分外灵活，像一只骄傲的孔雀。

Neha Srivastava（O.S.）

他们还记得那首歌，还记得我。

每次我总等着他们叫我，但总在这时梦就醒了，我怎么也听不到那一声……

<u>切至吴英冕特写。</u>

吴英冕

我付出那么多无非就是为了听孩子叫一声……

<u>切至 Neha 特写。</u>

Neha Srivastava

妈妈。

是的，妈妈。

————黑出————

第二部分

大野敬二在地铁站台上等候，镜头里除了主画面，下方还有几个细长条叠加窗口，展示着各种数据曲线，如海浪般起伏不定，那是由受访者提供的实时生物监测数据。车进站了，大野敬二斜挎着包走进地铁车厢，人不少，几名正在阅读的年轻人看到那圆鼓鼓的肚子，纷纷站起来让座。K.O. 道谢坐下，周围的人这才看清他的面孔，不由多看了几眼，终于还是有人认出了他，一名穿着入时的年轻女孩问他是不是 K.O.。

大野敬二

是的我是。

女孩

抱歉，也许有点唐突，我是在媒体上看到的，所以现在它怎么样了？

大野敬二

是"她"，她很好谢谢。

女孩

几个月了？

大野敬二

28 周又三天。

女孩

哇噢，那很快了。所以你会用什么方式……我的意思是……分娩？

大野敬二

（曲线大幅波动）

（笑）我知道，每个人都很关心这个，有几种备选方案，不过我觉得可能现在不是合适的讨论场合，关注我的信息流吧。

女孩

（尴尬）噢当然，抱歉，我是说，我会一直关注的。祝好运！

没有人再和大野敬二主动攀谈，他在红线的 Kendall/MIT 站下车，经过月台时有游客摇动手柄，激活被命名为毕达哥拉斯的音乐雕塑，吊锤撞击钢管，发出 B 小调颤音。

场景切换。我们随着 K.O. 走进由槙文彦设计的 MIT Media Lab 大楼，大厅里正在展示的是一种融合了人造叶绿体和碳纳米管的新型材料，像一堆墨绿色的果冻被凝固成各种奇怪的造型。

大野敬二

（转向镜头，笑）尼葛洛·庞帝，《柔性建筑机器》，1975。

好像没什么人记得他原来是个建筑师。

镜头跟着他穿过大厅的另一头，陈列着象征 Media Lab 历史的各种发明：Logo 海龟、Minsky 机械臂、OLPC（One Laptop Per Child）、Kindle、可折叠堆叠的迷你电动车 CityCar、3D 全息打印、为孩子设计的可视化编程语言 Scratch 等等。

大野敬二

真 ★beep★ 酷吧。这里的人都是些异类，但跟那些光说不练的理论家相比，这里的人信奉的是"不实施毋宁死"。（他指着墙上的口号：Deploy or Die）

场景切换。K.O. 敲了敲门，走进 Joan-Francois Lemaire 博士的实验室，一个 30 岁左右，一头蓬乱金发的女士站起来迎接他。

大野敬二

Joan 简直超棒的，她的老师是大名鼎鼎的 Hugh Herr，Biomechatronic 研究中心的创始人，就是那个给自己装上两条假肢登山的疯子。

Joan-Francois Lemaire

少来了，我可从来不是个好学生。比起你要干的事情，Hugh Herr 只能算是个循规蹈矩的清教徒。

大野敬二

我们，是我们要干的事。你觉得明年的不服从奖 [1] 有戏吗？

Joan-Francois Lemaire

我觉得在"不服从"这一项可以打满分，可在"道德"这一项……好吧，也许会有反对意见。

躺下吧，我给你做个全面检查。

大野敬二

那些戴假发的中世纪僵尸都应该 ★Beep★ 去死！

大野敬二换上宽松的医用罩袍，在一张白色平板床上躺下，Joan 操控着一道圆拱形扫描仪缓缓划过他的身体，

---

1 MIT Media Lab Disobedience Award，是 LinkedIn 创始人 Reid Hoffman 在 2016 年捐资设立的奖项，旨在奖励全球范围内影响力卓越的学术科研人员或团队，评判标准是"负责任地、道德地不服从"，最初奖金为 25 万美金，后增至 40 万美金。

发出蓝白频闪和细微的电流嘶叫。

Joan–Francois Lemaire

注意你的用词，现在你可是个爸爸，噢，妈妈了。

（伴随着扫描仪掠过 K.O. 隆起的腹部，Joan 手中的平板显示着各种数据及腹中胎儿的实时动态图像，她用手旋转胎儿图像，从不同的角度观察其姿态）

她看上去很好，人造胎盘运作正常，你的雌二醇激素水平有点高，一切感觉还好吗？

大野敬二

除了长出一对大咪咪，每天睡不着觉，胡吃海塞一堆食物和药片，再吐出来一大半，一点点情绪化，真的只是一点点，然后还有疼，*beep* 这辈子都没这么疼过，我不得不说，其他的都还不赖。

Joan–Francois Lemaire

这可都是你自己选的，你也可以要一个男孩，或者不做神经移植手术，无论哪一种，都会让你好受不少。

大野敬二

Joan，你懂的，我要这一切尽可能地接近自然状态。

在自然状态下，人是没有办法选择胎儿性别的，你只是被选择。

可话说回来，一个被化学阉割的 K.O. 还是 K.O.，不是吗？

Joan-Francois Lemaire

绝对的真汉子，注射荷尔蒙也阻挡不了你的雄风。

（停顿）所以，你真的考虑好了吗？

大野敬二

噢，又来了，我都说了多少遍了，就算再危险，我也想要尽可能模拟真实分娩的过程。

这个项目的意义不就在这里？人类历史上第一个真正能够体验从怀孕到分娩全过程的男性，而不是那些假模假式先怀孕再变性的货色。

这意味着很多、很多东西。

Joan-Francois Lemaire

（笑）我不是问你这个，我是想问你，名字想好了吗？

大野敬二躺在床上，侧过头看着 Joan，露出"我就知道"的笑脸。

场景切换。阿诺·施瓦辛格饰演的 Alex 躺在手术台上，从蓝色无菌布的方形缺口中露出鼓胀得夸张的腹部，四名医护人员包围着他，手里拿着手术刀和剪子，正准备给他进行剖腹产。镜头缓慢推近到阿诺的面部，他神情紧张，周围的人不断告诉他"吸气，吸气"。

画外音（O.S.）

在电影史上，不同国家都曾经出现过讲述男性怀孕的作品，1973 年法国意大利合拍的《怀孕的男人》、1994 年美国的《魔鬼二世》、1995 年中国台湾的《袋鼠男人》、2011 年俄罗斯的《代孕爸爸》、2015 年中国大陆的《捉妖记》等等（随着介绍出现电影海报及片段剪辑）。

2008 年，行为艺术家 Virgil Wong 拍了一段 7 分钟的伪纪录片放在 YouTube 上（播放视频片段），宣称她的男性好友 Lee Mingwei 通过参加纽约市 RYT 医院 Dwayne 医疗中心的 II 期临床试验，成为历史上第一位在自己身体内孕育胎儿的男性，引起了网上的广泛争论。

Hanna Kühn

有趣的是，它们大多数都被处理成喜剧片的形式，就好像这件事情唯一的价值就是惹人发笑。

我的意思是，你什么时候看过关于女人生子的电影？

Fatima Kühn

等等，你忘了《神奇女侠》？（大笑）

场景切换。纯白色的摄影棚里，Fatima 的棕色面孔格外显眼，她穿着连体白色运动服和荧光黄球鞋，指挥着灯光师调整光场，她的影子随着光照在地板上变换形状和浓淡。她终于满意了，让所有人清场。

镜头拉开，她的面前并不是名模也没有巨星，只有一桌精心摆放的摩洛哥风格食物。

Fatima Kühn（O.S.）

我来自叙利亚，我是个难民的孩子。

我的母亲怀着孕只身偷渡过地中海，步行穿越希腊、马其顿、塞尔维亚、匈牙利、奥地利，最后进入德国。我没有办法想象她究竟经历过些什么，我只知道她不再让我像我们族人那样，把父亲的名字、甚至父亲的父亲的名字都变成后缀。她告诉我，你的名字是 Fatima，只有 Fatima，你要为自己而活着。

现在我有了一个新的姓氏，Hanna 告诉我，在德语里 Kühn 代表"勇敢"，不得不说这是个巧合，好的那种。

场景切换。Hanna 和 Fatima 携手出席某个公众活动，突然画面外出现几声吼叫，几个不明物体飞向两人，在她们头上、身上碎开，流淌下黏稠的半透明蛋液。她们狼狈不堪地甩掉那些蛋壳和黏液，这时镜头转向人群，一个头戴贝雷帽的壮汉正被保安死死按倒在地，他嘴里不停用德语叫骂着什么。

<u>场景切换。</u>午后，Hanna 与 Fatima 并排坐在家中起居室沙发上。

Hanna Kühn

那个人说，我要用猪精液灌满你们……

Fatima Kühn

（忧心忡忡）这还不算最糟的。我的一些客户迫于压力取消了合作，有些恐怖分子发出死亡威胁，扬言要用石刑处决我，就像在我老家那样。

Hanna Kühn

（握住 Fatima 的手，看着她）我们会挺过去的。校方明确表态支持我们，警方也加强了安保措施。我的意思是，这里是柏林，你还指望在哪能找到这么尊重多元化的地方。

Fatima Kühn

（抚摸着自己的腹部）我知道……一开始我们以为最难的是技术部分，现在发现，最难的其实还是在人的部分……

Hanna Kühn

就像第一次在银幕上看见火车进站，所有的人都被吓得跑出放映厅。

人的观念跟不上技术发展的步伐，有个滞后效应。

我只希望我们的女儿以后能生活在一个更加宽容的世界。

Fatima Kühn

说老实话，我没有 Hanna 那么乐观。

<u>场景切换。</u>街头随访。

老年男子

（风衣，玳瑁眼镜，夹着皮质公文包）

嗯……我是这么看待这件事情的。上帝创造了男人和女人，就是要他们彼此相爱，繁衍后代，现在你告诉我男人没用了，只需要女人和女人在一起，就能生出小孩，我觉得这对我的信仰是一种……亵渎。

年轻男子

（卷发，吃着汉堡，眼睛难以离开手机屏幕）

哈，我就知道这一天迟早会来的。男人无用论。

如果你告诉我这是科学，那就让我们来进行科学的讨论，男人带来的并不是只有精液和 Y 染色体，还有一半的遗传多样性，假如一个女人选择只用自己的细胞进行克隆，那么她的后代就会像回声一样越来越弱，所有隐性的基因缺陷会浮出水面，直至整个系统崩溃。

哦？你说遗传物质来自两个女性？……那又是另外一回事了……

中年女子

（职业装，短发，骑着自行车）

既然蜜蜂可以，蜥蜴可以，鲨鱼可以，为什么人不可以？我是说，我们都是自然进化的产物。

我读过新闻，说 Y 染色体每一百万年就减少十个基因，所以终究有一天男人是要灭绝的（笑），从现在开始适应也没什么不好，人类总得活下去。

不，我不是女权主义者，我也需要男人，有些时候。

只不过在这件事情上，我觉得两个女人生孩子没有什么不对的，你知道，大多数男人也只是他们孩子名义上的父亲（眨眨眼）。

小女孩

（吃着冰激凌，一脸迷茫地看着镜头）

　　……你是说就像迪士尼公主们那样，在交叉剧集里，白雪公主和花木兰住在一起，她们收养了老虎莉莉公主，还有一只棉尾兔朱迪，她们每天都有新的裙子穿……

　　<u>场景切换。</u>起居室沙发上。

Hanna Kühn

　　我们应该用历史的眼光来看问题，亚里士多德还以为精液是来自脊髓呢。我相信再过十年，人们不会像现在这样戴着有色眼镜看我们。

Fatima Kühn

　　（看着 Hanna，严肃地）希望我们能活着看到那一天。在我六岁那年，被德国政府的"融入计划"安排到当地学校入学。当然，大多数老师、孩子或者家长都还算是友善，但是仍然，这个漂亮的复活节彩蛋上会出现裂缝。哪怕再不经意的一个眼神，一句笑话，一个重音，对于我们这种人来说，就会在心里放大无数倍。他们是在嘲笑我吗？他们是不是看不起我？我应该怎么样变得和别人一样？这样的问题无休止地困扰着我。与其让我的孩子承受这样的重压，我宁可让她待在家里，跟 AI 程序打交道，至少我可以设置它的聊天风格：75% 德式幽默。

Hanna Kühn

（抚摸着 Fatima 的头发）放松点，Fati，深呼吸，她可在你肚子里都听着呢（笑）。我承认你说的都是客观存在的，但我同样相信家庭环境的力量，瞧瞧现在的你，跟任何一个日耳曼后裔没有两样，甚至更优秀更快乐不是吗……（厨房传来一声巨响，是窗户被打碎的声音）

噢天，你待着别动，我去看看，这些……

镜头随着 Hanna 跑到厨房，窗户已经被砸烂，地上有一坨用纸包裹的不明物体，形状像是长条形的雷管。窗户外有车辆快速发动驶离的引擎声。

Hanna Kühn

退后！退后！马上报警！

Fatima 手捂着嘴巴，惊恐地看着这一切。

镜头切换。警方的防爆专家来到现场，拉起隔离线。监视器画面里可以看到一台小型履带式拆弹机器人的主观视角，摇摇晃晃地从我们几分钟前身处的沙发开过，靠近那坨疑似爆炸物，两只机械臂进入视野，小心翼翼地剪断缠绕的电线，打开卷曲的纸张，所有人都面露紧张。Hanna紧紧抱着 Fatima，Fatima 手扶腹部，似乎在细声说着什么，不时用手指抹去眼泪。

纸张打开了，里面包裹的是一根金属铸成的假阳具，纸上用大写德文写着"BENUTZE DAS"（用这个）。

场景切换。傍晚，大野敬二以半卧的姿势坐在工作室里，桌上胡乱摆放着一堆营养食物和保健药剂。

画外音（O.S.）

你确定我们能拍？

大野敬二

我已经告诉对方，这也是项目的一部分。况且，最终定剪之前你会给我看的吧（笑），一行有一行的规矩，你懂的。

在过了预定时间 15 分钟后，大野敬二接入了视频会议，对方是 Netflix 直播内容总监 Scott Anderson，从加州 Los Gatos 的 Netflix 总部拨入，他的头像出现在投影墙上。

大野敬二

Hi，Scott 亲爱的，最近还好吗？抱歉没想到上一个会拖了这么久，那些人真是找不到重点。

Scott Anderson

（30 岁左右，休闲商务风，语速惊人）

没事，哇噢，K.O.，你看起来气色很棒！

大野敬二

感谢上帝，噢当然还有科学（笑）。

我们长话短说，我知道 Netflix 希望拿到分娩当天独家直播权，不过你知道，这事儿就像是黑五的头条广告位，每个人都想要。告诉我，你们能给我什么条件？

画面被暂时消音，只能看到双方快速对话。

大野敬二

OK，商务条款我没有什么意见，分级限制呢？我希望尽量多的人能够订阅，我们不能把 MA[1] 往下调调吗？

1　MA，Mature Audience Only，只允许 17 岁以上成人观众观看。

Scott Anderson

我非常理解，但首先，这事儿由不得我们，FCC[1] 的 AI 审查程序绕不过去；其次，到现在为止，我们还不确定当天究竟会发生什么，你能给我们详细解释一下吗？可以请法务部门评估一下风险。

大野敬二

（将平板上的一个数据包丢到大屏幕，展开成一个卡通人体结构模型）

这可是你要求的，做好心理准备 Scotty。

是什么样的魔法让我能够怀胎十月呢？当当当当，Joan 和她的团队利用了异位妊娠的概念，对于女性来说，宫外孕是一种致命病症，需要彻底清除，对于我却是唯一的解决方案。

他们在我的腹腔中用生物纳米材料搭建起一个人造子宫，人造胎盘附着在加固的肠系膜上，我的髋骨不够有力，因此又做了支架手术，以支撑长得飞快的小宝宝，最浩大的工程还是腹腔循环系统的再造，以保证胎盘足够的血液供给。然后就是人造羊水注入，胚胎着床、复合激素方案、抗排异药物等等，哦，差点忘了，我还要求他们帮我

1　FCC, Federal Communications Commission, 联邦通讯委员会。

做了神经接驳，那真的是 *beep* 疼，比被人踢了还要疼上一万倍。

Scott Anderson

（瞪大眼睛，手捂住嘴）天哪，难以置信，这真是……疯狂。

大野敬二

哈，这还只是前戏。

复合激素让我变得不男不女，完全丧失了性能力，但愿不是永久性的。在这过程中我有无数种可能中途死掉，并发心脏病、内出血、感染、栓塞、肠系膜破裂，应有尽有，更别提各种药物副作用和荷尔蒙紊乱导致的情绪波动。生平头一回我觉得，做一个母亲实在是太不容易了。

我的意思是，我们讨论所谓的平权几十年了，但除非从身体上去感受另一种性别，才谈得上真正的认同。你懂我意思。

Scott Anderson

非常同意，平权不应该只是停留在口号上。所以你会采取剖腹产？

大野敬二

那是最后也是最难的一道关口，你们媒体人会爱死这个的。

人造胎盘现在已经跟我的组织长在一起了，需要切断血管才能彻底拿下来，否则可能导致严重的高感染并发症风险，而手术导致的大出血也可能失控。如果人造子宫结构崩坏了，胎儿的生命也有危险。

Scott Anderson

你是说可能会在分娩过程中发生意外？

大野敬二

我不想夸大其词，不过以我的情况判断，50% 的死亡几率可能都过于保守了。

Scott Anderson

这……Netflix 可不能在直播过程里死人，会被吊销牌照的。

大野敬二

我也希望能像叶形海龙那样进化出雄性子宫，可事实是，之后我还得动许多次手术来取出那些不可降解的支架结构。话说回来，观众想看的不就是这个？ 50/50，谁知道了球赛结果之后还会去看重播（笑）？

Scott Anderson

　　这太冒险了，如果只是出血，我们还可以用技术手段实时抹去或者降低血液色度的刺激性，但是如果关系到人命……我得咨询一下法务部门的意见，抱歉。

大野敬二

　　恕我直言，生育本来就是充满危险的事情，不管哪种性别都一样。

Scott Anderson

　　也恕我直言，我知道您一直是个冒险家，但这次，您不觉得走得有点太远了吗？万一那个孩子出了问题，这可是非常严重的伦理事件，所有的人都会认为，您为了自己的……艺术创作，害死了一条生命。

大野敬二

　　我知道你想说什么。生育后代本来就是自私的，是未经允许的。

　　对于我来说，作品也好，作秀也罢，都是让我生命更完整的一部分。

我给你一些时间考虑吧，ASAP，回见。（退出会议）

墙上的头像消失了，大野敬二抚摸着自己的腹部，呆呆地看着半空，若有所思，突然像是想起了什么，他转向镜头，挥了挥手。

大野敬二
停。我说，你们可以停了。

场景切换。一个圆形气泡状的空间，内壁是乳白色的发光材料，Hanna 和 Fatima 穿着灰色连体服，交叉对躺在两张设计精巧的乳白斜椅上，像是半空中飘浮着一个 X 染色体。

字幕：柏林 Innerspace 精神健康诊疗中心。我们被允许将摄像机放置在诊疗现场，部分内容应要求有删减。

灯光暗下直至黑暗，一阵静噪若有若无地浮现，墙壁上闪烁光点，如同呼吸般温柔，伴随着音响效果缓慢形成节奏，变换颜色，如流星坠落又升上苍穹。Hanna 和 Fatima 只剩下两个剪影，她们戴着白色耳机，只在需要时才能听见彼此的声音，所有的一切都是由程序自动操控，没有人工干预的成分。

两人各自面向的墙体开始出现不同画面，耳机闪烁，诊疗开始了。

Hanna Kühn

（面前蓝色旋涡缓缓旋转）

你好，我是 Hanna，是的，这是我第一次接受 AI 心理辅导，场景蛮酷的，让我想起了 X 教授……

Fatima Kühn

（面前橙色光斑弥散，仿佛罗夏墨迹测验）

Fatima，她们告诉我这很有用，我就来了……

Hanna Kühn

恶心、失眠、周期性腹痛、流鼻血、激素水平紊乱，大概有七周了，不，我没有怀孕，她才是……

Fatima Kühn

（深吸一口气）噩梦，每晚都做噩梦，是的，我猜跟那件事有关系，已经有一阵子了……

Hanna Kühn

Couvade 综合征？我以为那只是对孕期妇女的丈夫而言，反向俄狄浦斯情结什么的……

Fatima Kühn

我得好好想想……大部分都很混乱，好像有人在追杀我，一直追我就一直跑……

Hanna Kühn

不，我不相信交感妊娠那一套鬼话，但是 Fatima 要来，我就陪她来了……

Fatima Kühn

他们要我肚里的孩子，他们要我的孩子（哭腔），他们有刀，很长的弯刀，明晃晃的……

Hanna Kühn

主要的问题是 Fatima，她被吓坏了，那些恐怖分子，还有科学家和媒体，他们说个没完没了……

Fatima Kühn

Hanna 不见了，也许是被杀了，不，我怎么会告诉她，这还不是最可怕的。他们抓住我，用那把弯刀剖开我的肚子，天哪（呼吸急促）……

Hanna Kühn

我们一直按时吃药，胎儿检查结果也正常，我不得不说，是外部的心理暗示，Fatima 一直很敏感，如果你看过她的作品……

Fatima Kühn

（光斑颜色变成淡绿色，运动模式随之改变）

好的，深呼吸，1、2、3……他们破开了我的肚子，从里面取出来的，是动物的骨头。像老鼠、小鸡或者青蛙的混合体，我都要崩溃了……

Hanna Kühn

不，她没看，是我在看科普纪录片。像上世纪日本人用骨髓干细胞成功培育出鸡的雌性精子，2004 年用基因修饰技术将小鼠细胞基因的雌性印记转成雄性印记，再注射进卵母细胞，培养出了纯雌性亲本的后代。我其实没有那么担心啦，虽然这些操作有一定几率会带来潜在的缺陷和遗传病……

Fatima Kühn

也许他们说的是对的，我们在做一件不该做的事情，我不知道，我真的不知道。有时候我能感觉到孩子的情绪，母亲和胎儿的大脑间会产生某种联结，这是你们男人无法理解的。抱歉，我又把你当成真人了。噢，你可以改变声音的性别？嗯，再稍微柔和点。

现在好多了，谢谢你。

Hanna Kühn

（变成紫红色放射线光纹）

我承认我比较理性，但并不代表我不会感同身受。

我们都是她的母亲，她能享有双倍的母爱，这难道不比那些父爱缺位的传统家庭强多了吗？

是的，是我提议的。我相信科技能够让我们成为想要成为的人。

我相信这也是 Fatima 想要的。

Fatima Kühn

我不确定这是不是她想要的，我们太自私了。

你知道媒体是怎么叫她的？"至纯之女"！这个色情女星代号真是令人作呕。就好像他们已经规定好了她的一生，只能像我们一样，选择与同性继续繁衍下去，不能有半点男性血缘的沾染。

这当然不是我们的本意，我们的本意是为了爱。

Hanna Kühn

所以我们的问题出在哪呢？智慧的机器。

在一个雄性的世界借助雄性的技术来制造纯然雌性的后代，这本身就是个悖谬。不是吗？

环境反噬的压力超出了我们心智和情感所能承受的极限？所以我们应该怎么做呢，逃跑吗？

我哪也不去，我就在这里，在我的爱人和孩子身边。

Fatima Kühn

（银白色波浪状条纹）

我听见你了，Hanna，我也在这里。

这光线让我想起了母亲经常给我讲的故事"裂缝人"，一个远古的寓言。当然，我愿意讲给你听。

裂缝人生活在海边，长得像人和海象的混合体，她们全靠单性繁殖，但偶尔也会生下一些长着管子的怪物。裂缝人会把这些怪物丢进开满红花的巨大裂缝中，没想到，巨鹰叼走了怪物，他们在陆上活下来，由野兽抚养成喷射族……

Hanna Kühn

你是在跟我说话吗，Fatima？

我不觉得这玩意儿能帮到我们，我能摘下来吗？

Fatima Kühn

喷射族和裂缝人视对方为怪物，互相对抗、谋杀、强奸。

为了繁衍后代，他们走到一起，又为了孩子，他们走向分裂。

你问结局是什么？说实话我也不太记得了。

只记得妈妈说，裂缝人之所以如此神经质并且好战，只是因为她们的子宫空着，也许这是真的（笑）。

Hanna Kühn

（摘下耳机，眼前的光影与 Fatima 同步，一片银白）

Fati，你还好吗？我们走吧。

Fatima Kühn

很久很久以前，裂缝人——女人——月亮的女儿，

她们坐在一轮圆月下，彼此讲着如何因为强烈的月光，孩子就来到世上的传说。

如果她们在那儿坐得够久，盯着月亮看的时间够长的话，那么也许……

场景切换。夜晚，一间名为 The Lunarians 的体育酒吧里，每一个人都努力用声音盖过其他人，老板站在柜台后，不时看着头上的高清屏幕，与此同时，悬挂在顾客上方的 16 个屏幕播放着同一个画面。

字幕：我们未能得到 K.O. 分娩现场的拍摄许可，但找到一家声称会全程播放 Livestream 的体育酒吧。

渐渐地，有一些人注意到了屏幕上播放的内容，一个喝得有点多的壮汉摇晃着走到老板跟前。

壮汉

Robby，我们能换个台吗？谁他妈想看这个娘娘腔生小孩⋯⋯

老板

我想看，我付了钱，我在门口和网上都贴了告示。
谁不想看的话，简单，门在那边。

壮汉

（做了个不雅的手势，离开）

陆陆续续走掉一些人，酒吧里安静下来，老板把音量调大，一些顾客抬起了头，露出各色表情。

主持人（O.S.）

……现在情况非常危急，人造子宫承载不了胎儿的重量，引起了连锁反应，胎盘撕裂肠系膜导致内部大出血，胎儿有可能处于缺氧窒息状态，需要紧急手术……

屏幕上出现了一个形状怪异的腹部特写，如同漏了气的气球，而那层蒙皮下方，是一个不停蠕动的物体，从形状上看，像是一条头部大得不成比例的虫子，画面上移，浅蓝色无菌布下露出一张毫无血色的脸，可以看出，他正处于极大的痛苦之中，满脸汗透，五官扭曲，肌肉颤动。

顾客中发出了一阵厌恶的抗议声。

大野敬二

……我还好，还好，不，我要保持清醒，不然这一切都没意义了……

老板给自己倒了杯威士忌。不加冰。他抿了一大口，又往杯里加了点。

主持人（O.S.）

　　……数据显示，75.62% 的受访者表示他们不赞同艺术家 K.O. 的这一行为艺术，有 51.43% 的人认为他的这一举动将对过去 50 年的女权运动构成重大打击，更有 31.79% 的人认为这已构成犯罪，要求公共卫生机构及警方介入，这一数字还在不断上升中，FCC 的投诉电话已经被打爆了……

大野敬二

　　……谁在唱歌？我听见有人在唱歌，真他妈美……

　　……我知道很多人恨我，我知道，我只是想证明，性别并不能阻碍任何人……做任何事……

　　顾客中发出更高的嘘声。有人大喊了一声"快滚回岛上去吧，自私的人类"。人群一阵哄笑。

主持人（O.S.）

　　……我们现在可以看到医生们在紧张地研究手术方案，从他们的表情可以看出，这场手术难度很大，而且极其凶险。

　　有一种未经证实的说法是，大人和小孩之间只可能活下来一个。

　　由于从法律上来说，K.O. 既是孩子的父亲，又是母亲。

所有的决定权现在都在他自己手里。

我们看到医生们似乎达成了共识，走进了手术室。

您可以继续通过屏幕提示方式参与互动……

镜头被拉远，我们可以看到主刀医生非常严肃地对 K.O. 说了什么，K.O. 的表情瞬间陷入呆滞。

主持人（O.S.）

由于法律原因，我们无法拍摄医生对病患的关键询问。 他们究竟说了些什么？

医生离开 K.O.，开始忙碌地准备手术器械。

老板放下了酒杯，酒吧里突然变得格外安静。

画面又回到 K.O. 的特写。

主持人（O.S.）

所以 K.O.，能告诉我们究竟发生了什么吗？

大野敬二

（面无表情地长时间沉默，眼泪积聚成形，滑落）

我选她。是的，我很清醒。

答应我，无论如何，让她活下去。

她不是我的作品，她是我的……孩子。

酒吧里突然响起了掌声，所有客人都转过脸来，寻找这不和谐音的源头。

老板面无表情，没有改变节奏，缓慢，坚定地制造着孤独的掌声。

———— 黑出 ————

第三部分

一片热带季雨林。镜头大约在一人高处，平稳穿越榕属植物网络交错的根须，丝绵树根茎如巨型章鱼触手，插入地面的细小缝隙，撬起失落宫殿的庞然基石。

可以从地面影子看出这是由无人机拍摄的画面，高饱和度的色彩马赛克闪现，遮挡住不时入镜的黑色残缺佛像的面部细节。

MOW45（O.S.）

很抱歉我们只能以这种方式接受采访。巴拿马基地受袭之后我们对所有信息披露都保持高度警惕。同样的，你们无法由我们提供的画面定位到任何具体的地理坐标，之所以保留这一段路程只是为了证明，我们不是在某个录影棚里制造的光学骗局。基于你们节目组良好的历史纪录，我们选中你们作为 SHIIVA Lab 此次信息发布的唯一渠道，会且仅会回答你们提出的三个问题。

镜头来到开阔地，一大片炫目跃动的马赛克明显是在掩盖背后的某座建筑物，一位身穿赭红色僧侣斗篷的人站在沙砾地上，无人机落到与其面部齐平的高度，斗篷中的脸，依然被马赛克遮盖，只是偶尔会露出一只怪异的金色眼睛。

MOW45

现在，跟我来，你们将是全世界第一批见证者。

镜头跟着 MOW45 进入一个漆黑入口，转为微光模式。一道矿井电梯闸门开启又关闭，开始下降，没有数字标识，没有任何楼层的光栅，只是一直向下，向下。电梯停了，MOW45 穿过长长的走廊，通过生物信息识别，进入一间亮着紫光的房间。里面陈列着两排六个水滴状的大型装置，由管线裸露的支架吊在半空。

MOW45

第一个问题，我们是谁？

我们清楚外界是如何描绘 SHIIVA 的，毫无人性的邪恶组织，滥用技术挑战伦理底线，财阀政治的畸形产物，等等。都对，也都不对。站在经典人文主义者的历史立场，当下世界的问题完全无解，因为那已经超越了他们所能承受的道德感阈值。而对于我们来说，那只是一种幻觉。

你可以看到，人类求生的本能让所谓文明爆发区域性的变异：非洲重新部落化，将残存生殖能力的男女当作圈养交配的工具，具活性的精液价值连城；亚洲和北美通过高压控制苟延残喘，实行生殖资源配给制，也滋生了全新的特权阶层；欧洲基本全面崩溃，一片混乱，所有根植于基督教文明的价值观在生殖大衰退面前一文不值。

我们坚信，我们掌握了拯救这个世界的法宝。为此，我们的先驱、领袖、智者金昌茂博士早在三十年前便做出全球战略部署，SHIIVA Lab 便是其中最关键的环节之一。

现在你们可以看看这个。

镜头随着他的手势转向旁边一个半透明水滴状装置，外膜是由某种高分子聚合材料制成，具有相当的弹性，里面充满了在紫光下分不清原来颜色的浑浊液体，有气泡不时从下方升起，消失在顶部。MOW45 伸出手指戳了戳外膜，浑浊液体深处有星星点点的亮光透出，那绿色荧光点越来越清晰，勾勒出轮廓，竟然是一个七八个月大小胎儿的形状。那个胎儿似乎被 MOW45 手指施加的压力吸引，尽管双眼紧闭，还是本能地朝镜头的方向挥舞了一下手脚，随即又隐没在混沌中。

MOW45

我们把叶绿素 a 吸收曲线的峰值左移，让它能够利用能量密度更高的紫光，再结合到 P 系列胚胎的表皮细胞中去。这只是其中非常不起眼的一项成果。我们将视外部世界的接受程度，逐步披露。

那么第二个问题，我们想做什么？简单来说，我们想要找到无需人类个体参与便能繁衍后代的方法。

二十多年前的人造子宫技术用电解质溶液代替羊水，用体外膜氧合系统实现血液循环，目的还是为了救治早产儿。各方阻力导致这项技术一直进展缓慢，人类对这一改变有种近乎病态的恐惧。人造子宫会否导致女性地位下降？母子间基于妊娠的情感纽带是否依然存在？是否会引起婚姻制度崩塌？是否会让阶层更加固化？特权阶层可以不受限制地繁衍后代，甚至是经过深度基因工程优化的后代。犹犹豫豫中，这辆车驶到了悬崖边缘，无力回天。

而我们却一直没有停下来。

MOW45 向前走去，穿过房间，步过一条通道，进入另一个泛着绿光的空间。这似乎是间陈列室，四排陈列架上摆满了透明圆罐，其中浸泡着各种胚胎标本，包括完整个体及零散的组织器官，其中不乏发育畸形儿，有些个体的畸形程度远远超出人类的认知范畴。

MOW45

我们走过的路，漫长曲折黑暗。

用人造子宫孵化胚胎是一回事，由遗传物质直接合成受精卵又是另一回事。这两者大约是莱特兄弟造出飞行者1 号到阿波罗 11 号之间的距离。你们所看到的这些，都是我们曾经失败的足迹。没错，它们都是生命。它们并没有被浪费，现在每一个成功的样本上，都留下了它们的痕迹，就像人类身上储存着整个进化史的信息一样。如果真要谴责的话，不如说说在巴拿马袭击中被以"道德"之名捣毁的数百个胚胎样本。仅仅因为它们以不同的方式降生到这世上，哪怕是基因上 100% 的纯种人类，都会被视为异类加以毁灭，这就是你们所谓的文明。

与此同时，我们不断地接到一些请求，大多来自这颗星球上权势最为显赫的群体。

有试图从生理上制造区隔的极端教派，有设计完美婴儿的超人类主义者，也有希望我们能够完全为特定政权或种族服务，用超强繁殖力实现地缘政治上的弯道超车。我们针对其中一些有趣的设想进行了实验，但没有接受其中任何一个请求。

（他走过几个样本，稍事停留，凝视着其中似人非人的存在）

对于我们来说，这些想法都太可笑了，经典人类式的可笑。

镜头突然升高，以俯角看着MOW45行走于样本间，像是一名解剖室里的黑魔法师。

MOW45

这取决于你看问题的视角，尺度上的限制，无论是时间或空间，宏观或微观，粗糙的尺度永远导致简陋的评判，而这将带来灾难性的后果。

就好像，1978年第一例体外受精的试管婴儿就已经成功诞生，而1987年的罗马天主教会还在谴责代孕"侵犯了一个孩子在自己亲生母亲体内受孕、怀胎、出生并由其亲生父母抚养的尊严和权利"。2009年，在代孕产业兴盛了二十年后，印度依然没有出台法律进行规范，而是简单粗暴地在三年后禁止为单身者及同性恋夫妇代孕，进而禁止为所有外国人代孕。

这种对技术的恐惧导致了思想与行为上的混乱，你们既无法站在人类命运共同体的高度看待问题，绝大多数时候又忽略了这世上生存的数十亿人都是截然不同的个体，他们有着独一无二的情感与诉求。（突然停住）

噢时间差不多了，我被要求将语言的宣言风格调低二十个基点。

现在，我们需要进行消毒。

MOW45 离开房间，与无人机一同进入消毒间，白色气雾从四面八方喷出，弥散在狭小空间中，逐渐化为细微液滴，蒸发不见。门打开，镜头中出现一片令人惊叹的金色池塘，MOW45 沿着石阶走向池心，无人机围绕池塘盘旋，交代环境。

可以看出这里原先是某座古代佛寺的遗迹，方形池塘四壁上，一座座真人大小的天女 Apsara 浮雕列队浅笑，舞姿曼妙，池水正好没过她们的脐部，露出纤润腰肢。池底整齐排布着七横七纵四十九个方形尤尼底座，象征着女性生殖器，每个尤尼上立着林伽，如一根根头部膨大的阳具昂立于水底。

镜头回到 MOW45 的身上。

MOW45

林伽是湿婆的众相之一，被描述成世界的起源。说是湿婆的林伽耸立在世间，大梵天和毗湿奴一个化为天鹅向上，一个化为野猪向下，用了一千年也没有找到尽头。

最后一个问题，为什么是现在？

因为人类已经走投无路了。

感谢那些科幻小说和电影，《美丽新世界》《银翼杀手》《逃出克隆岛》……许多思想实验，尽管荒诞可笑，却让我们得以避免毁灭性的风险。针对每一种可能性，我们都进行了计算，并寻求最完善的解。

我们不想让技术沦为奴隶制度或者器官工厂的帮凶，同样，我们拒绝制造歧视与新的种族纷争。许多智者已经看到了，这一技术能够让人类真正抛弃血缘、家庭、族群乃至意识形态的沉重包袱，作为整体踏入全新的纪元。

新的人类，没有父母，完全由算法决定基因组合，而机器所看到的，是数十亿人的基因库以及数万代演化之后的所有可能性。

新的人类被取消了低效的有性繁殖能力，个体可以自由选择性别，或者无性别，一切取决于你的体验。

新人类不再承担着延续基因的使命，个体基因数据都会入库，参与制造后代。每个人都是为自己而活，每个人都是为全人类而活。

死亡不再变得可怕，新人将接受一种整体性的生命观，死亡是通往永生的一道不二法门。

当然，我们知道，往海里撒盐并不是改变海水浓度的好办法。许多政权向我们敞开大门，应允给予新人同等公民权，甚至圈定特区进行保护，但想要改变世界仍然是一件艰难的事情。

毕竟，生殖与毁灭，创造与破坏，从来都是湿婆的两面。

我们改变了想法，也许应该从人类的经验中学习，让你们更好地接纳我们。

于是，我们在全球范围内挑选了一些家庭与个人，送上我们的礼物。同时，我们向更多的人开放申请，希望这能够改变你们的生活，同时也能改变世界对于 SHIIVA 的看法。

现在，是时候了。

MOW45 摘下斗篷帽，马赛克快速移动扩大，但镜头仍然在某个瞬间捕捉到了一个半人半机械的头颅。他像魔术师一般缓缓举高双手，池水配合他的动作开始翻涌起泡，金色波光在四壁和天花板上不安地游动。

MOW45

如果说，这世上有一样东西是机器无法计算的，那也许就是人类所谓的……爱吧。

希望你们能够爱它们，像爱你们自己一样。

——————黑场——————

片头音乐再次出现，极简主义电子乐加上心跳采样，渐强。

——————黑出——————

满头汗水的 Neha 轻轻哼着歌谣，给皱巴巴的婴儿眉心点上朱红的 bindi，婴儿挣扎着睁开双眼。

字幕：Aanadi，生于当地时间 2016 年 2 月 3 日 19 点 02 分，名字取义"永远快乐"。

吴英冕站在床边，看着代母怀中刚刚出生的婴儿，眼含泪光，手搭在代母肩上。

字幕：生于当地时间 2021 年 7 月 12 日 16 时 37 分，姓名应要求隐去。

一个浑身是血的女婴被举到大野敬二面前，他只说了一句"你好漂亮"便陷入了昏迷。

字幕：大野樱童，生于当地时间 2027 年 4 月 24 日 1 点 12 分，大野敬二，因失血过多抢救无效死于同日 4 点 45 分。

Fatima 抱着婴儿轻轻摇晃，说"嗨，我是妈妈"，然后把孩子递给 Hanna，说"这也是妈妈"。

字幕：Anna Mondschein Kühn，生于当地时间 2031 年 11 月 29 日 6 点 21 分，Mondschein 为德文"月光"之意。

MOW45 双手举上半空，49 根林伽浮出水面，如荷花缓缓裂开、绽放，每朵荷花中央卧着一个粉色婴儿，浑身湿透，突然像得到什么指令般同声哭泣起来，那哭声开始得断断续续，花瓣机械臂剪断脐带，挤压出它们肺部过多的羊水，哭声突然变大了，像是一场经过精心排练的交响曲，叠加在心跳声和电子节拍上。

字幕：49 个新人类，生于当地时间 2038 年 8 月 8 日 8 点 08 分，它们被统称为"礼物一代"，其中仅有不到三分之一在领养者手中存活下来。这些幸存者改变了整个人类历史的进程。

——————黑场——————

出片名：

这一刻我们是快乐的：一部纪录片

——————全片终——————

未来还有一种可能，目前看来，是很大的可能：我们以加倍的嘈杂，变得日益沉默下去，对于真相更加漠不关心，彼此互不相通。

话的去处

撰文　贾行家

曾经

我还以为木化石会像玉。公园里的这一大块，看着只是水泥砌完，又涂了层黄漆。也可能就是这么回事儿。标牌煞有介事地写着"硅化木……七千万年"。

我正牵着孩子，为了这数字里的空旷感动不已：在由文字记录的记忆这边，七千年已经隐没入黑暗，这颗被二氧化硅置换过的木头，还要再幽深一万倍。数字是我们为了理解时间所犯的错误。

就算它只是沙子和水泥吧。生命的尸骨化成火山灰、碎石块，再被洗成圆形的沙粒，也需要同样的空旷。如此说来，佛经的形容是写实的。七千万年后会是什么样？数字和文字的概念，也就不复存在了。

孩子这几天正翻看一本儿童画书。我很感激那位法国作家，她坦率而温柔地回答了一个七岁孩子一再问到的问题"为什么会有死亡",她说:不要为了生命的脆弱而忧郁,石头不会死,那是因为没有活过。

"我活在历史上最重要的时代",和末世的说法一样,这是在支撑许多人的想法。

曾经——现在

那些强健的人好像很清楚:在他们掌握的历史里,哪些事和哪些人会被留下。其他的一切,包括我和你,要被抹除得干干净净。当他们毁掉对手的宫城、姓氏与后代,扔进遗忘的旋涡底部,有种儿童似的自信和专注。

这也是在卑怯地承认:他们其实对将来一无所知,享用过"现在"的权势,干完杀掉修建陵墓的工匠之类的事情,就得回到地下深处。起初,他们的名字是禁忌;后来,干脆捏造出一套新的话出来,让每个人都参与这种耻辱:我们"造就"的历史,对它的将来毫无益处。直到被几首不祥的歌谣戳破。

既然领悟不了现在,也就没有结构将来的本领。我们自诩伟大的成就,只是加快了速率;而所有能被加快的,都会导向毁灭。对未来的忧虑,与对历史的忧虑重叠在一处,像是说:预言出自记忆。

在某个时期,也许就是人对于理性感到满意的那段时间，神学家宣布：先知的时代结束了，奇迹和预言将不再降临于世。人们对未来的指望，只能以回忆的形式存在。

现在——将来

将来不全部出自现在。

存储技术在改变人们的感知方式——我妄断将来的恶习也这么严重。过去一卷胶卷最多能拍三十来张，在我家那些影集里，每张底片都经过深思熟虑，斟酌过想要表达的意思，所以才变得和所有的影集一样。从来没有哪个时候，录入过今天这么多的影像。其中的意义同样稀薄，只在将来意味着曾有过哪些过剩，又有过哪些贫瘠。

我在"饭否"上——因为这个企业家的趣味，它得以孤独存在，一群人得以互相翻看自言自语——看见他说"我不去做激光矫正近视的手术很大程度上是因为：反正再过几年我们多数人都会整天戴着 AR 眼镜，而技术进展到再下一阶段可以做到无眼镜 AR 可能要好些年"。这是句让人遐想的话：当视听、感知被改变后，对文字的依赖会减弱，文字的传递方式也改变了。我脆弱的人格，我的表达方式，又会如何变化？有拒绝的机会么？

乐观点儿说，我们已经在做自己的历史学家了。未来的博物馆陈列今天，不会再用现在的方式：摆设一个文明早期的生活片段，在栏杆后面，我们斜披着仅可蔽体的兽皮，或者持一根骨针在补帐篷，或者举着根木刺，从有机玻璃板的河里作势叉鱼。

我想象过许多可以夹进两片玻璃供将来观测的场景。现在就没有任何审美意义，不妨从它开始：

未来的增强现实技术再现了我们，在仿照此时此刻的布景里，我们又一次活过来，模拟日光的灯照到谁，谁就开始活动，开始讲话。

现在

这些人的话，为的是刺探和隐藏，在此起彼伏的纸烟卷烟和坐在煤炉子上的蒸汽中间飘浮，相同字眼的含义常常转化。听话的人，先用眼角扫一下其他人，再决定是把这意思接下来还是顶回去。到快显露真相时，大家一起闭嘴，喝从大塑料桶里倒出来的白酒和一种淡而无味的啤酒。

村支书一开口，别人便静下来。他的话里，除了骂人，几乎只有名词动词，也没什么逻辑和道理，统筹十几个屯子的势力就是道理，至于逻辑，向来用不着。我头一次发现，褪掉炫耀滑稽的闹剧色彩以后，东北话的词汇原来如此之少。话里很少有来自旧语言的元素，在这地方，更是连新名词也不必要。至多添几个农用机械的名称，按照重音在后的习惯，挖掘机叫"钩机"，玉米收割机叫"直收"。

然而歧义也少。词语的多寡大概是出于需求。最常使用的代词是"那啥"，只要对话的双方熟悉，"那啥"就可以准确地代表一切。支书说"还有内（那）个内个，你明天去那啥的时候啊，别忘了先把那啥给那啥了"。他所暗示的事情里，最要紧的一件，是明天全村投票选两委，局势没什么破绽，各屯都无异响，所以头面人物才坐在这里很有风度地烀羊肉吃，顺便谈妥后面的事情。其次是上头对那几笔款子怎么花的，还要检查和审计，以及村中的机动的、爱告状的那几个人，我能听出个大概，因为已经在屯上待了一段儿。他看一眼会计，会计就报个具体的数字出来。

前些日子，按照镇里给排的日子，我们都在山上放荒（烧秸秆）。四野是星星点点或成片的火光，我头一次见识到血红凶险的月亮。这附近没有土地，北面有个狐狸庙——关里叫仙家楼，在这儿不知叫什么。五月节是乡民去拜它和诉说各自心事的日子，届时，也是满山的烟和夜晚的星星点点。在传闻里，这狐狸没有开口说过话，动物有比语言更准确的感知，也没有那么多的复杂意思。

支书话里的支离破碎，会被逐级补充完整，如同一切有权力的人。对告状的那个，老王极力把话说得有趣："这老小子，整个骨头棒子，再整点酸菜汤子，在家也装着涮锅子。

吃完了就出来瞎说，这告，那告……"两只羊是老王入秋前买的，早已应许入冬就杀。他说刚飘雪时要吃炖大鹅，上讲究的，所以拖到今天。

他的话和其他人的放在一起，就能听出相异之处，不只是清楚和漂亮，而且咬字发音也不同，像河北人。说自己是十二三岁跟姐姐从关里逃荒到黑龙江来的，之后去四川当兵，闹不清是哪儿的口音了。东北话里，辽东算拥有口音，黑吉的大部分，究竟属不属于方音，就得专业人士讲解了。再就是动词用得很生动："打个电话"是"搲个电话"，"打印一份"是"刷一份"，像初民第一次见到机器。

省城附近几个县的口音，听惯了，还是有微妙分别。本县中部，常以"中"代替"好"，"特别好"是"可中了"，这有点儿异常，可能来自最初几户搬来的河南人。住得靠哪边镇子近，发音就像哪边，常到一处赶集，话就串到一起。老王是从来不说"中"的。

（东北话接近普通发音。这没什么可自诩的，普通即单调，倒是有利出门打工，算是沾润了语言权力的搏斗结果，多了条生路。

悠久的方言，像老城里的石板路，陈旧圆润，下面又掩埋了数层前朝故道，封进语音，化为独特的声调和异体字。吴语粤语闽语，都有高于方言的地位，本来就可以和北方对抗。文化经济强盛，更是有了保存的资格，我小时候，大人们总想要卷起舌头学几句香港话。粤语区的普通话宣传，冒失地将"普通话"和"文明人"画上了等号，好在广州人似乎对这种宣传态度粗鲁，不屑一顾，不改喝茶养花，不看春晚。

至于被挡在西南大山后面的孩子，学普通发音为什么要紧，是不说自明的。）

桌上，支书的弟弟老五的话飘来飘去，凡攻击性挑逗性或不着四六的话，都由他负责说，这些混话，与他大哥的拔要相对应。关于东北话丰富的误解，我的揣测，可能是由于在男女之类话题上花样翻新——并不只有这类话，只是它好玩好记，让说者听者都流连忘返。这种玩笑反倒稀释本能，笑星很少会兼具性感，而且，受观众的位置等问题的困扰，还很容易抑郁。都说东北话追求逗笑是因为冬季的又长又闲，还从跳大神里发展出了二人转，焉知这长与闲里满藏着末路穷途。

开场的二人转演员在戏弄观众前会说"我知道诸位大哥大姐都特别有身份，但老弟请大哥大姐们先把身份忘了，这么着，咱们才能玩得开心"，是很通达的言语。明显的缘故可能有：没有宗族，从伦常中解放出来，少了一层羁束。口音无障碍，往来于东北的火车上，马上相逢的邻座间，言语如不择细流的大河，一碰撞就汇到一处，几句上口的俏皮话随交通工具流布到千里以外。老五那些貌似尖新的嗑,如"有道又有招,必须夹小包儿"、"各种姿势各种招儿,各种澎湃各种飘儿",想必就是路上学的。我在长春铁岭沿线上都听人念叨过,说不清最早是谁编的。这些语句,渐渐修饰出一种地域性格来。或者说,语言是一种民族性。

原治保主任张大波子今天的本分是少说话。前段时间的结果是:支书将不再"一肩挑",村主任由张大波子做。大波子披着件警服皮夹克,推说吃了消炎药,不喝酒。不喝酒,也就不能张罗上半句的话来说,横在脸上的肉都惬意地耷拉下来。他与官私两面的关系都"铲得很硬",少数的言语,都是精当得体的"社会嗑"——"社会"的意思本来就是不莽撞,关键事情上防守得很严,有支书兄弟不及之处。有个人冒失地举杯说:"那啥,大波子,祝贺你呗。"他丢个眼色。那人便将杯划半个圈收回来,讪讪地自己咽了。

倾向不统一,东北话叫"把嗑唠散了"。投票之前的日子,是全村政治生活中的关节处,宜于谨慎摊牌,有些嗑无论散与否,都是要唠的。实在解不开,则以寻老王的开心来找台阶,还要碰一次杯。

"今天这俩羊的卵子呢?"于是老五用筷头子敲打着盆沿儿问。

支书哈哈一笑:"老王自己留下了,他那么多钱,没事儿老往镇上去找小姐,还不得补补?老王,你咋不在村上找俩娘们玩？"

众人像要穿过一道窄门，争抢推挤着大笑。

"谁说老王不找来着？找没让咱瞅见。老王最能扯犊子了。是不是老王？是不是老王！"

"人家这老体格子咱可比不了。"

"你不说他吃的啥，咱吃的啥？"

四十多年前，老王退伍时，也当过生产队长和支书。高兴时讲那二十年里怎样把村子整治得舒展肃静，亲手送了几个调皮捣蛋的男人和搞破鞋的女人去"蹲笆篱子"，如今，西面那几个屯，他绝对不去的。从话里能听出老王的聪明，他的记性好，一件事情，顺着讲倒着讲，都能清清楚楚地讲回到开头处，像钉一只箱子，接得严丝合缝。我问全村谁家最有钱。

"哎呀，那可不好说。"

"不好说。那就是你呗。"

老王嘻嘻笑。他的几个女儿都远嫁得好，有一个在上海立了足。但生的都是女孩，自己也是外来人，所以看着差不多，就得完整地退下来。当年的支书正当少壮，有弟兄八个。我说老王你是俊杰，快七十了还能种二百亩地。全村迎来送往的饭食，也都由他供给，乡里县上，都知道这镇这村有个老王，是"敞亮人"，他老婆炖的鸡鹅，泡在半盆油里。他还有张别人家用不到的大圆桌，桌上当然要有老王的位置，实在是谋划得很得体。"你说我是个啥？"

支书们又把那点儿乏味的淡话翻来覆去说了几遍。

老王小声回了半句："我给你们找个母狗子。"勉强地咧了咧嘴。支书兄弟将关系处理得明朗，对老王不算坏事。无端挑逗，说明他在村里位置下滑得不严重。在鸟群里，这称作"啄序"，位置越相邻，越得紧张防范。老王养的那几只鹅，最壮的一只专爱踩到群里排第二、比它略小一圈的那只背上，也是这样嘎嘎地怪笑。

我抬头往窗外瞅。几场雪盖住了附近的山包，盖住本村集体所有或各家各户锛头荒的岗地洼地，盖住田间道路和垄沟河床，盖住没有说妥当的那几千亩地，盖住树林，林下有几座坟，后代把坟包用铁丝圈起来，在坟头插满了彩带和塑料花，像每个屯子都有的女疯子。大片连天苍白，是这矮山能获得的唯一景致。

在他们眼里，这雪其实已经开化了，他们能看到地下的墒情，"七月流火，农夫之辞"，今年要早一个节气。就像说话是为遮盖。

话本来可以传出或弥补一点儿什么，但如今只反映乏味琐碎。长久地反映。乡间路和高速都不通车，我们困在一处，比陌生的沉默还糟糕。道理上说，所有人都说谎时，谎言就没意义了。但真演出来并不如此：会说得更起劲，甚至不是出于恐惧，仅仅是无事可做。

"羊卵子呢？"

"筐里呢。"

"我拿走了啊。我媳妇问我这几天的钱花哪儿了，我就说买了俩羊卵子。"

支书和大波子等人也跟着散了。老王婆子坐下，舀肉汤泡凉米饭吃。我重新看出关系，剩下的，是朝老王叫大姐夫大姨夫的，或是靠着老王得过好处的。待都去得远了，老王叹了口气，准备说什么袒露心迹的话。终究没有说。

我低头玩手机，上面说：霍金刚没有了。我第一次知道他，是在《读者文摘》上。那篇报道说这个英国物理学家通过一种很高档的计算机，可以用两根指说话，每半个小时一句。这几年，他"说话"的速度与常人无异，经常在推特里闲扯和开玩笑，人们便觉得霍金离死反倒比当年还远，比我们还远——理论物理学家是纯粹的大脑，该说的话已说出来供人猜测，就像没死一样……

另一件事是几个月前的赌城枪击案。新闻配图是刚刚逃回旅馆房间的游客，各自掏出手机在拨弄，发消息或查窗外正在进行的事件，神情木然，不交一言。换我，肯定也一样。我们没被灾难和罪恶挑上，完全是因为随机，并不是有什么资格。

头上的光亮灭了，我们的影子随即消散。前来观看过去是多么贫瘠无聊的参观者在黑暗里走了过去。如果这里面有什么悲凉的意思，肯定是我察觉不到的，是属于未来人的感慨。

现在——曾经

"我爱我这不幸的土地，因为我没见过任何别的。"

我比别人更能体会这话里的意思，那时候，曼德尔施塔姆正值少年，我则一直如此。土地不需要保护，到它容忍不了时，自然会抹掉人类。到那时，对土地上曾出现过的事物，我只对语言抱有情感。语言本来就是情感的形式，而且又如此多情，会跟随我们一起消失。

我不知道想法和语言谁出现得更早。神志清醒时，我既想不出没有语言的感受，又不能用语言精确地描述它们；即使在梦里（我竟然想用文字来说这些），即使在临终前、在意识消散的刹那，以语言形式存在的想法还在试图讲述知觉，还在对席卷而来的阴影做最后的预测。

人一开口，念头就随之改变。想要为情绪和想法寻找相貌，就不会只持"流畅"、"简约"之类幼稚的标准。我很害怕这类话题，这是不该解释的。

被视作文字血统来谈论的古人，大多面目模糊，近半亡其姓名，照我们自以为荣耀的历史——五千年的虚荣，取决于何时搜罗到几块有文字刻痕的礼器残片——来说，他们又是可以抹除的。《红楼梦》未完或遗失，根本不算遗憾，获得前一半才侥幸。

语言总会和它的环境大致相当。今天可以考证古人的饮食起居，但不能再现他们的日常话语。那些堂皇精洁的言辞是大人先生们的遗物。雕虫篆刻，壮夫不为。壮夫的文字不求细部，虽然朴拙，但由性格运转，也各有气象，尤其是对局势和人群的判决，手起刀落，游刃有余。只是诗歌是引人同情的，怎么会有"帝王诗"这种怪物？遇到所谓维艰或惟危的局面，总有伧夫出来勉强模仿强人，话语随着头脑走，一路昏暗下去。仿佛贫穷卑下者活得左支右绌，并没有留下遗言心迹的必要，有些性情好的笔记野史会摘录几句，使我们得知：也许就是和今天差不多。

在一些空洞或者说是严肃的场合里——我实在没有分辨二者的智慧——人们带着打印好的讲稿，围坐在一张铺着绿呢子的巨大会议桌前，面前摆着名牌。即便这张桌子是圆的，你也会轻易地找到它的起点和终点。我为他们的话感到迷惑，其中的等级和规则如此清晰成熟又如此野蛮、没有必要。他们并不是不看纸就不会说话，而是怕未经充分扭曲的话会吓到我们，"这一代最杰出的头脑"正毁于过度精明。"话的内容是没有价值的"，是随时要变的，我只能这样解释。他们是善于规定价值的。

那家公然宣称并向来奉行能用每个人的隐私换点儿不知是谁的便利的搜索引擎提供了"知识分子"的词条:"拥有大专以上学历的脑力劳动者"。那么,另一类场合里的人肯定都合格,甚至我也合格。他们还可以被称为学者、艺术家、文化人,我没怎么留心过他们话里的意思,而且很多话在故意制造含混吊诡的气氛。之前,我难免对这个空间里的语言略有期待,然而,除了一些名词,并没有新鲜的话语及念头浮现出来。另一些人早就发现了,每次都用蔑视的神色和脏话来诋毁这种气氛。

现在

从县城往省城的一路,窗外陆续出现的口号:"突遇横祸,牵挂他人",谁能猜出这是什么意思?"人敬老,己得福"、"亲善在手,福寿缠身",意思是很熟,就是整整一百年前的口号所要打倒的,只是不知这险僻遣词从何而来,大概来自"文化断裂"的谷底。

墙上有活人气的话,只有一则种子公司的广告——"购楼买飞机,就种鹏玉1",有连贯的奇想,有用阿拉伯数字的叶韵和洒脱。再就是车里花样翻新的对话了,说的是收成、男女、镇上街里的养老院,这路上近来的几场车祸。所谓希望，是绝望以后事情还没完，确凿的迹象。比如，村庄的路上，很少有青年和孩子了。村西头小学那六间教室，已经空了两年多，四位按月领工资的教师偶尔觉得不得劲，彼此商量：去哪儿踅摸个学生来教教才好。

此时此地，口燥唇干。荒谬是基于对照，再荒谬一些，我们还是可以将就着活下去。我口中的话，有没有加入未来的资格？这应该不是提问，而是玩味耻辱。顺流而下的判断是：今天的话，应该再被毁掉一次，哪怕（或许一定）再落个无聊的反复。

曾经

当初，文言从图腾主义里坠落，像枯树一样被放倒，那些过于繁复而遮蔽光线的枝叶——携带典仪故事的辞句、沉迷于音韵对位的修辞，和腐烂的含义一起被弃置了。这也将中文一直暴露在危险之下：割裂之后，随时可能陷入"肤浅、粗野和没有价值的涂鸦"。时不利兮，继而是近似恶作剧的噩运。所欲成就的均被打断，所欲引进的被粗暴地阻隔，其后的年代，只留下烙印般耻辱的语言。置于高处时，天下人莫不胆战心惊地学舌，摊在地上后，人人都若无其事地绕着走，至今没有被收拾起来。

"拉丁化是东方文明的伟大革命"，能这样说的都是壮夫。据说，中国近代的霉运，源自中国字的复杂多歧、难写难记，这也近似一种广义迷信。我若早生五十年，只因为懒惰，就会加入对简化字和拼音方案的腹诽。虽然我承认今天能用拼音输入法打这个文件，以简化字遮掩无知，都托庇于那两次对中文的扭转。

胡适、钱玄同那一代，话虽说得决绝，真有机会时，不知能否狠心做彻。赵元任倒当真设计了通字，将汉字删到只剩两千个，若成了，今后就是"月洛乌提霜满天，江风鱼火对愁绵"。其心意拳拳，只是在我看来，有些心惊胆寒。

假如真在那一代人手中做彻，结果或许倒还好些。改变语言，创立易而同意难，其后的几十年恰恰相反，同意得太容易、太缺乏张力了。周有光作文字改革前搞的是经济学，这倒成了革命几亿人语文的最好预备。据他回忆，与林汉达下放劳动时，共同仰望长空以规划语文未来的大众化："遗孀"无人认得，可以删去，以后此意只用"寡妇"即可。"揠苗助长"要改"拔苗助长"，"揠"字也是多数人不认得。"惩前毖后"可改"以前错了，以后小心"，只是那样就不是四言成语，且再推敲。还有些创意如"的"字常用，写起来麻烦，不如改成日文假名"ノ"。毫不介意二人的处境与这志向间的因果和难堪在哪里。

这类计划，化作政令，十几年间便能确立，一两代后，就可以与昔日文化隔离。像座老城，拆到干干净净，横平竖直，所谓粗见成效。然后，"新人"就该有了。只是：你是新人，还是我是新人呢？

以通行简单、不携带记忆为标准的语言，大概就是今天的网络语言的样子。我没有好与不好的判断，它是众人各自的选择，最后流落到了同一个下游，但也仅此而已。

周有光一百多岁时还能写文，不仅清通，亦有深情。说老伴去世，便把书房里的两把椅子换成沙发，夜里曲腿睡在上面，不再回卧室去。回忆起那一场轰轰烈烈时，依旧有壮怀，了无遗憾。

无悔也是常被用来模仿壮夫的方法，那就只好说功利了。多少代人积攒的情感和念头被弃置这类事，已经成了，也就没法再清算。若说语言只是工具，那也就无话可说了。似乎很少有人提及，精神上的也包括语言上的"病态"，也是文化存在的种子。人类被自然容忍，但今日之人却不宽容过去之人。我是不做事的，冒失地以为既然已经不是存亡之秋，把旧语言驱赶进方言、封闭进古书后，就不必扫尽杀绝了。几千年的言语记忆，不只是情感问题——我的所谓民族感情，只系于语言——谁知道挽救自己的，究竟来自群体还是个体，是过去还是将来？

要是再多说一句感情，我虽然从小就看正义和多数人必胜的一类作品，却很同情注定惨败的角色，不相信强胜弱、众暴寡是唯一道理。语言不只是公器，也是切身的私产。不与人合奏，就可以不理会什么乐理，同样，自言自语，也可以不在乎别人。感情还连着情绪，对征收记忆的豪举，总得低声问问凭什么吧？不敢怒不敢言，可也不至于马上忘了：落草时父母取的名字，为什么活到中途就被简化了去。

每隔一个时期，就有人将机心藏在对言语的拆解戏谑中，又有因为郁结垒块，将小动作夸张为颠覆。二三十年前，在关于王朔的文化批评里，包括这样的预言：除了引起大量模仿者，他还将开启未来（也就是今天）的话语。至今，他的拆解和戏谑还搁浅在那个年代，并没有发展出个什么来：那种带有权势痕迹、被误解为是北京方言的话，本来也不是谁都有资格说的。这样的结果相当公平，每个人只承受他当承受的：发乎希望够到真实的纯真，止于不完整的诚意，最后退守自己，这倒说明了王朔很卓越。如今看，那已经算得上是自觉了，至少，其后再也没什么值得一提的改变。

还有一类语言我没法讨论。如果可以把历史当作个人记忆的话——这可能不准确，语言会随着情景省略，何况在竞相装疯卖傻的年代——它正在越来越使我感到不安。这种不安很私人化，我不想做被它玷污的人，不想生活在被它玷污的人中间。

曾经

人们相信过世界建立在一个名字、一句咒语之上，还相信过任何一处对经文的改动都将导致天昏地暗。所以，对经文的改动总是悄悄进行。

那些含义模糊、状态不稳定的字句，逸出理智和工具之外，使人无法辨别其来处去处，如同神秘冷酷的少年男女，令人羞愧地迷恋，暗暗怀疑此时此刻的真实性。

诗人对语言的贡献既卓越又隐秘。在诗句中，凡是可解释的就可以被置换，甚至该被删去。诗人们都拥有属于自己的名词，每个名词都像一个吞噬意义的旋涡。古代的诗人们则喜欢丰富和分享同一批意象。

小说家最神圣的时刻，是接近那股控制自己的语言力量，其艰难与决绝，近似于思想者运用理性接近人类的恐惧。他们从决心做一个好作家那天起，就在寻求这一时刻，等待着属于自己的灾难。

这本来与世俗无关，然而，返回现实，他们总是估量自己对文学史的意义，想象未来的荣耀如何挽回正在经历的轻视和误解。没人知道将来执行的尺度，文学史即便能躲开权力，也是一部充满偏驳和误解的历史。他们忘记了神圣但从来没能发出音来的名字，就算是以语言形态显露刹那光辉，也是极偶然之事。

而最伟大的语言，不像创造，好像是原本就存在。据说，莎士比亚发现了对一切人类遭遇的描述方式。

交谈和倾听，是如此相似，又是如此不同。

有部漫画改编的电影，一直引用一句老片子的台词："现在快回去找你妈妈，告诉她一切都好。山谷里再也不会有枪声了。"此时，我和所有看过那部老片子的观众一样感动。这是句独立存在的话。

它让我想起一个人，他犹豫了很久，忽然露出了盲人似的微笑，由犹豫变得坚定。他说："那里很美，我看见了。"

将来

如果将来与曾经无关，最好也与现在无关。

即便人人戴着 AR 眼镜的场景被描述得很清楚，我们还是没找到什么比语言更能平衡确切与含混的交流。人们总是忘记第一个词的出现是多么大的一个奇迹，它也许是使人类成为人类的那个奇迹。

归途已断，往前又是什么方向？文明自有始终，能被自己创造的事物毁掉，也算是得体的终结。这毁灭不一定像灾害那么痛快，可能只是缓慢地蔓延萎缩。这一场文明，最可珍惜之处是：人在不断批判和反省中逐渐显现出来的自我意识，从中发展出各种披坚执锐、不共戴天的念头，它会不会也被代表着加速、丰富和便捷的东西带走？

或许，按照已有的迹象，未来语言的改变，真的是自下完成的，不必再有什么"民粹"号召，连具体方向和抱怨的对象都没有，即真正的习非成是和"去中心化"。旧符号用得已经不多了，在每条信息结束还点个句点，已经被戏称为迂腐了，按照简化中文的决断，不是可以，而是"要"去掉。若说礼貌，不大段大段地发语音过来，已经是昔日的礼貌。我最近才发现，语音可以转换成文字，而且只能是普通话，那还有什么可说的？动图和表情，凭什么不能加入通行语言？而且表意更充分，没准还会经历一次象形文字的转换，再难倒一次七千年后的商博良。"666"和"2333"，可做将来的成语。有何不可，你奈我何？

我对将来的最大善意，是希望在无数误解中，将来仍会充满惊奇。

人工智能得势后，天下之书必然同文，天下之车必然自动驾驶，通行语言，没准儿是计算机的语法规则。"我们下去，在那里变乱他们的口音。"每隔一段时间，翻译、语音识别软件公司会发布一次进展，依据货币政策形势，将公司的估值空间再垫高些。仿佛在很近的将来，全世界的人将会通过一种经过换算后的声音样本站在一起，共同完成另外一件如同建造巴别塔一样的事情——希望我们还能像几十年前一样，对人类登月，而不是谁来登月怀抱期待。否则，听明白对方的话，就只是为了方便当面争吵了。误解仍然会因为不清楚语言的既往，不知道它所依附的观念而加剧。或者并不是误解，根本就是无法弥合。概念在被推到表面上相同的语义之外时，总是表现得更加动荡、更加让人不安。

未来还有一种可能，目前看来，是很大的可能：我们以加倍的嘈杂，变得日益沉默下去，对于真相更加漠不关心，彼此互不相通。交流的困难，从来不在于发音不同、字形简繁——那只是权力的伸张方式——我将情感和念头归诸语言，不妨再将认知也作为语言现象：人们想弄清楚的，不是对方所说的事情，而是形容它的那一番话。

1958 年，小说家君特·格拉斯前往"四七社"的聚会，随身携带着《铁皮鼓》的部分手稿。在他读完第一章以后，这个松散的文学团体决定将当年的奖金颁发给他，之前的获奖者是马丁·瓦尔泽。

德国文学界一直在废墟上寻找超度纳粹语言的健壮德语，十年后，终于看到了迹象，这种迹象发展为一次语言复兴。我以为，这才是二战留下的最大不对等，是所谓战胜国的真正战败之处。

败坏和污损语言有很多种形式，在感到表达的必要性和理解的必要性之前，人们不会去寻求重建它。但是，我仍然用这句话来结尾：

不知道多久之后——这也许取决于彻底的毁坏什么时候到来，什么时候结束——会有人来重建中文。

我已经聪明而顺服地活得太久了。

I've already lived a smart and obedient life
for too long a time.

实际上不管在任何情景下，你仍然还有一个东西，这个东西就是自主性的选择。你并不知道这样的选择会通向什么样的道路，但你可以做这个选择，你是自由的。

未来是她们的

五位女性在第四届单向街·书店文学节上的演讲

文学的瞬间

撰文 于威

　　做这场活动的原因，在于我是女性。一直以来，这个舞台长期被另外一个性别占据，我希望能够让它变成比较纯粹的、让女性充分表达自己观点的地方。我很难去阐述未来的女性到底是什么样子，因为我已经 50 岁了，看不到下一个世纪了，但实际上，当我们谈论未来时，是在以另一种角度观看历史。我经历得比在座各位年轻朋友更多一点，所以我会更多地谈一些过去的事情作为开场。

　　人生总是有一个起点，我在回忆我自己的文学起点时，发现它集中在"撒谎"这个词上。撒谎在我们的常识里一定是不被赞赏的品质，但它如此自然，就像天生一样进入了我的个性。我从小就是一个不停撒谎的人，每天虚构出非常多不存在的场景，给自己讲很多不同的故事。例如一次欺骗老师的经历，也关于我为什么喜欢上写作，原因很简单：我喜欢上了一个男生。这个男生是班里非常差的学生，我有一项长处，我的作文写得比较好，这个男生就和我协议,说我家有一只猫,如果你能帮我写作文我可以把猫给你。我从小是个猫奴,为了这只猫和对这个男生的一点点青春的萌动,我想要帮他写作文。

众所周知,初中作文的题目都是大家已经写滥的,怎样才能将同一个题材的作文写出两个不同的语调,这个对我来说是极其有趣的事情。我花了很大的工夫,把自己生生植入到男性的身体当中,去幻想在他的一天里发生了什么样的事情,他如何用男性的语调去讲述和我的生活完全无关的场景。

作文完成之后,老师没有发觉(有人代笔),他也获得了人生中第一次奖励:某某同学这一次作文写得真好。我感觉世界又打开了另外一扇门——因此我开始读书,开始写字,开始用不同的角色来置换自己的生活。

说到生活,我想我对生活最重要的一个亲身体验,就是它是一个极其不完美的形式。不要讲什么享受生活、热爱生活,每天起床,你要面对多少生活带来的不愉悦,什么东西能够让你把生活之外的一面呈现出来呢?我认为只有文学。

1992 年我 25 岁,25 岁的大家现在都兴“北漂”,你们从全国各地来,希望在北京找到自己生根立命的地方。我 25 岁的时候是要“南漂”,漂到深圳,好像只有那一个地方是未来之地,有一些能或不能实现的愿望。当时我身上带了 400 块钱，一个人坐了三天三夜的火车，从北京入关到深圳，翻报纸上各种各样的分类广告，想要找一份工作。

起初，我发现这个事好像并没有那么难，因为我是中文系的毕业生，会写字，有一定基本的技能，便去找一些类似文秘这样的职位。职位要求上，第一文笔要好，第二，每一个下面都有一条附加，要会外语。我外语恰好不错，就觉得是不是能很容易找到一份工作，定下来去寻找我的梦想。结果我经历了不下 20 次面试，去过制鞋厂、制衣厂、制天花玻璃厂……各种各样的厂子面试，后来明白，原来他们要求的"外语"不是英语，而是粤语。那时候改革开放，我们迎接世界的第一步是把香港变成了前沿，所以通行的"外语"是粤语。但是粤语对于我来说，实在是没有办法在十天、二十天内学会的。

我的 400 块钱在一个月之后就剩下 5 块，我记得很清楚，当时我坐在深圳红荔花园的长椅上，头顶是一棵茂盛的木棉树，花开得像火一样。我想，这个时候舒婷的《致木棉》也好《致橡树》也好，都救不了我了。我身上只有 5 块钱，需要做个决定，可以把 5 块钱吃掉，也可以找一个很便宜的地方睡一晚上。我想了半天，决定买肠粉吃。至于明天怎么样，其实也不知道怎么想——你要面对的是这个夜晚如何度过。

我坐在那里，随身的行李就是一个小包。我从北京到深圳带了两本书，一本书叫《法国中尉的女人》，另外一本书是《了不起的盖茨比》。我并没有特别强烈的意识，为什么要带这两本书。但它们就恰恰在我的包里。

到现在这个年纪回想起来，这一生中影响我最深的书，恰恰就是这两本。比如《了不起的盖茨比》中间有这样的情节：当尼克第一次来到表妹家中，他看到两个女孩子坐在沙发上，身穿洁白的纱裙，从远处看起来那么不真实，像刚刚乘坐气球飘了一圈落在沙发上，被一根绳子固定在这里。我的眼前经常会出现这个意象，两个很轻很空的白色形象，被固定在一个很大的白色气球上。

另外一本书是《法国中尉的女人》，写了一个在维多利亚时代名为萨拉的女人，她出身贫寒，只能寄人篱下。传说她曾经救助过一个因为海难落难的法国中尉，帮他康复，两个人似乎发生了谁也说不清楚的关系。法国中尉说我会回来和你结婚，说完就离开了，她因此成为了一个维多利亚时代的婊子。后来，萨拉和另外一个出身很高贵的男子查尔斯因几次邂逅相识——但这并不重要，重要的是这里有一个被抛弃的女人的形象，一个被污名化的女人的形象，一个谁黏上谁就会倒霉的形象。另外一个是站在权力中心，拥有财富、地位、名声的男子的形象——这两个人之间的关系深刻地吸引了我。

而这本书最终打动我的，是它的结局。作者福尔斯

（John Fowles）是一个后现代作家，能够把维多利亚时代用后现代的方式写出来。这个故事有三种结局，一种是萨拉到了伦敦，沦落为无依无靠需要别人救助的女子，查尔斯再次遇见她时，觉得非常内疚，在男性拯救弱女子的英雄气概的驱使下，和她发生了关系，并在之后解除了自己跟富家女的婚约，回来找到萨拉。这是一种结局。

另外一种结局是萨拉走了。查尔斯幡然悔过，回到家跟未婚妻坦白了内心的出轨，然后结婚生了七个孩子。

最后一个结局是最吸引我的，查尔斯再次看到萨拉时，她已经在伦敦一个画家工作室里做了画家助理，变得非常优雅、自信、体面。她跟查尔斯有了女儿，养育长大，却一直没有告诉他。查尔斯说我们经历了这么多的磨难，现在我身败名裂，四处流浪，一无所有，如今找到你，我们结婚吧。这个时候，萨拉说，不，我不要结婚，因为结婚会让我丧失掉我自己，我之前做过的所有事情就是希望我成为永远的自己，我不愿意被婚姻改变，不愿意因为一个男人改变。

这个对于我来说是很有冲击力的。我坐在长椅上，为了打发时间看这些书，因为看了快几十遍，我知道每一页写的是什么，但我突然感觉到一个问题：实际上不管在任何情景下，你仍然还有一个东西，这个东西就是自主性的选择。你并不知道这样的选择会通向什么样的道路，但你可以做这个选择，你是自由的。

从此以后，这两个意象永远漂在我的脑袋里：一个是作为可以做自由选择的女人，可以做妓女，可以成为人妻，也可能成为独立的女性；另外一个形象就是黛西（《了不起的盖茨比》中的女主人公），她很美、缥缈、精致、体面，所有我们能够寻找到的美好词汇都可以用在这个形象身上，但她被一只巨大的白色气球牢牢地拴在那里。所以，选择什么呢？

我感觉我们的精神生活里缺少太多的选择。这个选择不是被动的选择，你可以选择今天看 50 条朋友圈，发 50 张照片，这也是你的选择，但我认为这是为了取悦他人而做的选择。相反，自主性的选择、独立的选择、为之承担后果的选择，是我们现在的精神生活中缺乏的东西，也是我认为对于一个女性、对于一个个体、对于一个人来说，最重要的品质。

说到我们这家书店，已经十二年了。十二年里它也像我刚刚描述的萨拉一样，经历了非常多的跌宕起伏。其实这家书店的从无到有就是我们三个人在当时做的一个选择的结果。我并没有想到它今天还在，并没有想到历经了这么长的时间。所以我觉得这是一件非常值得的事情。

那天我听了一位尼日利亚作家的访谈，他提到了一个我也很有同感的问题，他说，我们现在最大的一个问题是大家都喜欢一个故事。我是一个有钱人，我就只讲有钱人的故事，我是穷人就只讲穷人的故事。每个故事只有一个纬度、只有一个方向，最后你会发现大家对别人、对世界的理解，都是剥离和隔绝的。

我非常抵触绝对真理，我认为这个世界上没有任何一件事情可以不打一丝折扣地说是，哪怕是爱，哪怕是那些我们尊崇的没有异议的概念。作为独立自主的思考者，我们可能都需要再想一下，再听一下，看一看另外的故事是什么样的。我希望我们这个空间能够更加开放，请来各种各样的杰出女性给大家讲不同的故事。我们如果能够学会倾听不同的故事，我们的生活也将因此变得更完整一些。最终，我们把所有的故事凑在一起，形成一幅还看得过去的人类的面目。谢谢大家。

在新技术时代重新理解人与社会

撰文　陆晔

　　大家好，非常感谢单向街的邀请，特别遗憾的是，我们这些学者很乏味，没有什么人生故事分享。但是我接受了这个分享的邀请，是因为我很喜欢这个选题，我觉得也许我可以站在媒介学者的立场，分享一下我关于未来和每一个个体如何面对未来的思考。

　　我今天的题目是"新技术、人与社会"，第一个前提就是当我们讲如何面向未来的时候，其实讲的是我们今天立足于哪里。今天的这个时代，我想每一位年轻人，应该都会从他们的生命体验和文化实践当中，深深地感觉到现在相对于过往的最大变化，这就是移动互联网新技术给整个社会和文明带来的变化。

　　媒介学者马克·波斯特（Mark Poster）的著作《互联网怎么了？》里面有这样一个说法，我们在思考当下，就像用收音机调节器在频道上转来转去，在旧频道上不可能听到新的声音，因为你根本不在那个波段上。所以也许我从媒介的角度，也是我自己的研究领域，可以回应一下如何面向未来的问题。媒介文化学者卡斯特（Manuel Castells）在 20 世纪 90 年代出版了一套书"信息时代三部曲"，其中有一本叫《网络社会的崛起》，把人类文明发展的阶段按照断裂式的方法分为三个阶段。

第一个阶段是古腾堡星系，他认为字母、纸张和印刷术的发明，为人类文明带来了根本性的变化，这是因为说话者与说话的内容之间可以完全分离，思想可以依靠文字来传承，不再需要像古代的荷马史诗那样口口相传。这是人类文明飞速的进步，但是它同时也带来了社会阶层的分化，女性的性别角色或者性别政治的问题，就和教育程度 / 识字率，密切关联到了一起。

第二个阶段被卡斯特叫作麦克卢汉星系。如果大家熟悉媒介学，可能知道麦克卢汉有几句名言，第一个是"地球村"，由于信息的连接，我们整个世界都处于一个地球村；第二个是"媒介就是信息"；第三个是说"媒介技术是人的延伸"。我专门找到 20 世纪 60 年代企鹅出版的第一版麦克卢汉的《媒介即信息》，你们会注意到，封面上的"message"（信息）被错误地印成了"massage"（按摩），他最后决定接受这个错误，因为他觉得这也是一种暗示。大众媒介，尤其是广播和电视，特别是电视，都是社会的麻醉剂，因为它们用最低的标准生产文化产品，从一个点向众多的世界扩散。虽然大众媒介受到诸多批评，但我们同时意识到正是这种一点对多点的传播方式，赋予了大众媒介一项重要的社会价值，它让我们非常容易形成社会共同体。所谓的"天涯共此时"——我们看共同的东西、听同样的内容，这就是卡斯特认为麦克卢汉星系和古腾堡星系截然不同的地方。

第三个阶段他认为是今天的时代。按照马克·波斯特的说法，如果你要比较新技术媒体和传统媒介，就好像是去类比互联网和水电站一样，这是完全不同的两类媒介形态。他觉得新技术或者说移动互联网，并不是一个对报纸、广播、电视、电影的迭代，而是全新的技术方式，这种技术方式最重要的特点是什么？是多点对多点，每一个人在传播的环节当中都可以发出自己的声音，我的同事用"节点主体"这样的概念来概括——互联网媒体不再是大众传播时代的一点对多点，而是多点对多点的参与性和互动性的网络社会。

在这个网络社会当中，如果我们回溯跟性别有关的历史，我觉得有一些可以讨论的空间。大家可能非常熟悉马克·吕布（Marc Riboud）1967 年在美国华盛顿青年学生运动的现场拍摄下来的一张照片，表现的是当时青年学生反战运动和国民卫队的冲突，照片中的女孩手里拿着花面对刺刀。这样巨大的反差性和冲突性，使它成为了一张对

60 年代的青年文化运动来说非常有象征意义的图片。

媒介文化学者吉特林（Todd Gitlin）写过一本书，*The Whole World is Watching*，这本书是在 80 年代初出版的，在 90 年代引进中文版，叫《新左派运动的媒介镜像》。书里面讲到 20 世纪 60 年代的美国青年文化运动，实际上有多种多样的社会动因和理论来源。不可否认的一点是，大众媒介尤其是电视非常适合形成共同体，在这个形成共同体的过程当中，青年人越来越感受到他们在寻求自我的时候，不是仅仅用文学、艺术的方法，不是仅仅在大学校园里面，而是延伸到了整个社会的公共生活领域。

所以，从 1959 年艾伦·金斯堡（Allen Ginsberg）在哥伦比亚大学举办"垮掉派"的诗歌朗诵会，到 1966 年加州大学伯克利分校的学生提出了"爱·自由·正义·和平的青年运动"的口号，再到后来的伍德斯托克音乐节，其实贯穿始终的都是一种探寻自身身份、并把这种身份认同从文学、个体、校园拓展到社会生活的风起云涌的社会运动，而在这个过程中，大众媒介起了重要的作用。吉特林提到在 20 世纪 60 年代，美国是全世界第一个大学生的人数超过了农民人数的国家，这也就是为什么这样一个青年社会运动的主体变成了青年人，尤其是女性在里面扮演了重要的角色。

对比今天，在从 2017 年到 2018 年的一系列事件中，我自己也不断地在社交媒体上参与讨论。在今天这个场合，我没有办法展开我对这些具体事件的看法，但是我非常赞同梁鸿教授的概括，她认为这一系列事件是由个体出发的、面向整个中国社会的思想启蒙，我们每个人都在里面学习和成长。

而我想说的是：由个体出发是如何发生的？是由于移动互联网，由于每一个人的手机，每一个人的社交媒体，我们都可以在里面发出自己的声音。我记得在9月底，在网络上面有一个对话，对话者说到柔软也是一种力量，这句话让我想到了20世纪60年代马克·吕布那张著名的照片，同时我认为，这个柔软的力量是在网络社会才有可能达成的。我觉得这样的过程，带来了一种全新的文化，这种全新的文化在今天的中国社会，是和新技术密切相关的，我们把这种文化概括成所谓的"真实虚拟文化"，它既发生在线上，也发生在线下或者真实的生活当中，其中最重要的特点是参与、互动和融合。这种融合不仅仅是因为我们通过一部手机既可以获取信息，也可以进行社交，也就是说不完全是设备的融合，它还发生在更深远的领域，包含了头脑中的观念，在这个过程中，手机变成个人与外部世界交互的界面。

这种新技术带来的真实虚拟文化至少有三个特征，第一，无时间之时间。我举一个例子，二次元爱好者们在

2018 年 8 月底的时候，热烈庆祝初音未来第十一个十六岁生日。这句话在传统的文本中是不通的，因为时间是线性的，是流逝的，什么叫"第十一个十六岁生日"？但是在虚拟的网络世界里面它成立了，换句话说，现实生活的时间在网络上有一部分被消弭了，是被重新建构的。

第二个特点叫作流动的空间。所谓流动的空间，一方面是指技术抽离了空间，我们这么多人每天在网络上发生真实而密切的联系，但是我们可能相隔千里。就像大家都熟悉的，我们看美剧是通过字幕组，可能有人知道，其实在美国也有一些年轻人，专门翻译中国的电视剧，尤其是宫斗剧，所以美国也有他们的字幕组。但是另一方面，空间又会被重新建构，重新嵌入到生活当中。比如说今天我们这场活动所在的场所，它有实体的存在，但它同时又是文化品牌，在网上被当作网红打卡点，没来之前我已经完全熟悉这里的构造，知道在早上几点来能够拍到日出，就像网上流传的那些网红照片一样。但另一方面，我们是通过网络连接起来，今天才得以坐到这样一个实体空间里的。空间现在变得不那么完全固定了，它随着情境改变，这种情境可能是虚拟的，可能是真实的，可能是重新构造的，这种特征是我们面向未来必须要思考的问题。

第三，是机器和有机体的互嵌，这关乎性别问题，性别和身体本身的关系、和身体政治的关系特别复杂，我自己不做性别研究，所以没有办法做关于性别的讨论。但是我们确实看到南非短跑运动员奥斯卡·皮斯托瑞斯（Oscar Pistorius）的身体构造，在传统意义上，他是一个残障人士，因为他没有腿，但是今天有很多人讨论，他完全可以像有腿的人一样健步如飞，并且安装的机器腿可能比普通人的腿还要强健，至少它不会衰老。那我们到底应该把他看成是残障人士，还是机器和人结合的更高级的人体？这变成了一个巨大的问题。"赛博格"（Cyborg）这个词是"控制论"（Cybernetics）和"有机体"（Organism）的结合，赛博格或者赛博人变成了我们如何认同自己身份的参照。在今天，很多时候手机代替我们，或者说它就是我们跟这个世界进行交互的媒介，当我们的肉身变得不那么重要的时候，尽管性别一定还会对我们产生影响，可能是生理的影响，可能是社会文化的影响，但我们确实有可能可以摆脱身体。

为什么今天在讨论面向未来的议题时，我们要看新技术的问题？就是因为它带来了新的开展公共生活和文化实践的可能性。第一种可能性是移动社交带来的，第二个是实时性。我不知道现在有多少人正在拍照并且已经在发朋友圈，并且可能有地理位置的打卡，我们看到实时的地理位置的时候，城市、我们生活的空间、整个社会，在我们眼中的形象完全改变了。这种实时性确实给公共生活和私人生活带来了新的可能。第三个重要的特点是参与性。在上海思南公馆的露天博物馆里，在各种各样的历史建筑、街区，甚至一棵梧桐树上，都有一个二维码，每个人可以按照自己的喜好游走在整个空间之中，刷二维码去看里面的故事。它不再像博物馆一样规定路线，每一个参与者都在其中，为这个文化、这个地点贡献自己的见解、思想和观念。再看我们今天的自拍，不管说它低俗也好，平庸也好，它仍旧可以被认为是最重要的青年文化。

我的最后一个案例是 2018 年夏天，当代艺术家徐冰在798 园区展出的个人作品展《蜻蜓之眼》，是全部用监控录像来生产的剧情长篇。我注意到这里面的一个小细节。有四十多个人物在影片当中出现，徐冰咨询了许多律师，无法解决肖像权的问题，后来他说既然每一个监控都有具体的地理位置，那我们就找到每一个人签同意书。很多人疑虑他们会同意吗，结果他们找到的三十多个人都同意了。非常有意思的是，一个开电脑店的小老板表示，他很高兴，说："如果不是因为监控拍到了我的影像，传到互联网上，怎么会有北京的艺术家来找我，我怎么可能以这种方式跟更广大的世界发生联系？"

所以我想说，在一个新技术的时代，我们今天要讨论的性别问题，是每一个个体面临的问题，我们都在不断地摆脱肉身，尽管这个肉身会给我们带来很多影响，但是毕竟我们有了开创新的公共生活和文化实践的可能。

最后用一句话来结尾，这是在 20 世纪 90 年代迷幻摇滚乐队"感恩而死"（Grateful Dead）的词作者约翰·佩里·巴洛（John Perry Barlow）第一次体验虚拟现实传感器之后说的话，他说，"忽然，我没有身体了"。虽然性别问题依然是这个社会严重的问题，一直包含着强烈的不公，但是对性别这个概念本身也要有更充分、更多元的定义和讨论，在未来，男女性别划分本身就可能不再存在了，今天，基于移动互联网，我相信我们每一个人，尤其是年轻的男性、女性，都有创造自己未来公共生活的新的可能。谢谢大家。

写作是生命的共振

撰文 郭爽

来之前，我多少有些不安。一个写作的人，要站着说话，而不是坐着写字，多少都会有些不自在，觉得不是自己擅长的事。单向街的朋友说，希望我能讲一讲自己的写作、一路的成长变化。写作者，无论他的写作中故事占多少比例，或者他是不是在讲故事，他起码要懂得故事。故事是最古老的符码，里面有文学这门古老艺术的秘密。所以，我就从自己的故事讲起。

七年前，我在报社做编辑。虽然不用打卡、朝九晚五，但也是个普通上班族。一个晚上，七八点，我下班从报社离开，走着走着，突然看到前面路边，有个送外卖的男孩趴在自行车龙头上哭。他哭得实在是太大声了，行人都扭头、扭转身子看他，但没有人停步。他的自行车旁边是打翻一地的盒饭，大概有二十盒。我跟路人一样，脚步不停，直直往地铁口的方向前进。他的哭声一直在我身后响着。我没有停下来，可是忘不掉他。回到家，我写了一篇叫《阿梅》

的故事。故事里，阿梅和阿辉是在快餐店打工的外来年轻人，两人相好，谈着年轻人的恋爱。阿梅照顾铺面，阿辉负责送外卖。一天傍晚，阿辉被车撞了，打翻了四十盒外卖，他趴在街头哭起来。没有一个人认识他，而他看起来还没有 18 岁。在故事的结尾，我这么写：

她急得快要掉眼泪，脚步快得不能再快——不用她刻意找，就在路边上，阿辉扶着自行车不动，快餐盒撞翻一地。阿梅看了看，至少有二十盒，应该是公司订餐。她犹豫了一下要不要走近，但阿辉突然嚎哭起来。抽泣的背影看起来瘦小极了，他一定没有 20 岁。在寺右新马路的夜色里，汽车一辆一辆从他们身边碾过，没有人在意。

那时我在广州的《新快报》有一个每周一次的专栏，写广州街头发生的小故事。写这篇叫《阿梅》的故事时，我第一次有写不完的感觉，没有办法在一千字的篇幅里为这两个人画下句点。于是我在文章最后打了括号，写了"未完待续"。交稿时，编辑跟我说，还未完待续，别未完了。我觉得很失落，也觉得不能困死在专栏里。虽然那个时候，专栏就是一种最主流的文字产品。

接着我又写了几个故事，从故事的标题就能看出我的想法开始起变化了。《黄伯很快就要 80 岁》，讲广州老伯没钱看病，趁老伴出去买菜跳楼自杀的事；《妈妈不会说普通话》，讲外来的白领带妈妈去医院看病，妈妈因不会说普通话无法跟医生沟通而羞愧哭泣；《停电时分》，讲住在城中村的年轻夫妻，因突然的停电导致关系的紧张。这些故事像一幅幅速写，记录下 25—27 岁时的我，一个在广州生活的外来年轻人，在这个混乱又生机勃勃的大城市里感受到的生活局部。那时我大学毕业，在广州生活了四年，还有局外人的新鲜和陌生感，但同时也是这个城市的一部分。我本能地记下这些跟我一样的年轻人在大城市生活里的困顿。他们都在某个瞬间击中了我，让我共振，让我觉得必须要把他们写下来。

我就这样写着个体的、孤独的故事，但很快，我就接触到了更大的、更广阔的真实。

2008 年雪灾时，我是困在广州火车站站前广场的上百万个人中的一个。气温在零度上下，地面是湿的，因为一直下着不能成雪的雨。非常冷。我跟男朋友两个人去送站，一无所知就挤进了人群中。实在是太挤了，我大衣上的扣子被挤掉了，棉花从扣眼里漏了出来。我们根本没有办法靠近进站口，更不要说送人上车了。那是春节前夕，大雪压断了电线，中断了铁路客运，可是在珠三角打工的人并没有放弃回家过年的念头。人滞留在广场上等待，觉得总有机会可以挤上车，就能回家过年。要让中国人放弃回家过年这件事，实在太难了。灰头土脸地回到出租屋之后，我开始想：我们的生活到底出了什么问题？当时的传媒还在鼎盛时期，有大量的图片、报道记录下了局部的真实，拼凑起来，我们得以了解自己的身边正在发生什么。我至今记得看到的一句话，出自一篇报道："一个打工家庭，四口人，在站前广场待了24小时，只前进了100米。"跟几十万人头挤在一起，身体与身体之间没有缝隙，几十万颗心同时在跳动，只能抬头看雨。这样的一天过去后，这样巨大的共振之后，我感受到了个体存在对时代的讽刺。但要写这个故事，我想先讽刺自己。

我写了《春运2008》，一个记者通过关系买到了春运火车票，他带着登山级别的装备去火车站，觉得自己肯定能上车。结果失败了。故事的结尾是这样的：

7点过了，进站的闸没有开过。车票有有效期，只要能进到站，他想。9点了，还是没有开闸。又冷又困，他抱着背包在塑料凳上睡着了。梦中突然一阵喧哗，他被人推搡着倒地，睁开眼，千军万马嘶喊着朝打开的铁闸奔去。他想起来，却被不停地踩到、推倒，等爬起来时，铁闸已经关上了。短暂的几分钟，就像从没有打开过。夜色中"广州站"三个红色的字，就像大型船尾即将沉没的灯火。

对于大部分人来说，我们就活在一种逃无可逃的现实里。要闭着眼睛装睡，还是睁开了眼睛也不害怕黑？后来，我在开始认真地写作后，始终在意人的尊严、信念，如果现实世界里没有，那么作家就需要用笔去搭建出来。

从生活、写作的意义上，都可以说：广州塑造了我。而我的写作从一开始，就无法对生活、对人的困境视而不见，虽然痛苦但也要说出，要去找到安慰人心的力量。

2014年，我拿到博世基金会的创作奖学金，要去德国做田野调查和写作。但其实当时我的生活和写作都处于一种困顿之中。

我已经聪明而顺服地活得太久了。这聪明部分取决于智力，部分取决于面对主流时的胆怯。人生浓缩为正确而毫无用处的简历。考一个好大学，找一份好工作，以及，情感与婚姻，这些游戏关卡自然会给你奖励，通过了就会天降金币。这样的活法会让你在一个陌生城市里有尊严，虽然这尊严也是虚妄。或者有自信，因为走在街上的十个人中有九个都跟你怀揣着同样的痛苦或理想。只是，你从此就变成了九个人中的一个。

我并没有能力看清这些。并不比九个人中的其他八个更聪明。但我真的厌弃这一套了。厌弃这十年里的某个自我。它们过于真实了。每个细部都从属于这个真实世界的一个链条，因此也随时可以被这个真实世界夺走。

我写得越多，越多的文字就在电脑屏幕上凝结，最后都变成一句话，一遍遍敲打我的脑袋：你，你，你是谁？

2015年2月第一次去德国，从南到北，采访、取材，这些都是我被训练多年掌握的技能。可是我并不知道该怎么去写这本书，也不知道怎么在这个世界中安放我的位置。

直到我遇见特蕾莎。她是我在德国第一个能称为朋友的人。她从未离开过家乡，她的家族已经在那个小镇上居住了五百年。安定、美满、生儿育女的平静一生，是我初识她时的想象。而她也对我表现出巨大的善意和好奇。遇见她后，我突然明白自己一直在躲避生活的真相。我那么努力地"去性别写作"，至少也是不强调性别地写作，骨子里是对我所选择的生活的不安。她让我一直以来埋藏着的、对自己生活的怀疑浮现出来——如果我从没有离开父母身边，归顺于我出生时的身份，我，会过得更好吗？特蕾莎对我任性的生活充满向往，但也会问我——你为什么要离家那么远？我不在乎地说，大概我还不确定什么是失去。

我们没有说，但心里明白，我们就是对方遗失的部分自我。

2015年9月我再度到达德国时，跟特蕾莎联系。电话里，我们聊得很开心，但电话最后我问候她先生时，她突然说，其实我眼见的美满生活并不存在，我走后没多久，她就离了婚，独自抚养女儿。我的痛苦无以复加。我那么愿意相信，她是快乐的。但事实却是，理想的生活并不存在，这个世界上的另一个我，并没有因为顺服，生活就对她更加仁慈。我非常担心在那样一个保守传统的小镇，她如何继续生活。电话最后，我情绪失控，只能反复说一句话，你一定要照顾好自己，无论发生什么，也要照顾好自己。但特蕾莎却十分平静，她的声音虽也哽咽了，但仍跟我说，尽管她失去了很多，但仍是幸运的。

我们之间，谁才是那个真正可以承受失去的人？

我决定要为她写一个故事，一个关于我们的故事，关于我一直以来在逃避的主题。创作者都有自己的主题，但大部分时候，我们都在本能地回避它。直到有一天发现，你必须将自己交出，把自己熔铸在别的灵魂里，才能真正解脱。

我从未觉得自己如此愚蠢。当她为我一意孤行的旅途而担忧时，我懂得什么？当她说最喜欢的故事是《幸运的汉斯》时，我又能了解什么？压在她身上真正的负累，我根本无从了解。哪怕是此刻，面对生活整个的巨大与未知，我却什么也说不出来。

我们乘小船远去的那天，谁往河流里扔了石头。谁把脚伸进河水里。又是谁把耳朵贴在船身上，听河流拍打、撞击着我们的世界。

很多时候，细微但幽深的情感给人带来真正的改变。对我来说，进入一个陌生人的生命内部，触摸到跟自己同样的笑和泪，让我震撼，从而变得勇敢。生命本身的尊严、坚韧，就在这些随时可能擦肩而过、默默无闻的人身上，日复一日地上演。

我必须写下这些。写下这些人和人之间真正的相通和理解，写下这些我们的能与不能，生命必然的缺憾。

就这样，我慢慢找到了一个写作者的声音。它来自专注地凝视、安静地倾听、诚恳地追问。守护这个声音，需要巨大的耐心。而守护住它，你就进入了时间的河流。

今天，我们都在喧嚣里写作，写作者们焦虑自己的写作是否拥有未来。那么未来是什么呢？我觉得，写作的未来与过去紧密相连。我迷恋朱利安·巴恩斯（Julian Barnes）说的一个意象，他觉得文学史并非直线、代代相承，而像一张大圆桌，各个世纪的作家围坐桌边，有进有出。但丁、莎士比亚、李白、杜甫、卡夫卡等目前仍未离场，坏笑着时不时瞟一眼门口，想看看下一个破门而入的家伙长什么样，有怎样的音色和脾性，能坐多久。

踏入时间的河流，写作者在里面辨认人类的来路和去路，在传统里发现个人才能，再把目光投向未来。从观察和体认现实，到重构和创造真实，每一代、每一个写作者的努力，都是为了越过时间的障碍，抵达人存在的真实。

对我来说，写作是生命的共振，是每一个写作者去用心感知别的心、重新塑造自己生命的过程。我们是从哪里来的？我们与世界的关系是什么？这条道路漫长、艰辛，但走着走着，我们拥有了全新的世界，同时，我们也听见古老的声音。

值得观看的困境

撰文　彭可

我叫彭可，是一名图像工作者，平常也爱写一点东西，比较短的那种。我喜欢用图像工作者这个词，其实是因为可以避免介绍自己时必须在摄影师或者艺术家之间二选一的困境。我出生于湖南，两岁的时候跟着父母到深圳生活，成年以后到美国念大学，毕业后在洛杉矶和中国南方生活工作。我今天讲的主要是关于图像，还有一些自己在创作过程当中的经历和故事。

我目前在做的一个项目是关于高速发展的城市——它们给人心理上带来的影响，以及在一个所有事物和你差不多大甚至比你更年轻的环境当中成长是什么样的感受。2018 年"假杂志"邀请我出版了一本摄影画册，它 10 月份刚刚发布，名叫《盐水池塘》。里面包括 60 张图片，一篇采访和一个短故事，书的名字来自或自然或人为形成的盐分过高的水体，它们通常是彩色的。这个地理名词和我所观察到的现代人在城市里面的生活很相似——人在城市里面生活，就像被迫适应池塘的动植物一样，一边被反光表面所包围，一边艰难地生活在其中。

我在印刷厂印书的时候，发现了一张用来打样测试墨水颜色的废页，刚好我的照片和一本同时在印刷厂打印的机械零件手册叠印在了一起。很有趣的是，两者的设计基本上是完全吻合的，螺丝的宽度和照片的宽度，甚至手册上的绿色横条和我照片里瓷砖上的绿色，都是同一个调子。

我想城市中让我感兴趣的，应该就是和这张废页一样的东西——一些不同的群体或者系统在某一种时间和空间契机下的相遇、交错以及重合。

深圳是新旧主义城市的典型代表，计划经济的反面，它被工地和流动人口填满，一切都在蓬勃地发展且漫无边界，我就是在这样的城市中长大的。我觉得它对正在成长中的人来说，冲击是很大的。我大概6岁从罗湖区搬到了福田中心区，我记得当时，我家的小区是周围唯一的小区。因为晚上没有事情可做，我爸就带着我一起零成本运动，我骑单车他跑步，带着我们家的狗，一直跑到一个大厦。现在所有的这一切，市民中心、超高层写字楼、音乐厅、图书馆，包括当代艺术馆，一栋都没有，全部都是菜地，但那时离现在其实也就只有大概十五年或者不到二十年。

我后来想，这样的成长经历意味着什么？我花了很长的时间得到了一些结论，一是我对这样的城市面貌感到习以为常；二，我相信世界上大部分的事情都应该以这样的速度发展；三，我很难在城市中找到一个基准物用于定位自己。带着这些疑问，我开始了一些特定的拍摄。后来我在我书的发布会上找到了一张盐场的俯瞰图，我觉得它隐隐地指向我理想中的城市图景。

这张图在横竖方向上是规整的，有迹可循的，盐堆就像建筑一样朝纵深方向生长。受这种杂乱的、不稳定的、在变化中的城市经验的影响，我为了得到某种宁静或者平衡，一直对于不同形式的界限、稳固以及安全感有一种执着，这种执着体现在我照片中的材料上，例如窗帘、塑料、网状物件和玻璃，一些被包裹着的或者封闭的空间与结构。与此同时，虽然人是被迫在城市里居住，但城市体验并不只会让人失望，崭新的环境、新生事物的成长和成熟也会给人带来很多新鲜感和安全感，所以我的照片里通常都会有很多细节，同时颜色也会特别丰富，就像城市给人的最直观的视觉感受一样。

人在幼年的时候，了解这种不可控的、庞大又复杂的外部世界，是通过基色以及简单或者边缘清晰的物件，例如小时候玩的玩具，红黄蓝绿。因为婴儿无法理解混色所带来的信息。所以当这种孩童式的视觉元素和城市里犹豫且尴尬的、偏冷色调的灰色一起出现时，我就会被这种冲突感所吸引。比如说停车场管理处会给停车区域设立一个颜色，为了方便你找到自己的车。但我有时候觉得开车的都已经是成年人了，其实不需要这样的提醒方式。所以，城市有自己的逻辑，它把身处其中的人当作孩子一般来看待。

对于塑料，我也非常着迷，因为它看似短暂脆弱，但其实非常难以消解，甚至比很多人活的时间要长很多。所以我有一个账号就叫"塑料航空"，因为我经常坐飞机出现在不同的地方，里面记录了很多塑料制品以及塑料制品的颜色在城市当中显现的时刻。

我最早在长沙、常德、深圳、株洲，这些我以前或现在居住的地方拍摄，后来就延伸到了很多像它们一样高速发展的城市群体。有很多人说我的照片如果不看描述，会不知道是在哪里拍的，感觉就像某一处的乡镇或者县城。但是我觉得这是出于一个图像工作者的私心，我拍摄的时候刻意避免了一些让图像本身负担太重的文化符号，因为它们的意义太大了，会使得图像没有发挥和延伸的空间。

还有一个原因就是，在中国的现代城市之中，其实各个城市在视觉上并没有太多的差异。2017 年美国的某场大火烧掉了很多葡萄酒庄，我观察到当天社交媒体上出现了很多场景非常美的照片。它们大多来自居住在旧金山的人，因为没有办法近距离接触火灾现场，所以只能拍摄到这种由悲剧衍生出来的美。我认为这是一个图像工作者一定会遇到的问题，但是我不想过度美化困境，也不想用困境来猎奇。我希望用一种轻巧、早熟但总体是温柔的眼神来看待困境，这样它们才能更加复杂，也更加值得观看。也只有这样，身处困境中的人才不会回避，身处困境之外的人也不会不敢靠近。

我希望图片能够做到让观者不知道自己在看什么，但是时间就这么过去了，因为观看和拍摄都是一瞬间的事情，所以能够将观者的注意力"延长"，是一件非常有力量的事情。

有一天我在家一边工作一边听古典音乐，我男朋友说你感兴趣的其实是某种崇高性。我说不是吧？我对宏大和具有历史观的叙事并不是特别敏感。他说不是指事物的大小，而是事物可知和不可知之间的某种缝隙。我想他说得挺对的。最近打动我的恰好也和这个有关，就是一些人们通常无法尽收眼底的在巨大物件上的影子，比如发射到太空的红色特斯拉。我以前一直对"太空"这个空间感到非常恐惧，甚至难以想象，因为我觉得它离我的视觉生活太远了，直到我看到太空当中的特斯拉车，当地球的影子倒映在它的车门上，我突然感觉到了一种想要落泪的奇怪情绪。

人在小的时候资源有限，如果你想做什么，可能就需要拿起身边的东西。比如说有的人用纸来画画、写字，对于我来说就是数码相机。我从 13 岁开始就养成上学放学路上拍照片的习惯，制作图像是我找到自己真正在意的事情的方法，我理解世界、进入现实也是通过图像，所以内心一直对它有很多依恋。观看以及与机器协作的观看，这些概念应该还会影响我很久。但是慢慢地，我发现自己其实最感兴趣的还是自己与他人的界限，人与人的界限，以及人与世界的界限，所以接下来，我会尝试用更多其他的媒介来探索它们。谢谢。

一个模糊的未来，抵得过一万个晦暗的现在

撰文　马李灵珊

　　我曾经是一名媒体工作者，和现场各位文艺女青年不同，现在的我是世俗的现代商界人。

　　我接到演讲邀请的时候，刚刚从重庆奉节回来，我们有一部新戏在那里开机，这部新戏的名字叫《夜雨雾》。这是我第一次看三峡，我很兴奋，被它壮美的景色吸引了。但第二天我觉得不对，我很喜欢吃冰激凌，但我在那个地方转了一圈都没能找到我熟悉的冰激凌品牌，但清幽的三峡美景依旧随处可见。如果时间倒回到十几二十年或者几百几千万年前，一个人想走出大山就变得很困难。现在我们要到奉节，可以先到重庆，再坐六个小时的车，或者飞到万州，再倒两个小时的车到奉节。对于我们来说探一次班都非常困难，可见奉节的人要走到北京是更困难的，所以我和我的朋友感慨道：我不敢想象如果我出生在这里，需要付出多少才能够走到现在。

　　十年前，我决定去做记者，那时候我相信人定胜天，

相信只要你足够努力就能创造一个属于自己的未来。但在2014年，也就是我做记者的最后一年，我采访了陈可辛导演，他说，成长就是不断丧失可能性的过程。这句话对我产生了很大的影响，让我放弃了新闻事业。因为那时我已经25岁了，对于世界的很多华丽幻想已经不复存在了。当我们是一个孩子的时候，人生是有无限可能的，我们可以做宇航员、物理学家、政客，如果你恰好出生在美国，你还可以做一个总统。但当我走到25岁的时间节点时，我发现可能性其实没有那么多了，我该怎么办？

我的成长过程是很顺利的，在全省最好的中学就读，成绩也很好。高二的时候，父母问我要不要考北京电影学院的导演系，因为我一直很喜欢电影，而且每天都在看电影以及和电影有关的书。当时我说："我才不要浪费我的高考成绩。"因为那个时候，我觉得导演应该很穷。在2004年左右，还没有所谓的商业电影，中国电影业也尚未腾飞，正如大家所知，导演都是一些搞文艺的人，没什么钱。所以在报考时，面对南京大学的金融系和复旦大学的新闻系，我就做了非常世俗的选择。

我当时问我一个朋友（我以为他是复旦大学新闻系毕业的），我应该报考哪一个？他说，你报金融系，未来可以做新闻；但要是学新闻，未来就只能做新闻了。因此我就报了南京大学的金融系，毕竟金融系听着就很富有。可是直到上个月我和他在佛罗伦萨吃饭，我才知道他考上的是复旦大学中文系。他之所以不让我去新闻系，是因为他没考上，他说他内心深处一直很嫉妒考上复旦新闻系的人。

最开始进入金融系的时候，我以为我的人生一定会走上一条非常符合大家想象的路。那个时候大家都想去高盛、美林、摩根，最想去美国华尔街、新加坡、东京、中国香港，最不济也是在上海工作。大家都想毕业第一年就赚到60万到100万，之后以每年50%—100%的增速，从在投行搬砖到做一个操盘手，过上想象中华尔街巨子的生活。但这一切在2008年发生了转变。今天我们站在2018年的时间节点回头看，我们会发现2008年改变了很多事情。年初的特大暴雪，4月北京奥运火炬在法国巴黎被阻拦、大学生们去围抢家乐福，5月份汶川特大地震，8月份举办奥运会，9月份金融危机。直到今天我都记得，9月份大三刚开学，教我们国际金融学的老师走进来说，告诉大家一个坏消息，华尔街五大投行只剩摩根和高盛两家了。

金融系的学生们顿时觉得一切都崩塌了。但对于我来说，一个非常直接的转变是2008年的"5·12"汶川大地震，这是当时各大媒体报道的重点，但唯有《南方周末》的"汶川九歌"系列报道最能体现知识分子文化中"以天下为己任"的精神。那个时候我就不赞同去围抢家乐福的人，不赞同民族主义情绪高涨的人，我内心深处向往的是后来俗称的"南方系媒体"。所以我放弃了金融工作，决定还是要为理想而活，要做我想做的事情，所以我在大三就直接去了《南方人物周刊》，成为了一名记者。

我的记者生涯持续了大概五六年。我母亲是公务员，她觉得我这辈子最好的结果就是和她一样做公务员。我一毕业就去了事业单位，那个时候我还是有编制的；后来我去了时尚集团——时尚先生 Esquire，这是一家民企；过了一年，又去了智族 GQ，这是一家外企。在我的母亲看来，这就是一个人不断沦落的过程。又过了半年，当我说要创业时，我妈就更不能理解了，她说，你到底在想什么？你的人生一点保障都没有了。她非常想劝阻我，但是很不幸，她永远在说而我永远不听。后来我自己开了一家公司，走上了一条在我妈看来完全不务正业的道路。

回头想想这也很正常。那时我设立了 30 岁前要达成的目标：多读书，多走路，多认识人，多犯错，简单来说就是不断探索生命当中的可能性。我希望生命当中的每一个瞬间都比上一个瞬间活得更精彩，无限拓展生命的界限。2017 年对于我来说是意义非凡的一年。我 30 岁了，创业很多年，大家一直质疑我一个做记者的人到底能不能做一家公司，直到 2017 年我们出了《白夜追凶》，它成了当年年末的一部现象级作品。于是很多人开始重新审视我做的事情，某种程度上，它是一个证明，证明我没有做错选择。

而对我来说，30岁更重要的意义是生日那天，我看了一下自己的银行存款，只有21000块钱，我在北京也没有房产，当然，我在世界的任何地方都没有房产。看上去，我们公司冉冉升起，我应该有很多钱，但可支配财富其实就这么多。与此同时，我有了一本完全用完了的护照。我走过很多地方，有很多朋友。大概半个月之前我一直在出差，回北京之后，一天之内有二十多个朋友打电话说要见我，说明我的存在对他们来说很重要，而在那个时间点，我对我的公司来说也很重要。相比之下，我30岁还是单身就显得没那么重要了。

2017年年底，我其实是没那么迷茫的。但是又过了一年，在我即将31岁的时候，我无数次地想起这句话。那是我在《南方人物周刊》工作的最后一年，那时我在业内小有名气，我的领导说，小马是和中国富强同步成长起来的孩子，他们这一代人，总觉得明天会更好，而末日永不会到来。当时我不能理解，但在过去的一年里，我见到非常多负面的财富故事，看到非常多宏观经济的变化和转折，突然理解了这句话。

我出生在1987年，1992年邓小平南巡，在此之后中国民营经济开始抬头。自1840年到现在，将近两百年的时间里，中国的民营经济从来没有像近三四十年一样，有这么长的黄金发展期。我们的 GDP 一直在上涨，就业率一直在上升，所有的人只要足够努力总能解决温饱问题，甚至有很多人在过去三十年里，从存款几十块到在北京有房产，实现了财富的急剧增长。

最近几个月，我和朋友们都迷上了在朝阳公园散步。和我一块散步的是大家眼中所谓的"成功人士"，但实际上每个人都遇到了一些迷茫。我们没有经历过战争，也没有经历过对我们有实际影响的重大国际事件，我们的日子是越来越好的。但在过去的半年里，大家能明显感觉到宏观经济的发展在放缓。我所在的影视行业和所熟知的游戏行业，都在急速地转弯。腾讯作为当今中国最伟大的一家公司，现在的市值已经跌到一年前的 60%……这个对各行各业的影响是很大的，很多不炒股的人不会明显地感觉到，但实际上宏观经济一直在降温。

这让我想到一本叫《双零年代》(Zeroes) 的书，讲的是 2000 年到 2009 年华尔街塌陷的全过程。读到最后你发现一切又重新归零，很多东西从拥有到失去都是一个过程。

今天，我朋友说北京今年又要雾霾了，我说去年不是治好了吗？他说宏观经济不好，今年不敢再让工厂停工了。其实事实就是如此，很多东西在影响着我们每一个人的生活，这个时候我们要重新一切归零，思考未来和各种各样的可能性。在过去这一年里，我无数次地想起两个西方的神话，一个是推石上山的西西弗斯，一个是巴别塔。其实在过去一年里，我经常重复的一句话就是活着好难。活着真的好难，这就是我们生活的困境。我们一直都在不断地推石头，一直都在建造通天塔，但其实我们都生活在和自己有关的世界里，都在徒劳无功地做着很多事情。

今天我们不要这么丧，我还是在非常快乐地做事情。前一天证监会发布了一个文件，禁止上市公司募集资金跨界投资影视和游戏行业，这其实是对这些行业非常重的一次打击。在这样的情况下，我的合伙人对我说，这是好事，踏踏实实做事，本本分分做人，像我们这样不靠大明星和大 IP 的公司是可以获得成功的。

最后还要相信，即使我不可能变回一个孩子，不可能做一个宇航员或者物理学家，不可能做一个家庭主妇，但这并不代表我没有其他的可能性。比如说我可以从今天开始学习西班牙语，也许五年后我可以流利地听说读写。虽然我现在跑 200 米都气喘吁吁，但这不代表我几年后不能成为一个瑜伽教练。

生活会为我们关上一扇又一扇窗，让我们丢失一个又一个可能性，但是生活又会有新的可能性出现。华尔街经历了疯狂的十年后一切都归零了，但是他们也许会迎来同样疯狂的一些年份。没关系，生活就是这样，我们在不断地推石头，没必要想这个石头砸下来会怎么样，我们唯一能做的就是坚持，坚持本身就是意义。

I THINK THAT SOME LEVEL OF

ALIENATION IS ALMOST

NECESSARY IN ORDER

特定程度的疏离感几乎是必要的，
这样才能对世界上发生的事情进行批判性思考。

TO HAVE CRITICAL THINKING

ABOUT WHAT IS HAPPENING

IN THE WORLD.

赫拉利 | Yuval Harari

⋈ 访 谈

陈一伊

An Interview with Yuval Harari : I don't predict the future, I
simply hope to help people to join in the discussion about the
future of humankind

我希望能让更多人清楚地了解世界上正在发生的事情，使人们有能力加入关于人类未来的讨论。作为一名学者，我可以试着给他们提供清晰的视野，使他们能够明白如今真正重要的事情，使他们知道什么是致其无法看清这个世界的幻想和骚扰。

尤瓦尔·赫拉利

我不预测未来，
我只想让人们有能力讨论人类的未来

采访、撰文　陈一伊

译者　　牛雪琛

一个意外的预言家

最初，我带着一丝不屑。

它是习惯性的，对于所有过分流行的人与物，我总抱着某种怀疑；它也是智识性的，我厌恶那种知识上的大杂烩，一个人毫不费力地从石器时代跳到人工智能；它或许还是防卫性的，这个人也以谈论理念为生，却获得如此欢呼，还是我的同龄人。

人人都在谈论尤瓦尔·赫拉利（Yuval Noah Harari）。这位希伯来大学的年轻教授，曾是一名边缘的中世纪军事史专家，在 2011 年出版《人类简史》一书后，他的命运被戏剧性地改变。这本以希伯来文写作的通俗历史书，在以色列的畅销榜上盘桓了三年之久，接着被翻译成几十种语言行销于世界各地，几乎登上每地的销售排行榜。

这种流行令人意外又可以理解。他将七千年人类历史，浓缩于几百页的书页里，给予它一种无比简化的划分，贴上了"认知革命"、"科学革命"这些标签。比起归纳历史，预测未来更有吸引力，他接着写作了《未来简史》。并在其中，做出了大胆预言，人工智能将发展成一个无比复杂的系统，并最终取代人类，"智人"将面临消亡，他可以选择成为智神（Homo Deus），或成为一个被淘汰的无用阶层，"这一群人没有任何经济、政治或艺术价值，对社会的繁荣、力量和荣耀也没有任何贡献"。

它的行文与论调符合时代情绪。人人都感到时代的巨变，一场新技术革命正摧毁既有的政治、经济、文化、道德秩序，一切坚固的都烟消云散了。也因此，人人都想抓住一些更确定的东西，渴望用一种简明的方式来了解所处的时代。它还有一种显著的紧迫感，一切都在加速，倘若不抓住新潮流，就会被迅速抛弃。这些情绪催生出一种速成的知识潮流，它是 TED 式的，你要在 18 分钟内对一个重大问题做出诠释，给出解决方案，还要夹带适当的俏皮话，还要让听众与读者误以为他们抓住了问题的本质。

这也是令人不满的知识潮流，让我想起伏尔泰将近三百年前的抱怨，"每个人都假装是几何学家和物理学家，情感、想象力以及美惠三女神备受冷淡"。那是 1735 年的巴黎，整个欧洲正沉浸于科学革命的风潮中，牛顿是最受崇敬的英雄。而如今，每个人都假装是人工智能与大数据专家，推崇算法的程序员与创业者是新英雄，不仅美惠三女神无容身之地，人类也多余了。

这潮流似乎不可逆转。愤愤不平于科学的拥趸远比诗歌、哲学的要多，启蒙思想家们却也主动将科学原理纳入对社会、情感的研究，把科学视作一种新力量，将人类从宗教束缚中解放出来。他们甚至也有 TED 式平台。或才华横溢，或装模作样，他们围绕在新兴的出版业与贵妇沙龙中，喋喋不休于对世界的崭新看法。他们也试图简化知识，期待用一套大百科全书容纳整个世界，用一个个词条来划分人类思想与经验。

启蒙运动带来了双重视角。一重是工程技术的眼光，人类社会的一切都可重组、优化、改进，进步不可阻挡；另一重则是宗教、道德、伦理式的，关切人内在的、无法被分析的冲动与需求。倘若他们复生，也必定是演说台上的常客、活跃于 YouTube 与 Twitter 上，一边拥抱新浪潮，写作人类进步史纲；一边哀叹时代之堕落，科学与教育都导致人类丧失天真。

赫拉利遵循前一种逻辑。他不相信灵魂之存在，人弱化为基因、荷尔蒙的混合物，倘若计算能力足够强大，它也定能复制出人类的大脑，自我进化成更强大的系统。在偶尔翻阅时，那些亢奋却冰冷的语调、全知全能的视角，引起我的不适。它由一连串肯定句构成，带着不容置疑的态度。这也是那股熟悉的"未来学"腔调。多年前，我就领教过托夫勒[1]、奈斯比特[2]的风格。

这种风格在中国尤受欢迎。当托夫勒、奈斯比特在80年代初被引入中国时，他们与萨特、尼采、马尔克斯这样的名字混杂在一起，象征了一个常年闭塞、突然开放的社会的饥渴。未来学家们更提供了另一种慰藉，现实令人沮丧，你仍可能抓住下一股浪潮，一跃摆脱窘境。这也是支配近代中国的情绪，一连串的屈辱后，人们将世界当作一个"物竞天择、适者生存"的角逐场。强烈的现实焦灼，激发起一种速成的幻觉，一种理念、一个主义、一种技术、某种组织形态，突然将整个国家带入一个新阶段。

对于赫拉利的狂热是这股情绪的最近一次表现。"哇，只有在中国，思想者才会被像摇滚明星一样对待"，在北京东三环一家酒店的宴会大厅中，音乐响起，讲台上刻意设计的滑动门被拉开，这个以色列年轻人走到台中央，他消瘦、不无拘谨，并以此自嘲开始。

我站在宴会厅的最后一排，不无烦躁地看着他。会场气氛令人不快，浮躁、粗糙、弥漫着成功欲。这是几年来

---

1 阿尔文·托夫勒 (Alvin Toffler, 1928—2016)，美国思想家，未来学家。著有《第三次浪潮》(The Third Wave)、《未来的冲去》(Future Shock)、《权力的转移》(Powershift) 等。
2 约翰·奈斯比特 (John Naisbitt, 1929—)，美国未来学作家和公共发言人，著有《大趋势》(Megatrends) 等。

的北京常见的景象，各式创业论坛蜂拥而至，一整套语汇也就此诞生。与十多年前的流行的经济学、管理学词语不同，这一套新语汇是一种奇特的混杂，宇宙学、生物学、物理学、互联网、人类学、金融、科幻小说、励志学以及流行的网络用语都被置于其中，其中还有一种拙劣的抒情，人人都喜欢用"星辰大海"来形容自己的志向。演讲者与听众往往沉浸于这种概念的轰炸中，来不及（或许也没有能力、兴趣）建立真正的逻辑关系。人们也迅速复制了 TED 式的形式感，演讲者都习惯走动式演讲，制作充满警句的 PPT，荧光屏尤其宽大、锃亮。与 TED 不同，演讲者少有知识探索，更多是传达一种焦虑：你要被新变化、新技术抛弃了。倘若社会达尔文主义原本就已弥漫于中国社会，这场数字革命又为它增加了新强度。它形成了一种有趣的矛盾。一方面，人们遵从高度的实用主义，只想寻求有用的知识；另一方面则陷入一种高度幻想，认定自己可以迅速理解人类历史的进化，能沉浸于浩瀚的星空之美，能进入另一种思考维度，陡然获得一种认知提升，然后降维打击自己的竞争对手。

赫拉利为这类狂欢增加了新燃料。在餐桌上、在分享会上，在投资人与创业者的口中，他的名字是一种硬通货。即使你从未读过任何人类学、历史学、没听过列维·施特劳斯（Claude Lévi-Strauss）与阿诺德·汤因比（Arnold Toynbee），也可大谈人类文明的转折时刻，它令一个原本简单的创业项目，陡然有了宏大意义。

我忘记了他当天讲了什么，多少为自己的在场尴尬。我未能抵御潮流的诱惑，为了可能的收视率来制作一期关于他的节目。我很想知道，在这套决绝、冷峻的话语风格背后，他到底怎样看待世界，他所带来的迷狂折射出中国社会怎样的心理。

在上海一家庭院中有丹顶鹤闲逛的宾馆，他坐在我对面。这是令人不悦的访问，他过分繁忙，主办方将之视作某种摇滚明星，时间被切分成很多片段，他还有一种 Geek 式的神经质，谈话不要超过一个小时。在这个上午，他已接受了好几次采访，几乎都有关未来会发生什么，智神是否会取代人类，哪些工作才不会消失，以及对中国未来的判断……他被当作一个智者与预言家，对于过去与未来无所不知。他神情冷淡，似乎早习惯于这种角色。

"不不，我只是个历史学家，不是预言家"，他为自己辩解。他不是认为进步不可避免，而是觉得总有人要思考技术变革导致的政治、文化后果。我倒是对他中世纪研究的过往更感兴趣，想知道对于中世纪研究的训练，怎样塑造他观察未来的眼光。我也想了解他的个人经验，比如他的性取向，是否会影响他的思考。"（这一经验）从小就教给我，不能相信大众的智慧，"他几乎一下子兴奋起来，"我被告知，男孩应该被女孩吸引，这就是事实。但我却发现，这不是我的事实。"

我们的谈话从达芬奇到赫胥黎，他的言谈比他的行文开放得多，也更富个人色彩。就在我们彼此感到兴奋时，时间到了，他必须奔赴另一场演讲。我们约定，或许可以在耶路撒冷一见。

十个月后，我们在特拉维夫继续谈话。早晨明媚的阳光以及身在家乡，令他有一种与在上海截然不同的放松感，他变成了耶路撒冷大学的年轻教授，抱怨学生们的藐视权威，而非那个无所不知的预言家。

我对赫拉利的好奇心减弱了，对以色列兴趣浓郁。耶路撒冷老城像是一本被浓缩的历史教科书，一位普通的心理医生也能和你讲述"更高意识"的重要，宗教、历史、政治冲突飘浮在空气中；特拉维夫则洋溢着现代风格，一种逃脱历史的轻快感。在某种意义上，赫拉利正是这片土地的最佳产物。

耶路撒冷对我来说是一座失效的庙宇

单读：你这学期还开设课程吗？

赫拉利：是的，我每年教一个学期。今年教的是第二个学期，就在几个星期前，课程已经结束了。

单读：你一节课有多少名学生？

赫拉利：我有两个大班，是两门介绍性的课程，一门课介绍人与动物关系的历史，另一门介绍中世纪历史。我还为一个 15 人的小团体开设研讨会，讨论世界历史的同一性。

单读：我听说很多学生想上你的课，在学校里做名人老师感觉如何？

赫拉利：你知道的，在课堂上名声并不重要。

单读：教师经历如何塑造你的思想？教学过程如何影响你的思考或写作？

赫拉利：与学生进行互动是非常重要的，你可以在聪明的年轻人群体里尝试一些新想法，有更多的时间去探索不同的东西，这与参加电视访谈或者会议有很大的不同，在那些场合中你不能做尝试，你必须确切地知道自己在说什么。而且，我发现教别人能够真正证明你是否理解了这些东西。当你尝试向别人解释一件事而别人不能理解时，这通常意味着其实你也不理解。

单读：听起来像一种考验。

赫拉利：做老师确实有点像一种考验。有时候，人们试图通过使用一些非常复杂的词汇或理论来掩盖自己的不确定和无知，这往往表明这个人并不真正理解他／她正在谈论的历史事物，否则就应该能够用非常简单的语言来解释。但其他学科不是这样的，比如物理学，如果你教核物理时没有人理解你在说什么，这也许是听众的错，因为他们需要运用高水平的数学。但在历史学中，如果你试图解释一些重要的历史学观点，而你的听众、学生不能理解，这往往意味着你并没有真正理解你想要教的东西。

单读：你自己的学生对你的书籍和想法有什么反馈吗？他们与普通读者有什么不同？

赫拉利：要视情况而定。学生们有一个很明显的特征就是，他们对权威完全不尊重。

单读：这对你来说是好事吗？

赫拉利：是的，这很好。比如你给学生布置家庭作业他们从来不做，你让他们阅读一篇文章，并告诉他们将会进行讨论，然而到下一堂课上课，他们并没有读这篇文章，但他们仍然批判文章的内容。这是一个很好的特点，因为课堂讨论会非常生动，没有人畏惧表达自己的观点。我去过世界上好几个国家，他们的学生有种很强的（畏缩感），不仅仅是害羞，而是过度尊敬权威人士和老师，以至于他们永远不会和老师争论，即使他们认为老师说的和他们想的不一致。所以以色列大学好的一点就是大学里的讨论几乎总是很活跃，当然这也会产生一些问题，比如有时课堂会变得太激动，太嘈杂，你也可以在公开场合看到这种特点走向极端，这可能是很有害的，因为几乎不可能产生严肃讨论，人们对专家的看法几乎零尊重，在公共领域，这种不尊重的态度会造成很多问题。

单读：我刚刚去了耶路撒冷旅行，看了旧城，看到了不同的文化、不同的情感。耶路撒冷有着混合文化，还有很多历史负担。在以色列这个国家中存在某种形式的历史心理吗？

赫拉利：当然，不同的人有不同的性格，来自不同的背景，如果你公正地观察大众就会发现，人们有一个共同的特点就是大家很少尊重任何一种权威。

单读：这是好事还是坏事呢？它让以色列更强还是更弱？你们有超过 100 个政党，有许多的辩论，许多的争吵。

赫拉利：有好有坏。并不是辩论，更像是每个人都大吵大闹，不听别人说的话。所以这不是一种辩论，而只是争吵。当很少有人对国家现存的事物进行认真地、长期地思考时，这个国家会处于一种危险的境地，就像你总是生活在各种危机之中。

单读：是的，这是一个危机驱动的国家。它对你的影响是怎样的？

赫拉利：这种特点肯定有它的问题。环境显然对我有影响，假如我在旧金山、澳大利亚或中国这样的地方出生和长大，我看这个世界的方式当然会不同，我的研究中有很大一部分就是关于虚构和现实、神话和科学之间的矛盾。我认为如果你生活在中东，你就无法摆脱这种矛盾，因为你周围的人由于对虚构故事的信仰不同而互相残杀，所以你很清楚虚构的故事是一种极其强大的东西，你无法摆脱神话和虚构故事的巨大力量。但如果你生活在像硅谷这样的地方，也许你会有一种世界是由科学和理性统治的乌托邦式的观点。

我居住在特拉维夫和耶路撒冷正中间的一个村庄里，这是一个很好的隐喻，因为一方面，我与特拉维夫的现代高科技联系在一起，另一方面，我也与耶路撒冷的宗教和神话紧密联系。宗教可以是一个美妙的事物，作为游客，你也许会觉得这是一个非常有趣的地方，你可以看到各种古代建筑，看到耶稣出生的地方等等，但是如果你住在耶路撒冷，你会发现宗教可能是一个可怕的事物，其中有着多少仇恨和愤怒，理论上你去寺庙和宗教场所本来是为了体验平静与和谐，但却体验到了仇恨和愤怒，那就证明这个寺庙失效了，不起作用了，就好比你去医院却得了更多的病。所以，耶路撒冷对我来说是一座失效的庙宇。它就像一个仇恨的核反应堆，辐射出的仇恨污染了方圆数百公里的环境。我住在离这个反应堆很近的地方，没有住在其中，但仍能深深感受到这一点，这就是为什么我认为我写作和探索的大部分内容都是关于现代世界、21 世纪、人工智能等等，但另一方面也关于神话、虚构故事、宗教的巨大影响。

单读：你是什么时候注意到这种宗教仇恨的？

赫拉利：当我离开以色列去牛津攻读博士学位的时候。如果你出生在那里，你会认为这个世界就是这样的，只有当你离开时，你才会意识到，不，世界并不是这样。

"看！你可以用鸟的视角来看人类"

单读：讲讲你在牛津时的自我探索吧。在成为中世纪历史学家前，你的生活、你的思想、你在牛津的心理、你的祖国和你的写作是怎样的？改变是如何发生的？

赫拉利：改变是如何发生的。我去牛津大学攻读有关中世纪历史的博士学位，我的主要研究领域是中世纪和近现代时期士兵的自传文本，在我完成博士学位之后的很长一段时间，我都在研究这一领域的问题，我一直对生活中的宏观问题很感兴趣，我们在这个世界做什么，生活的意义是什么，为什么世界上有这么多的苦难，等等类似的问题。但我意识到在学术界，你无法真正地参与研究这些问题。

学术界似乎一直在强迫你研究更狭隘、更专业化的问题。这种现象不仅仅出现在物理学、化学和计算机科学这样的学科中，甚至也出现在历史和哲学这样的人文学科里，在这种学科中我本应该对宏观问题以及人类的生活状况更感兴趣，但我还是得集中于非常狭隘的问题。所以我的学术生活分成了两条轨道，在官方层面、专业层面上，我研究军事历史、战争文化、战争的影响、政治和艺术此类问题。在另一条平行的轨道上，我个人对于这些伟大的哲学问题非常感兴趣。并且，在牛津大学攻读博士学位时，我接触到了冥想，开始练习内观禅修（Vipassanā Meditation）。我去了英国的一个冥想中心，从葛印卡（Satya Narayan Goenka）老师那里学会了冥想。从那以后，十八年来我每天都做两个小时的冥想练习，而且我每年都会进行一次长时间的静修。十年来，这些研究就像两条轨道，我本来以为永远不会相遇的两条轨道。

单读：这对你来讲是一种很大的矛盾。

赫拉利：是的，它们之间存在矛盾，也可以说是一种分离状态，互相没有沟通，部分出于非常实际的原因。当我在大学拿到终身教职后，我感觉"好的，现在我比较安全了"，你知道当你拿到终身教职后，除非你犯了可怕的罪，否则没人能碰你。当时我正在教授世界历史这门课，我感到足够安全了，所以试图把这两条轨道重新连接起来。而在学术工作中，我也开始试着将有关人性和生命的这些重大问题联系起来，可能是因为幸运，我做的一些相关工作非常成功。所以我发现，作为一名呼吁者和科学家，你真的可以重新把这些问题联系起来，你的写作和讨论可以不仅仅只关于一些小的主题，而是关于苦难和幸福以及人类历史的宏观问题。

单读：20 世纪还有一些历史学家也讨论宏观问题，比如阿诺德·汤因比 [1]，比如赫伯特·G. 威尔斯 [2]，这种传统如何影响你？

赫拉利：我认为对我来说最大的影响来自贾雷德·戴蒙德 [3]。我知道汤因比和威尔斯，但我实际上从来没有读过

---

1 阿诺德·汤因比 (Arnold Toynbee, 1889—1975)，英国著名历史学家，著有《历史研究》(*A Study of History*) 等。

2 赫伯特·G. 威尔斯 (Herbert George Wells, 1866—1946)，英国著名小说家、新闻记者、政治家、社会学家，著有《时间机器》(*The Time Machine*)、《星际战争》(*The War of the Worlds*) 等。

3 贾雷德·戴蒙德 (Jared Diamond, 1937—)，美国演化生物学家、生理学家，著有《枪炮、病菌与钢铁》(*Guns, Germs and Steel*)。

他们的著作，当我在学习历史的时候，一些非常陈旧而且无关紧要的实验完全失败了。我对世界历史和宏观历史的理解部分来自一位耶路撒冷大学的教授——本杰明·凯达尔（Benjamin Z. Kedar），他是我的导师和指导人，他对于我从宏观角度做研究非常感兴趣，也非常支持。还有一本书，当我在牛津大学攻读博士时，我读到了《枪炮、病菌与钢铁》这本书。它给我展示了一个非常实用的例子，让我知道如何完成一本讨论人类历史中一些最宏观的问题的学术书籍。这本书甚至不是由历史学家完成的，而是由贾雷德·戴蒙德所著，他是一位鸟类专家。我认为这不是巧合，专门研究鸟类的科学家来给历史学家展示，"看！你可以用鸟的视角来看人类"。

单读：如果和贾雷德·戴蒙德做对比的话，你的书有哪些优点和缺点呢？

赫拉利：贾雷德·戴蒙德的研究领域是生命科学、生物学和动物学，我认为这一点是非常重要的，而且我认为或许正是这一点改变了我的观点，你无法真正了解人类，了解人类的历史，除非你首先认识到人类是动物。这是一个极其重要的贡献。在我对人类进行思考和写作的过程中，对我影响最大的两个人实际上都是研究过动物的人，首先是鸟类学者戴蒙德，然后是弗朗斯·德瓦尔[1]，他是一名灵长类动物学家，主要研究黑猩猩、倭黑猩猩和大猩猩，他有一本书叫《黑猩猩的政治》（*Chimpanzee Politics*），这是一本非常精彩的有关黑猩猩族群政治的书，也是另一本让我大开眼界的书。因此，他们比我强的一点是，我没有任何生物学背景，我所知道的关于生物学的一切，都仅仅来自对其他人研究的二手阅读，所以他们在这方面与我相比有很大的优势。但我的优势是，我仍然能看到人类和其他动物之间的巨大差异。是的，人类是动物，没有生物学就无法理解历史，但如果你只懂生物学，懂进化论、遗传学和脑科学，了解一切关于人类所需要知道的东西，然后认为现在就可以解释人类历史了，我不认为你能够成功。因为人类历史中还有一个非常重要的成分——文化、思想、故事、小说，这是我的专长，探索和理解虚构故事和神话故事，以及它们对人类历史的巨大影响。因为人类，包括战争、国家、经济，它们确实是由物理和生物过程塑造的，它们受气候、地质、基因的影响，但它们也深受人们心中假想故事的影响，如果你不认真对待虚构故事，你就无法理解人类，无法理解第二次世界大战、法国革命或者基督

---

1 弗朗斯·德瓦尔（Frans de Waal, 1948— ），荷兰著名心理学家、动物学家和生态学家，美国艾默里大学灵长类动物行为学教授。

教这类问题。基督教的兴起没有任何生物或地理解释，为什么基督教在西亚美尼亚地区取得成功？为什么佛教能在东南亚地区取得成功？这些问题用生物学无法解释。

单读：在你试图解释世界历史的过程中，存在的主要缺陷是什么？你在书中的语气如此自信，会有什么担心吗？比如你谈了很多变化、进程，但实际上却对这些问题不够了解。

赫拉利：是的，在我谈论的很多领域中，我都没有第一手经验，只是依赖该领域专家的观点，我不能为自己辩护，说自己所说的是真的。有一个很好也非常重要的例子，就是关于气候变化的讨论。气候变化是一个极其复杂的过程，你需要了解电流、海洋、太阳的影响以及无数的东西，我没有相关领域的专门知识，只是阅读一些文章和书籍，我发现气候学家和专家之间有着非常广泛的共识，那就是气候变化是真实的、正在发生的、由人类活动造成的。我相信他们的文章，我希望他们没有犯下一个巨大的错误，并且错误地引导了整个世界，但我不能为自己辩护。

其他领域也是一样，比如人工智能，我完全不会写代码，我只有二手知识。在他们解释 AlphaGo 如何战胜世界冠军李世石、机器学习背后的原理和程序是什么时，我选择相信他们所说的。你在写一本主题非常大的书时，这是不可避免的。有些部分我自己做了研究，我会觉得非常安全，但在我讨论的 90% 的领域里，我仅仅依赖别人的研究，所以我总是会有点怀疑。

单读：你的写作语气怎么做到如此自信和平静，这种写作风格是怎样产生的？

赫拉利：这种风格来自很多年的教学、与学生互动的经历。在后来的几年中，我与公众互动，与媒体互动，在广播和电视中发表讲话，在这些情况中，清晰就是一切，你必须用一种非常清晰简单的语言说话，否则你就会失去听众，这也意味着没有太多的变通空间。但当你和专家讨论时，情况非常不一样，你必须要更加细致入微。所以我认为我的服务就是在科学界和普通大众之间建立一座桥梁，我写的大部分内容都不是我的观点，而是不同领域的学者和科学家的结论、理论、模型，这些成果很多公众完全不了解。

因为这些科学家的论文通常是写给彼此看的，写作语言非常复杂，大多数人无法理解。这是非常重要的，必须有人这样做，如果每个人都做我做的事，那么就没有科学了。但是也有像我一样的人，也许我不知道怎样写代码，但我至少可以阅读关于人工智能的科学论文并理解它，然后再将它翻译成一种清晰简单的、业内普通人可以理解的语言，现在这项工作已成为我的专业。

单读：能跟我们谈谈你的工作习惯吗，如何完成一本新书？你在两年内完成了一本新书，你完成这本书的过程是怎样的？

赫拉利：首先我不强迫自己写书，我让这本书自行完成。

单读：真的吗？

赫拉利：是的。在很多情况下，特别是在学术界，人们生活在不发表文章就会失败的压力之下，你必须一直发表东西，才能找到工作、获得终身教职、获得晋升等等，因此他们强迫自己进入可能并不是很有趣或者在他们自己看来不是很重要的项目。但这是非常困难的，因为这是一种你必须要做的工作，但这份工作中没有真正的激情和兴趣。对我来说，在写完《人类简史》之后，我想应该结束了，我已经完成了我该做的了，但是新的问题又出现了，而且它很有趣，我发现自己沉迷进去了。我并不是想写一本关于它的书，我真的只是想知道答案，所以我开始读与它有关的资料，开始和人们谈论它，然后在某个时刻我意识到，实际上我已经有足够的材料来写一本新书了，《未来简史》就是这么来的，新书《今日简史》也是这么来的。

写这两本书前我并没有预先计划过，它们是我对真正感兴趣的问题的研究成果，我会跟着问题走，这些问题把我带到了作为一名中世纪历史研究者意想不到的地方。后来当我写《人类简史》时，我扩展了视野，但我仍然是历史学家，我从没想过自己会成为人工智能方面的专家，但是突然间许多来自谷歌、Facebook 的人问我有关计算机的问题，这是怎么回事？我认为这就是因为我让问题引导我，而没有提出任何预先计划。这就是写作的过程。

我认为另一件影响很大或者说非常有用的事情，就是我的冥想练习。世界上有数百种不同的冥想，我练习的是内观禅修，它让我始终只是专注于现实，哪怕思考时而脱离现实，从现在的现实到数以百万计的故事、虚构和毁灭，最后都会随着指令返回现实。我几乎练习了二十年，它带给我很多，将我的头脑训练得非常敏锐和专注，没有这种训练，我可能就没有足够的集中度、清晰度以及实时性来写这些书。因为当你试图讨论一个庞大的主题时，最大的危险是分心，如果你想在 500 页内写完世界历史，你就不能让自己分心。我不认为我可以在没有冥想练习的情况下做到这些事。

单读：对你来说，新书背后的主要驱动力是什么？

赫拉利：我希望能让更多人清楚地了解世界上正在发

生的事情，使人们有能力加入关于人类未来的讨论。因为创造能力的提高、生物学和人工智能的发展，这些都带给我们有史以来最大的问题，我们正处于探究结果的过程中。我们该做什么，该怎样生活，该创造怎样的世界？绝大多数人并不了解现在世界上正在发生的事情，我是幸运的人，我是一名教授，我有很多钱，我给自己阅读和思考的时间，而大多数人太忙了，他们必须去上班，必须照顾孩子和年迈的父母，他们没有时间。我无法给所有人金钱、食物、衣服和住房，但作为一名学者，我可以试着给他们提供清晰的视野，使他们能够明白如今真正重要的事情，使他们知道什么是致其无法看清这个世界的幻想和骚扰。很多人因为害怕恐怖主义而分心，实际上恐怖主义只是一个非常小的问题，他们没有意识到人工智能这样的东西非常重要，所以我试图告诉人们应该忘记恐怖主义，更专注于人工智能。同样地，全世界很多地方都有政治家向人们兜售关于过去的美好幻想，而不是为未来做好准备，他们告诉人们，我有一个永恒不变的真理，关于我们的宗教或者我们的伟大国家的真理，它是世界上最重要的事。人们都非常买账，沉迷于此，因为改变是非常可怕的，人们更喜欢永恒不变的真理，但这些关于过去的幻想使他们无法看到 21 世纪的真正挑战。

　　我作为一名历史学家的工作的一部分，就是揭露这些幻想，你不能回到过去，所有这些故事不是永恒的真理，只是故事而已。比如犹太教、犹太国家的故事，人类已经在地球上存在超过两百万年，犹太教是地球上最古老的宗教之一，但也只存在了三千年，即使在这三千年中，它也进行了许多次改变，它不是永恒真理，不是事实，只是人类的创造。所以，民族主义和宗教不会向你提供永恒的真理，所有国家和所有宗教都是如此，不只是以色列，不只是中国，不只是日本，不只是希腊，不只是埃及，这些国家在五千年前都不存在。21 世纪的人类面临着巨大的挑战，我理解人们在永恒真理中寻求稳定性的心理需求，但是这种稳定性在民族主义和宗教中是找不到的。所以再说一次，这就是我作为一名历史学家的工作的一部分——提出警告。

不要把虚构的故事误认为成终极真理

单读：今天与中世纪有相似之处吗？比如从希腊和罗马时期、从理性时代到黑暗时代，我们面临着类似的事情吗？或者我们可以说在过去的一个世纪里，我们处在理性时代，而现在变得更加非理性了，可以这样说吗？

赫拉利：科学和理性仍然非常强大。虽然在过去的几年中，我们看到了一小股反智、反科学浪潮的兴起，但这与中世纪的情况完全不同，即使如今最反对科学机构、反对大学的政治家，当他们想制造炸弹时，也会去找核物理学家。那么对我来说，他们仍然是相信科学远超过宗教。在古代，最初的宗教自称垄断了技术、农业、医学、战争问题，比如像耶稣这样的伟大人物，在他一半的生命里，都在扮演医生的角色，帮盲人找回光明，帮瘸腿的人重新行走，很多这样的事情。最近的几个世纪发生了什么呢？科学在解决农业问题、克服疾病、赢得战争方面打败了宗教，人们忘记了这些是宗教最初的任务，即使是对宗教最虔诚的人。虽然现在宗教还是非常重要的，但它起作用的方式和中世纪时期完全不同了。它不再为我们提供技术问题的答案，其重要性只表现在一个领域里，也就是如何定义我是谁、我们是谁、他们是谁。如何生产炸弹是物理学家的工作，是否用炸弹袭击这些或那些人才是宗教的工作，至少在某些情况下是这样的。

单读：在你的书中，你还提到了全球范围内的意义危机，人们不知道他们是谁，他们失去了身份认知。从你的角度讲，该如何解决这一问题呢？我们不能回到过去，我们必须创造新的事物，什么是新的？新的意义是什么？

赫拉利：我认为最关键的是要更好地了解自己。当人们问起生命的意义时，他们通常期待一些关于宇宙的故事，他们在这个故事中能发挥一些作用。比如犹太教的故事、基督教的故事、国家的故事、自由主义的故事、共产主义的故事。人们通常期待怎样的答案？他们期待一个故事，可是所有这些故事都是假的，因为宇宙不是一个故事，所以我认为真正的答案是将所有的故事放在一边，故事的工具价值是建立起一个有效的社会。

拿足球比赛举例，除非 22 名球员都同意同一个故事，同意同一个我们发明的虚拟规则，否则足球比赛就无法进行。在整个国家和宗教中也是一样，你无法将数百万人组织在一起，除非你能使人们相信一些基本的故事和规律，但它们只是工具，不是终极真理。如果你把虚构的故事误认成终极真理，那么你永远不会知道关于你自己的真相，你会为了虚构的故事而牺牲人的生命，就像中东一直在发生的事情一样。

所以我想说的是，如果你真的想知道"生命的意义是什么"这种终极真理，抛开虚构的故事，去真正理解关于你自己的真相。有许多工具可以帮助你理解，从冥想到科学工具，它们都能帮你了解身体是什么、大脑是什么以及你自己内心发生了什么。

单读：但是你提到整个历史都是关于虚构的故事，怎么定义现实呢？人们永远不会生活在那种真实的现实中的。

赫拉利：是的，正如我所说的，为了生活在社会中，为了建立起有效的社会秩序，我们必须有故事。比如金钱，每个人都应该明白，金钱只是人类的创造，它属于故事，是我们协商一致同意的关于货币的故事，它并不是现实。当然我们仍然需要它，如果每个人都说好了我不再需要货币了，那么世界经济将会崩溃，所以我们需要找到某种平衡，既能用故事来组织人们，又能不使人们混淆，以为这就是终极真理。因为如果你认为生命的终极真理就是金钱，那么你今生所做的事就是为了赚很多钱，这就是生命的意义，那么你就会为了这个虚构的东西开始牺牲人的生命。与国家和宗教相关的故事也是如此。

单读：很有意思，或者说很矛盾的一点是，你一直在回溯历史，但人们却把你看作一个预言家。你怎么看待这一点？

赫拉利：我认为历史不是过去的，历史总处在变化之中。历史学家有一种社会性，要研究世界上的事物如何发生变化，技术变革如何影响经济，经济变化如何影响政治系统，政治变化如何影响文化观念。大多数的历史观点是通过观察过去事物的变化而得来的，但是你一旦掌握了变革的机制，就可以尝试用这些观点来谈论未来的事情。当然，我一直试图澄清一点，我不是预言家，我无法预测未来一定会发生的事情，但是人们并不总是想听。

作为一个历史学家，我要做的首先是提出相关问题，观察过去的变化中发生了什么事，存在哪些问题，当我们关注未来时，应该警惕什么危险。我是说，大多数从事技术开发相关行业的人，工作主要集中在技术方面，而与他们进行合作的商务人士的视野也比较狭隘，他们对为自身牟利更感兴趣，这正是资本主义制度运作的方式，像腾讯、百度、谷歌、亚马逊这样的大公司，没有义务承担责任或者考虑他们行为的社会、文化和政治影响。我认为历史学家、哲学家和社会学家有责任去考虑工业革命可能带来的社会、文化、政治影响。

如果我们往回看，19世纪的工业革命，蒸汽机、电力或电台，这些新发明大大造福了一些国家，但也完全摧毁了另一些国家；它们造福了一些阶层，也给其他阶级带来了可怕的痛苦。当我们看向未来，我不知道二十年后哪个国家会在人工智能领域引领世界潮流，但作为一个历史学家，我可以提出一个警告：人工智能这种新动力不可能在所有国家之间平等分配，可能会由一些国家来领导这场新革命，它们将以比19世纪更加极端的方式来统治、征服和剥削其他国家。所以，如果要谈21世纪人工智能对世界的影响的话，这就是我作为一名历史学家所提出的见解。

单读：那么，如何打击数字恐怖主义呢？

赫拉利：这是一个很大的问题，我们正面临着数字独裁兴起的危险，因为有史以来第一次，随着人工智能和生物技术革命的兴起，外部系统可以比你更了解你自己，它可以控制和操纵你。我认为，想要避免数字独裁的话，我们需要解决两个关键问题，首先是谁拥有数据，其次是数据处理的过程。

从第一个问题开始。谁拥有数据？我们生活在黑客攻击的时代，如果你有足够的数据和计算机能力，你可以攻击一个人，可以控制、操纵甚至取代那个人，控制能力取决于你是否拥有大量数据。

在古代，世界上最重要的资产是土地，政治是控制土地的斗争，如果过多的土地集中在一个人的手中，那么独裁统治就诞生了；后来，机器变得比土地更加重要，政治成为控制机器的斗争，如果太多机器集中在少数人的手中，那么独裁就产生了；如今，最重要的资产是数据，政治斗争围绕着数据展开。如果我们找不到管理数据所有权的方法，那么所有的数据都将由亚马逊或阿里巴巴等少数公司或政府持有，不论谁持有都会导致数字独裁的产生。所以一个关键问题是如何规范数据的所有权，防止所有数据集中在极少数人手中，另一个大问题是如何平衡集中式和分散式数据处理方式。在20世纪，由于技术的产生，将所有信息和权力集中在一个地方是没有效率的，没有人能够足够快地处理信息并做出正确的决定，这就是美国在冷战中击败苏联的原因。这也是为什么中国的经济体制发展最终走向自由化的原因。但这种情况只能发生在 20 世纪的技术条件下，现在这种情况正在发生变化，人工智能和机器学习正在使决策变得越来越高效，人们能够将所有数据集中在一个地方并做出所有决策，如果这种情况持续下去，那么很快，集中式系统将比分散式系统更有效。无论你通过了什么法律，组建了怎样的政党，技术效率的力量将使越来越多的社会朝着独裁的极权主义政权方向发展。

我认为唯一有效的对抗手段是创新技术，比如像区块链这种技术可以使分散式数据处理更有效率，进一步促进平衡。我不知道区块链是否就是答案，但可以说，如果你是一名工程师，你害怕世界变成极权主义的反乌托邦，你能为这个世界做的贡献，就是找到使分散式数据处理更有效的方法。

单读：所以新的解决方案还是技术？

赫拉利：是的，技术可以向各个方向发展，我们对技术的发展方向有很大影响，比如你是工程师，你可以选择应该投入时间和知识使集中式数据处理更高效，还是使分散式数据处理更高效。我不认为技术本身会驱动我们更集中或更分散地处理数据，它可以同时向两个方向发展。

单读：今天耶稣的工作会是什么？他曾经是一名医生，现在他会是一名程序员吗？

赫拉利：这是一个很好的问题，我需要考虑一下。有人知道耶稣今天会做什么吗？我想他知道过去两千年来人们以他的名义所做的事情以后，会非常震惊。

一百年以后，地球将被另一种实体主宰

单读：你是一名研究中世纪历史的历史学家，曾写过五本关于中世纪历史的书。从 15 世纪到 16 世纪，不断有新人涌现，比如说达芬奇、米开朗琪罗，他们在意大利这样的文艺复兴城市里重构了人类对于社会、民主以及其他事物的全部想象。所以，如果对比 15 世纪、16 世纪的人和今天的史蒂夫 · 乔布斯（Steven Jobs）、埃隆 · 马斯克（Elon Musk），以及其他同样重塑了人们的对未来想象的人，作为中世纪历史学家的经历，让你怎样看待现如今的世界？

赫拉利：这份经历使我看当前和未来的发展问题时有了更多角度，使我可以看到现在这个时代的历史和以前发生过很多次的事情有什么不同，当然这二者也有很多相似之处。就像我给出的例子一样，每一个发明、每一点发现，都会产生新的不平等；新发明越重要，所造成的差距就越大。

所以我们也看到，16 世纪出现了这样一个现象，极少数人利用手中的新发明和新动力，压榨、征服、剥削了大量欧洲人。而这些欧洲人后来又去了美国，剥削和压榨当地的阿兹特克人、印加人、玛雅人等等。类似的事情不断重演，但有些东西是不一样的。曾经作为中世纪历史学家的经验使我更容易看到 21 世纪革命中真正全新的东西。

最重要的区别就是，过去几乎所有的人类发明和发现，给人控制外部世界的力量，我们学会了如何控制其他动物、森林、河流，我们学会了如何建设堤坝、桥梁、城墙和城市等等。但是我们未曾拥有过控制人体内部世界的力量，因为我们不了解身体、大脑、心灵的结构，而这正是 21 世纪即将发生的重大变化。我们这个时代的列奥纳多·达芬奇，解开了人体内部世界的秘密，我们正在获得控制人体内部世界的新力量。这种新力量让我们可以重新设计和制作身体、大脑和心灵。这将根本性地改变一切。一百年以后，我认为地球将被另一种实体主宰，他们与人类有很大的区别，这种区别将比人类和尼安德特人以及黑猩猩之间的差距还要大，因为他们有与我们不同的身体和大脑。

单读：你有没有感到你低估了人类精神的力量？从 19世纪后期甚至更早以前，人们开始研究心理学。不过，就像你说过的那样，人的精神完全改变了，是真的改变了吗？
还是你也担心你低估了人类精神的力量？

赫拉利：我认为你说的两点都是肯定的。我们对于心灵、人类精神和心理学知之甚少，不光知道的少，我们也很少愿意投资研究它。同时，这种无知没有阻止人类获得控制自己的天生力量，这是一个风险。正如我之前讲过的，我们获得了控制外部世界的力量，但我们却并不了解外部世界，这就是现在人类面临着生态灾难的原因。同样的事情也可能发生在人体内部世界，我们正在掌握操纵我们的身体和大脑的力量，但正如你所说，我们还远远不了解人的精神和人的心灵，所以结果可能就是我们将面临精神崩溃，类似于我们现在看到的生态崩溃。

单读：人类的精神有没有可能比我们想象中的更有适应性？

赫拉利：人类的精神确实非常有适应性，并且这种适应力还升级了。要知道我们仍然在使用石器时代的身体和大脑，但现在我们在飞机上飞行、在大城市生活，这证明了我们拥有极好的适应能力。但同时，我们也看到了人类被环境驯化的过程，但是我们忽视了适应力升级带来的其他潜在的风险，这就是发生在其他被驯化的动物身上的事情，我们驯养出了可以生产大量牛奶的奶牛，但是它们的（生存）能力远远比不上野牛，同样的事情正发生在人类身上。

现在我们的经济系统需要我们不间断地连接到通信系统，所以你看到世界各地的人们都随身带着智能手机和电脑。这种趋势发展得很快，但其他许多对个人可能更重要的能力被忽视掉了，比如说感官能力、专注能力，这种情况造成了许多压力感和疏离感。对此人们也经常会思考和争论，认为现代人类逐渐与世界脱轨的原因是传统宗教和社区越来越少了。这种观点可能有一定的正确性，但我的观点是，疏离感和压力感产生的首要原因，是我们正在失去与自己身体的联系，而不是与宗教、社区、国家或类似东西的联系。

如果你感觉不到你主宰着自己的身体，那么你就永远也感觉不到你主宰着这个世界。所有新技术在做的事，就是把我们从自己的身体上拖出来，把我们与电子空间连接到一起。这些新技术拥有巨大的经济优势，但人类要付出很大的精神代价。

单读：谈及疏离感，你曾在很小的时候说过，你感到与外部世界有些疏离。当你谈及对世界以及整个历史的想法时，你有很强的疏离感吗？

赫拉利：是的，我认为特定程度的疏离感几乎是必要的，这样才能对世界上发生的事情进行批判性思考。

单读：你的国家以及你的性取向，是否是这种疏离感产生的部分原因？

赫拉利：我想是的。例如，我在性取向上的自我认识从小就教给我，不能相信大众的智慧或这个社会。很小的时候我就听所有人说，男孩应该被女孩吸引、女孩应该被男孩吸引，这就是应有的规律，这就是世界。你可能会认为他们一定很懂，因为他们又年长又充满智慧。但很多年后我才意识到，不，情况并非如此，我虽是一个男孩，但我被其他男孩而不是女孩吸引，这就是现实。最终我得出结论，人们必须切合现实，而不是做社会告诉你应做的事，社会往往非常具有误导性，甚至在一些基本现实比如性自认或性取向等问题上。因此，你需要提高辨别虚幻故事与现实的能力。作为一名学者或科学家，我的大部分工作就是研究如何辨别人类发明的故事和现实。在性自认或性取向这个问题上，人类发明了许多故事和神话，但生物现实是人们永远不能违背自然规律。一切存在的事物都是符合自然规律的，如果一个男人可以被另一个男人吸引，那就证明这符合自然规律，自然允许这一切发生。

单读：这种自然规律非常具有讽刺性，让我想到了达尔文主义，达尔文主义发展出了社会达尔文主义，现在很多人读你的书的原因是他们想在未来生存下去，你的书成为了一种新的社会达尔文主义。你对这种读者有什么看法？

赫拉利：这就是写书或成为作者要遇到的问题之一，你无法控制人们用什么方式读你的书。用讽刺的手法写文章时情况最糟，对我来说很明显这是在讽刺，我认为每个读者都会明白我不是认真的，然而人们看不懂，完全曲解了我的意思。如果这种事情总是发生，就意味着我是一个糟糕的作家，我不能传达我的想法。不过这种情况时不时就会发生在一些人身上，只需要接受它就好了，任何人写出来的东西都不可能总是得到理解。

单读：你也谈到了 19 世纪的人们有一种全球性的焦虑感，它也是关于社会达尔文主义的，实际上是关于种族问题的，而如今的焦点是机器和技术，那该如何描述如今的全球性焦虑感？这是读者热爱你的部分原因吗？

赫拉利：我认为在谈及人类的深层恐惧时，需要与人们接触，与人们产生共鸣。因为对人们来说，公开讨论他们的恐惧和焦虑很重要，即使没有得到解决方案，公开讨论也能带来一些缓解。

单读：你很喜爱阿道司·赫胥黎（Aldous Huxley），曾说过他是你的知识偶像。

赫拉利：是的，他是我最喜欢的作家之一，我认为《美丽新世界》（*Brave New World*）是最好的科幻小说。

单读：你有没有感到你现在是 21 世纪传统文化的一部分？我的意思是，从赫胥黎直到现在，形成了一种科幻历史小说的潮流。

赫拉利：是的，我认为我与赫胥黎有很强烈的联系，我认为我们都属于有趣的科幻历史作家。因为有两种科幻历史作家，一种是很有趣的科幻历史作家，比如我。无趣的科幻历史作家比如乔治·奥威尔（George Orwell），他所著的《1984》是无趣的，因为你能很明显地看出来哪些是坏的，是我们不想变成的情况。这种科幻历史书能引发人们思考的唯一问题就是如何阻止坏事发生，所以从动脑的角度来说不是很有趣。赫胥黎写的科幻历史小说有趣得多，因为你不清楚什么是好的、什么是坏的。

《美丽新世界》里的人们一直很开心，所有的疾病都被攻克了，没有战争，没有集中营，没有人被扔进监狱。从知识角度来说，这本书包含了更复杂的想象，你能感受到这个美丽新世界是有问题的，但是有什么问题？我认为就是这一点使他的书非常精彩，并且随着时间的推移变得越来越好。因为赫胥黎在 20 世纪 30 年代写这本书时，每个人都能很容易地理解，他写的是一个可怕的科幻历史小说，但是到今天，我认为很多人读了这本书会觉得——这个好棒，我们要怎样才能实现这种情况？事实上这也就是我们正在做的事，今天我们用消费主义、资本主义以及生物工程等新技术构建起来的社会，实际上非常接近赫胥黎所描绘的社会。当然，从科技的角度来看，这本书非常原始，但是当你越过表面的科技，看书中深刻的观点时，我认为这本书有着非常复杂和深刻的见解，谈论了生活、幸福、自由以及人类生活和人类社会的真正目标等问题。

单读：你如何评估自己的预见力呢？

赫拉利：我希望我的预见力不错，再重复一次，我不预测未来，我只想指出一些不同的可能性。我希望我的书像赫胥黎的书一样，能为人们提供有趣而非无聊的预见，我希望能为人们展示出人工智能、生物工程等等的魅力，人们可能会沿着这个方向走下去。

十　影 像

174　盐水池塘

彭可

Salt Pond

盐 水 池 塘

摄影 / 彭可

我能记起的第一个家在一楼，一间被房东一分为二的公寓。它有四个房间：吃饭的，睡觉的，做饭的和洗澡的。做饭的和洗澡的就比较小，如果外婆在洗澡，我就不能在里面刷牙。如果不算上两只小鸭，我家有五个人，一人分一个房间大概不够，除非算上外面的小阳台。我有时候在心里排序，第一和第二名是外婆和爸爸。房间照不到阳光，墙总是灰色的，也许因为这个我才一直喜欢阴天。夏天的傍晚，值得期待的，是在特区外当幼儿园园医的外婆给我带来可口可乐。她回家后，我们会坐在小木板凳上吃西瓜、看电视，旁边还有唯一的一张沙发。在这张蓬松的深棕色沙发上，确切来说是外婆大腿上，我第一次学会如何从泡泡糖里吹出泡泡。夜里，我，外婆和妈妈睡在同一张床上，爸爸和外公睡在小阳台。

我不记得电视机里在放什么节目，墙上也没有出现过图画。靠近厨房的墙上有过一个钉子，挂过一个装满蚱蜢的黑色塑料袋，都是我和外公在公园里捡回来给小鸭的。公园的湖里开满了荷花，还有小鱼、小虾在底下游。外婆和外公教我要准时，所以我有很多早晨六点站在门口等幼儿园开门的记忆。班上我最好的朋友，住在我爸爸工作的建筑公司新建的小区里。有一个周末，她邀请我去她家玩。那天清晨外公和我照常早起，我们经过一个空旷的网球场，被一圈高高的白色公寓楼环绕。那天也是一个阴天。

我们搭乘垂直电梯上楼，她的爸爸妈妈站在门口迎接，说她还在自己的房间里睡觉。她家很明亮，所有东西都是白色的，窗帘在明净的窗前飘着，天花板是分开的两层，夹层里透出蓝色的光，墙角有样式精致的雕花。如果我回去问爸爸，他应该很懂这些。三张沙发中有一个茶几，上面摆了一些玻璃杯子和一束花。那是我第一次知道，原来不是所有小朋友的家都和我的一样。我慢慢走到她的房间门口，这扇白色的门背后就是我最要好的朋友。我推开门，她面对着我侧躺在床上，睡得很熟。她的房间全是粉红色的，床上有很多玩具公仔，小鹿、小熊、芭比娃娃，墙上到处是拼贴画，五颜六色的。

我想快些和她玩耍，所以我轻轻叫了她一声，然后她醒了。

○ 网池 Net Pool，台湾南投，2018

○ 家 Home，洛杉矶，2018

○ 像泡泡的灯 Bubble Lights，常德，2018

○ 珊瑚 Sleeping Rocks，深圳，2014

○ 麻辣烫 Spicy Hot Pot，常德，2014

丁玲 Ding Ling，常德，2018

○ 高架桥 Overpass，常德，2015

○ 腊肉 Wind Dried Meat，常德，2015

○ 红杯子 Red Cup，常德，2015

○ 养乐多 Yakult，洛杉矶，2016

○ 苹果 Apple，常德，2015

○ 发光树 Glowing Tree, 深圳, 2018

○ 海豚 Dolphin，深圳，2015

○ 蹦蹦床 Trampoline，成都，2018

○ 眼镜店 Optical Shop，长沙，2014

⊂⊃ 小 说

一种生活与另一种生活没什么本质区别。就像睡觉中换个姿势，最后你还是躺在那里，唯一需要的，是有些变化。

伊春

撰文　赵松

[一]

　　前面没人了。现在，扩音器里继续重复发出那个女人的单调询问，"去哪里?!"他犹豫了一下，说出了那个地名。售票窗口里的女人没听清楚。他只好又说了一遍。听到自己的声音带着嗡嗡的回响在玻璃上轻轻撞了下，眼皮垂下又抬起的瞬间里那个海边城市的名字就浮现了，跟他的声音一起碎裂成灰硬沙滩上不时闪动的青绿海水泛出的冷白花簇……他看着玻璃上自己的脸庞投影，印着黑字的肉红色车票和几张模糊褶皱的旧钞，几枚硬币被扔到了光滑的白铁凹槽里，上面折射着模糊的光。那些灯管像白亮金属条似的镶嵌在玻璃里面。随着机械敲打键盘的声音，后面的人又到了前面，扩音器里继续重复着那个生硬的声音，去哪里?!正在走神的他被推挤到了旁边。后面还有很多人，都有些焦躁地注视着前方。他听到另外一些地名，陌生的地方，他没去过。车票上面，两个陌生城市的名字被一个黑色箭头连在了一起，仿佛两个人躺在那，脚底相对，伸展双臂在头顶……外面还有些光亮，而室内已然黑暗。又一次，他想起那个梦，她在他的手心写字，指尖柔软湿冷，他看不清她的样子，也猜不出是什么字，又不安地意识到这可能是最后的机会了。一定是太累了，他想。脑子像化石。他闭着眼睛，试着用左手食指在右手里写了两个字，奇怪的感觉。

[二]

Y：

最近我的腿有些不舒服。晚上睡觉，常会感觉不到它们，在黑暗里，我会不时动一动，重新感觉到它们在那里，但这样一来，又不知道怎么放才算稳妥了。试过各种姿势，都不理想。虽说由此而来的失眠让人不爽，但也有好的一面，就是我又多了一些时间，可以浮想联翩。比如想想你们那个城市，就像用谷歌地图看到的，从空中俯视它，从一个点，变成一个路线密集的面，再变成更具体的……你说它怎么看都很小，那些街道、建筑，你每天经过防波堤遛狗的路线，还有你说过的海鸥，它们在不远处偶尔低鸣，引得小狗也跟着一阵乱叫。早上醒来时，会发现腿脚都有些浮肿，踩在地板上，软绵绵的。我们头儿最近总是有些怪怪的感觉，有些过于关注我了，他劝我要注意休息，说人是脆弱的动物，随时都有可能被什么意外轻轻一击就倒下了。听起来是不是有点意味深长？你看，这么个没底线的人，说起道理来竟也是意味深长的。他说你可以休个假嘛，找个安静的地方，去疗养一段时间，比如山里的温泉疗养院啊，当然最好是到海边，找个小城，住在海滨的旅馆里，后面靠着山，有温泉可洗。他真是太迷恋温泉了。我始终没搞清楚他为什么要这样说。我还好啊，我跟他说。他说你是咱们局里少数几个有文化的人之一啊，要能"放下"。我说我放得下啊，你看我计较过什么事么？我说我最近在研究自杀的问题，希望能从心理学和病理学层面做得深入些。他不明白我为什么非要研究这个。好吧，我承认，之前你讲那个小姑娘的事儿，我的回答实在够蠢，你是对的，她并不是真的没有行动能力的人，那种愿望，对她来说，就像最后一次撞钟，本质上就只有那一下，之后都是回响。说到底这不是个选项，也不是错误，只是时间问题。所以，不要再劝慰了，不要再鼓励，她有她的轨迹，我有我的，你有你的。嗯，我最近好几次梦到坐火车出远门的场景，都是十多年前的事，还有些零零碎碎的奇怪的梦，比如在一个海岛上，我为了帮某个似曾相识的女人，莫名其妙地成了走私团伙在警方的卧底，最后被警方、买卖方追杀。很多情节我都没记住。还有啊，你是对的。你不是日常的存在。但我也没有老是想着要验证什么真实不真实的。这些天，其实我没什么事，只是坐在那里。我好像在等什么。不知道。

S.

〔三〕

　　火车浮动在原野上。那些原本粗糙的景物在越来越趋于光滑的进程中穿过短暂的黄昏沉入漫长的黑暗。有节奏的摇晃，不规则的震动，辗转恍惚间早晨的光辉又一次渗出地面。这一天跟别的日子又有什么不同呢？它来了，然后消失了，仅此而已，又一次验证了它是暂时的，是不断重复的，也是不可能重复的，它们彼此淹没，带着某种没法解释的新鲜与速朽的气息。拱形的灰色天棚慢慢明亮，其他三个铺位已空无一人。拉开窗帘，他摸了摸玻璃，路基上那些寂静潮湿的石头棱角分明。火车减速，随后又加速。没有太阳，他闭上眼睛，感觉这有限的空间正缓慢滑动在一个与自己的现实全然无关的世界上。有人在走动，偶尔说着含糊的话，而多数人是静默的，这里，或那里，陌生的面孔轻微晃动，浑浊的空气随着过道门的忽然打开而动荡不已。没找到电脑的键盘或屏幕，他注视着灰亮弯曲的棚顶，下意识地摸着侧面的墙壁。此前梦里宽敞的空间突然坍缩成眼下这个狭促的地方，坍缩还在持续，不时发出金属扭曲变形的低响。他看到了门，触到了卧铺护栏，松了口气，还在火车上。这是去那里。他把手臂向上伸展，侧着脸，左腿弯曲，脚掌挨着右小腿的内侧，心里终于安稳了。在此前的梦里，笔尖在报纸空白处划动，留下些不相干的句子，最后一句是：曼谷的十万多只流浪狗将被统一实施绝育手术。他笑了，很想打电话告诉她。平时他常在报纸上找些这样有趣的东西抄下来，然后发给她，自己没事儿时还会反复抄写。这种无目的的反复会使有用的话变得没用，也能让没用的话显得意味深长，当然说到底其实还是没用。散漫的人，身体松弛，上下牙齿间的随意的几下触碰，空洞的声音从嘴巴里溜了出来。

[四]

Y：

保持联系。我们。当我打出这几个字时，其实某种隔阂就有了，就像厚玻璃，隔在那里。你远了。要是以前，你至少还会回个表情，比如挥着小手道别的，这次却没有了，直到你头像暗了。这是种很奇怪的体验，像突然进入了大气层以上的空间。我挪动鼠标，去看前面的对话。那些短句充满了停顿，不是在出现，而是在后退，每个字都好像在蜷缩起来，收起光泽，把距离留出来，而我的那些，则像是敲打在金属板上的，带着毛刺。我们这不是对话，倒像是自言自语，你有意如此，而我不是。我感觉不到任何信息。这次出差，我是准备顺便去看看你的。我现在感觉有些迟钝，脑袋昏昏沉沉的，所以我并没有意识到我已经把这句话发了好多遍。估计你会以为我神经出了什么状况，对此置若罔闻，但又不想让我受到什么刺激，于是你就断断续续的，说的都是些不相干的事，尤其是最后你又说起那个女孩想自杀的事时，我甚至觉得你是有意要引开我的注意力。我一点都不想再谈这个问题了。"生无可恋能有什么办法呢？"你问我。当一个人下决心之后就不再需要任何理由。她只需要一步到位，把自己变成靶子，扣动扳机，正中靶心。可我搞不明白的是，你为什么会以为我是个容易陷入疯狂的人呢？面对你，我有的只是安静，心里头就剩下一块石板了，封盖住了很多东西，上面连字都没有，除了潮湿的灰。我怀疑我们头儿派我出这趟差，去办这么个案子，是有隐情的，甚至是有某种阴谋的，可你却偏偏以为这只是我的幻觉。你回不回信，并不会影响我继续给你写信。我不是个喜欢抒情的人，所以你也不要多虑。

S.

[五]

一种生活与另一种生活没什么本质区别。就像睡觉中换个姿势，最后你还是躺在那里，唯一需要的，是有些变化。站在车厢连接部的过道里，透过车厢连接部密封的窗玻璃，他看到小太阳颤动着浮出了地平线。广场两侧的巨幅广告牌湿漉漉的。那些皮肤呈浅古铜色调的黑发女子闪着新鲜的光泽。他穿过空寂的广场，地上那些六边形红色地砖寂静而结实，随手吞下两颗药粒，喝了几口矿泉水，然后挥舞了几下那个空了的塑料水瓶。有人走了过来，手里拿着写有旅馆名字的牌子。他摇了摇头。像个本地人那样，他满不在乎地走开了，走向某个目前还不清楚的地方。无论怎样，至少他都会在这里住到后天早上或晚上。他没什么可失去的。要是刚才在车站里再多停留一会儿，他很可能会跳上另一列反向的火车，买两份报纸，还有啤酒，在六个小时后重新出现在他的那个城市里，习惯性地拨通某个熟悉的电话，心平气和地对着空气说，是我。然后生活就恢复了原样。原来是什么样？头胀胀的。他觉得脑海里仿佛沉下了一些深水炸弹，它们一阵阵坠入深处，却没有爆炸，只是有些耳鸣而已。不知为什么，他忽然有点担心自己的记忆力会出问题。不要下降得太快，慢一点，再慢一点。他试着回忆一些词语，一些场景，几个人，说过的话。还好,它们都顺利地浮现了。广场东侧,有个深蓝色的电话亭,里面没有人,附近也没有人。

[六]

Y:

我把桌椅挪到了档案室最后面的角落里,背后和左侧都是高大的窗户。坐在那里能看到办公楼下面草坪的弧形局部。过了两天,我又把桌椅挪回到原来门口的位置。等把那些电脑线重新插好,电脑屏幕亮起,那种混乱的感觉也没有消失。似乎也有要发生什么变化的感觉,只是说不清楚。门总是敞开的。我觉得自己有点像小时候电影院的看门人。现在我的背后是几排墨绿的铁皮档案柜,在那股潮湿气息从走廊尽处的洗手间那边飘过来时,我想象一下电影刚散场的时候,困倦的老看门人侧歪着身子坐在那里,抬起头时,没有观众从面前经过,他眼光浑浊地看了我一眼。那个临时来帮忙的姑娘,偶尔会来我这儿,不声不响的。她坐到我的椅子上,喜欢让一些曲子反复播放。我们很少聊天,但偶尔也会说点什么,她甚至知道我有你这样一个神秘的网上朋友,我告诉她,你有多种面孔,跟天气变化有关,跟我们彼此的心情有关。她笑我太过夸张,提醒我不要脑补太多的东西,这都会变成毒药的。你能想象么,她那么年轻，大学才毕业，到国企里上班，就有这等认识了。不知是谁把她借到我们局里的，整天无所事事的。我问她就不想做点什么事儿么？她很奇怪地看了我一眼，师傅，不做什么，不也挺好的么？说完，诡异地一笑，那瘦小的身子就蜷缩在椅子里。我有时觉得她会变得越来越小，最后变成了一个斑点，剩下那身衣服搭在椅子上，然后在另一个地方又会重新出现，总之是个随时都可以跟外界毫无关系的人。屏幕只是一种光亮，里面什么都没有，她靠近它，脸就被它映亮，成了黑暗里的亮斑。就像忽然醒来似的，她在白亮的空间里清理桌面的东西，她的四周空空荡荡。我现在已经完全不能适应马斯卡尼的《乡村骑士·间奏曲》那种过于深情的曲调了。小姑娘站起身，说下班啦，师傅你不走么？我摇摇头，还要再准备一下，明天要出差呢。好像你不一定走得成哦，她挤了下眼睛，风似的，背着包转身就消失在走廊里。我把枪装到了背包里。这还是半年前执行任务时领的，忘了还了，他们也忘了。

S.

[七]

我爸又把我骂了。不过我没跟他一般见识，我说好啊，你喜欢骂，就尽兴好了。我都无所谓的。我觉得我跟他真的是种互虐关系，他跟他现在的老婆、跟他前妻我妈，我跟我妈，也是这种关系。就是互相捅刀子，又死不了，多好。你说是不？

嗯，好多天了。

说这些，我只是想告诉你，我不是有意不回复你的留言的，那样太没有意思了，只有最下贱的人才会那么干吧。虽说我也挺贱的，但也还不至于贱到那个地步。不要刻意，这是我对自己的最低要求了。我不想再有别的互虐关系。所以呢，说真的，我没有虐过你，不管你怎么想，我都没有。要是你觉得有，那肯定不是我本意，你要原谅我。毕竟，我也不算了解自己，这是真的。每天当我重新打开这个窗口，翻翻过去的记录，我就会觉得是在看别人的，而不是我的。所以吧，我会把现在当作跟你刚认识。我们仍旧是陌生人。不要去想什么熟悉不熟悉，真实不真实，我们本来就都是经不起推敲的，还是放松点吧，就从这一刻开始。

嗯。

你好像情绪不高？是还在生气，还是身心疲惫呢？在跟你说话之前，我承认我好好反省了一下过去做过的事，说过的话，作为一个习惯性的诱饵加破坏者，一个装神弄鬼的家伙，我发誓从现在开始我要把一件事做到底，直到它真的彻底完结。你看，我现在就是在还账，欠你的话，我都还上，这样才是公平的。你可以随意，想回就回，不想回就不回，没关系的。甚至你可以虐我啊，我不会反虐你的。这方面我比你有经验得多。啊，我长出了口气，说了这么多的废话了，我该到阳台上放放风了。我每天都会跑到那里，往下看，知道为什么么？我恐高，可我喜欢那种让人崩溃的眩晕状态。

嗯。

嗯？你在敲钟么？

这是开始了？

什么？

没什么，要是你想，就开始吧。

没有，我得先睡会儿了。

嗯。

[八]

Y:

你的手机还是停机。我不想分析这释放出什么信号。反正这些天里你用沉默教育了我。这很好。沉默很好。这是你的属性。你从那里来，又回到那里。符合规律。不要以为我会焦虑。没有。这次出差，是去找到那个离家出走的女孩，才十七岁，据说是市里某位领导的女儿，跟一个四十几岁的男的跑的。他们说是诱拐，我觉得是她主动搭上他出走的。这家伙没案底，也不是他们猜的什么报复心理，从聊天记录来看，那男的对小姑娘的背景一无所知，她没透露过什么信息，除了几张暧昧的照片。这个高一女生比他们以为的要胆大多了。她明知这是个老练狡猾的人，可偏偏要搭上他。他们聊的只是些琐事，当然，他引诱她，温暖的人生导师。跟她暧昧过的，不只这一个。她喜欢这样。她说自己是个孤儿，在福利院长大，被一对外国专家夫妇收养，他们后来车祸身亡，给她留下很多财产，在美国，那时她十四岁。她过着醉生梦死的生活。有时她会幻想自己是个生活在知识分子家庭的孩子，渴望成为动漫画家。她还说要是不当画家，理想职业就是去豪华的夜总会上班，平时做个购物狂人兼养花达人，租个有露台的大房子，收养几十只无家可归的猫。她会根据聊天对象的喜好，给他们发不同类型的漂亮女孩照片，当然偶尔也会混入几张自己的，注明这是邻家小妹。她不知道编造了多少个人经历的版本，有时候自己都会弄混。另外，要是觉得一个聊天对象对她着了迷，她就会忽然消失。对于这次出走，她装得傻乎乎的，任由他精心策划。从他发给她的路线图和游玩攻略，可以确定目的地。我觉得，他们是分头行动的，这是他的安排，他不想让人觉得一切是他主导的。到那个海滨小城后，他们会在一家靠近海边的普通旅馆会合。

S.

[九]

宽敞的档案室有很多窗户，很多块玻璃。每到周末，保洁工都要把它们一块一块地擦得像没有似的。他经常会克制去数清它们的冲动。她们使它们恢复本来的样子。在公安局这座白楼里，这里是最惬意的地方，经常会让他有种多重空间的感觉，有助于消解那种受困于某处，像个零件似的被紧紧地固定在庞大复杂的办案机器里的感觉。他敲打着键盘，写 QQ 留言给她。他还是喜欢红色的字。"收到你的那些字，就像收到最后的通牒"，她在偶尔的回复中嘲笑他趣味古怪。"当然了，我也是，"她说，"我们都是。拥抱一下吧，我们。"有点做作，可他又有点喜欢。做作的、泛滥的东西，要装在某个特别的容器里才好。装一部分，留一部分，否则就什么都不是了。他暂时还没透露这次出行的消息。所有的人都走了，他静止在一个点上。注视着楼下的马路，他觉得在出汗。所有的窗子都关着。他看到了她，穿了件灰风衣，在大风里走到公交车站那里，等了十分钟左右，钻入一辆出租车里。她不喜欢穿裙子。临近午夜，他确实意识到她到家了，头发是湿漉漉的。没道理可说。来听听这首英国人唱的老歌吧。我保证，我不会巫术，帮我翻译一下。过了好半天，她才打了两个字，幻想。列侬已唱了起来，伴奏的钢琴声清楚地敲击着他脑子里的某个点，就像锥子尖儿在钢化玻璃上反复敲击同一个点，它在慢慢发白，随时有可能爆裂，这让他莫名兴奋……我把脚浸泡在冷水里，这样会把脑袋的温度降下来，我把冰凉的脚搭在窗台上面，这样我就可以顺着那外面的灯光走到马路上，还可以一直走到乡下，看那些母牛带着小牛睡觉，我要带点牛奶回来，在清晨到来之前慢慢喝掉……她沉默了一会儿，"这是歌词？"他说是随意跟着节奏打出来的字。"哦，这样，"她过了几分钟才打出另一行字，"你可以把它们发给那位远方的神秘姑娘啊……"

〔十〕

那些不断浮现然后消失的文字，就像那些压缩成颗粒状的调料一样随时溶解，会让你觉得生活变得容易承受些。你在侧着身子是吧，他写道。你刚才没看屏幕，在看着墙上的什么东西。这种直觉是不受思维掌控的，你不知道它什么时候会突然跳出来，让你看到意想不到的场景。比如有一天，他的脑海里忽然浮现头儿赤裸下身站在一把椅子上，俯视着一个女人。后来有一天，头儿找到他。"最近看上去很累么你？没事儿多休息，不要太辛苦，人在过于疲惫的情况下，确实是容易产生幻觉的。"从那以后，头儿见到他最常说的话就变成了"怎么样，休息得好么？"后来，头儿把他从刑侦科调到档案室，跟另外两位同事搞一个不可能完成的数据库。后来，那两个人先后被调走了，只留下他一个人，什么都做不了。不过有一天下午，临下班前，头儿一反常态地找到他，语气亲切地让他把余下的工作交给那个帮忙的姑娘，做好出差的准备。对，就你一个人去。他得到的资料有限，一张少女的照片，一张陌生中年男人的照片，一个邮箱，一个 QQ 号，还有一个手机号。局里的一个网络专家会根据需要随时给他帮助，但不要联系外地的警方。

[十一]

猜我在做什么呢？

嗯？

对着风抽烟。完全没有味道。有意思的是我在点着这根烟时烧到了头发，像烧猪毛的那种焦煳味儿。

嗯。

我要怎么样才能不让你继续这样嗯下去呢？你就像个小男孩儿，在不停地往水里扔石头，不知道跟谁憋了一肚子气。现在是你躲起来了，不是我，你看，我来了，简简单单的，一点顾忌都没有。可你呢，在扔石头。几岁了？好吧，还是得告诉你，这几天，我病了。没跟你说，是因为没心情，说不出来。生病有时候也是好事，至少会转移注意力。你不觉得么？你在哪儿？

　　马路上。

　　现在？深更半夜的，你要去哪儿呢？

　　随便走走。

　　没有目的？

　　没有。

　　要不我帮你想想？

　　不用了。

　　我准备给你寄个礼物，你不要反对。

　　什么？

　　到时你就知道了。在它到你那儿之前，我有个要求，就是没事儿跟我多说说话。不要老是这种怪里怪气的，也不要没吭声，好不好？

　　我没有不吭声。我写了邮件。

　　发哪里了呢？

　　你的邮箱里。

　　我有好几个邮箱呢，忘了给你的是哪个。为什么不直接发这个 QQ 邮箱呢？

　　我只有那一个。

　　好吧，我想想，挨个找找看。要是我想不起密码，你不要怪我哦。我的记性很差的。再说我的手机号也换过几个了，恐怕找不回密码了。

　　有只小猫，在看我。

　　野猫。

　　我走，它就跟着，我停下，它也停下。还知道保持距离呢。

　　那就把它带回去吧。

　　我不养猫的。我跟你说过。

　　哦。我忘了。

　　没关系。

　　我在给自己充电。

　　多久充一次呢？

　　每天。

　　挺累的。

　　是。

[十二]

Y:

临走之前,我回家里收拾行李时,我妈妈忽然哭了。她说之所以哭是因为担心我一个人在外面会照顾不好自己。我都四十岁的人了,她还是会这样,当我是个孩子,说是因为我连个女朋友都没有,这么大了还不想成个家。这让她觉得自己是个很失败的妈妈。我没想劝她不要哭,可是看到她那日益衰老的样子,我还是忍不住劝了几句。后来她终于说出了原委,我们头儿找过她,让她多注意我平时的精神状态,劝我不要胡思乱想,如果需要的话,他可以给我介绍好的心理医生,而且我随时可以休假,休长假,休病假,完全自由,不必有任何后顾之忧。不管怎么休假,都不会影响我的工资待遇。我只好坦白地告诉她,不要听领导乱讲,他是因为有把柄在我手里,才这样说的。这个人就是这样,所有对他有所不利的人,在他眼中都是精神有问题的。对了,那天下班之前,借来帮忙的那个姑娘也很担心地问我,师傅你还会不会回来啊?我很奇怪她会这么问。她说大家都在私下里议论,说我是被领导变相赶出去的,因为他说我精神状态很不稳定,有抑郁症,不,是躁郁症的倾向,有时候甚至还有幻听之类的症状。还有比这更可笑的污蔑么?后来我就问那个姑娘,你觉得我像不

正常的人么？她笑了，说我没想过这个问题啊。你除了话
比较少，没什么啊。你看，人大体上就是这样的，很少真
的会想去了解身边的某个人。

S.

[十三]

在广场边上的商店里，他买了包烟。没他想要的那种
浅金底色蓝字的硬包 555，就买了包软骆驼。那些白色烟
蒂裸露出来时，附近的音像店里刚好传来一阵音乐声，然
后是歌声。他点了支烟，深吸了一口之后，听着歌声，就
觉得，这烟么，其实也是种乐器，不同的烟有不同的音调，
抽烟就是演奏，只是没人听到而已，只能看到慢慢散尽的烟。
烟草稳定地燃烧着，烟热烈地触及嗓子，一个男人把嗓子
压得变形，声音干涩而又富有磁性地唱着，他深呼吸，侧
着耳倾听，像有人在用力敲打铁床的边沿，发出奇怪的轰
响，烟飘浮在空中。阳光宁静而又温暖，那感觉就像有人
打开了冰过的香槟酒，木塞拔出时发出咚的一声轻响，阳
光照亮了狭窄安静的街道，清爽的泡沫漫延在浅浅的玻璃
杯子里。街边的门市有几家刚打开店门。一个体态丰满的
年轻女人俯下身子在擦洗店门上的大玻璃底部。阳光照亮

各种东西。油腻的脸，粗糙松软。刚下火车时的那种飘浮感还在持续，有朵灰云在脑壳里浮着，顶着头盖骨，双腿软绵绵地垂在地上。阳光里偶尔渗出海盐的味道。没过多久，脸就热了，微风凉快。烟丝里有两种色调，深褐与浅黄，他有些不适应它的味道。他喜欢一动不动。像个很小的点。他看了看烟盒，犹豫了几分钟，发现不远处有个红色电话亭。一辆黑色的出租车停在他身旁。司机嘴里叼着烟，看了他一眼。坐夜车很不舒服吧？司机职业地笑道，去哪里？"观前街。"他说。他的手是凉的，脚也是凉的，只有额头是热的。仿佛在跟着出租车行进，阳光照亮了一个又一个街角。在浓郁的烟草汗水汽油混合的难闻气味里，他看着司机的侧面。他们的目光偶尔会在后视镜里遇上，随即错开。街上行人稀少，时间还没开始运行。手表上指针正安稳地指着五点零五分。他觉得自己发烧了。

[十四]

在旅馆外面，他四处张望。树干上，电线杆子上，墙壁上，都没看到街牌。出租车走远了。他拖着旅行箱上了台阶。阳光透过门上面的那一排窗户照亮了前台，那个中年胖男人穿着圆领的白汗衫，正在那里打着电话，"他／她根本就不知道自己想干什么，那不叫复杂……"轻蔑一笑，胖子放下电话，热情地打招呼，就像昨天刚见过似的，还顺手接过客人的旅行箱，"走吧，还是以前的那间，收拾干净了"。显然，他是这里的老板。"你没怎么变，"他们上楼，"这种烟现在我是抽不动了，我现在喜欢柔和的。我就知道你这回出差，差不多能过来，你看，我猜着了吧？"老板泰然自若。他面带微笑，跟在后面。水磨石地面刚拖过，还有些水迹。他在后面注视着这个胖子的板寸头，听着那上楼时略显沉重的呼吸。"你放心吧，"胖子说，"没人打扰你的。"他只想待三天。"那是为什么？"老板有些奇怪，"干吗不多待几天？现在是休渔期，做海鲜生意的那些人都走了。"他们的脚步声在走廊里回荡。有人开门，跟胖子打招呼。那个房间空着。他们站在门口。淡金色的光线照亮了外面的阳台，看上去干净而又舒服。"都是新换的。"胖子随手拍了拍床铺。外面的街上，出现了几个走动的人，在楼房的阴影里，随后是另一些人，更多的人，各种车辆，骑自行车的人。"好了，有事叫我。"老板接过他递过来的那支骆驼烟低头点燃它的时候，外面所有那一切忽然构成了奇怪的轰响，就像有人高声念诵一句魔法咒语，大大小小的店铺纷纷开了门。这是他在火车上做的最后一个梦。现在，出租车停了下来。司机问他，"怎么走？"停车的地方是个十字路口。他侧头看了看右前方，那里已经没有任何建筑物了，只有刚刚动迁后布满碎砖瓦砾的一大片空旷地带，在里面的几块水泥板旁边，一根断了头的自来水管子正时高时低地喷涌白花花的水柱。

【十五】

S:

先跟你道个歉，我并不是有意不回你的信的。家里网坏了。报修了，过了几天才来人修，然后就是时断时好的状态。偶尔能用了，我又发现自己并没什么想说的。我的生活太平淡了，没有你那么多的内容，随便挑点什么就可以说说。对了，我又开了一家服装店，在市中心那条街上，比原来的那个要大一倍，服务员不好找，我就得常去打理，还要不时上货。还有就是，我倒是觉得，你们领导未必对你有什么恶意，他让你好好休息，也是我想说的。当然我不觉得你有什么问题，你再正常不过了，但你的生活习惯会把你搞得疲惫不堪。外面在下大雨，我没法出门。等雨住了，我会去店里看看，然后晚上跟朋友吃饭。希望你出差顺利，多保重。

Y.

〖十六〗

高速公路的两侧是连绵不断的原野，长时间看着单调的秋后景象，眼睛慢慢就变得麻木而空虚了。奇怪的念头层出不穷，其实什么都没有，就像水里的气泡，略有停顿就纷纷破碎了。出差之前，头儿又改变了主意，让他先跟同事们一起到海边度周末。能不去么？他问。得到的回答是，不能。穿过夜色和灯光，他跟在他们后面，来到那座到处是大玻璃和欧式枝形吊灯的海鲜自助火锅城里。他们端着盘子，围着长长一排海鲜慢慢走着，表情松弛、目光游离。他去了趟洗手间。她在走廊里打电话。坐到他身旁时，她面色潮红，热烈的气息弥漫周围，真奢侈。活的海鲜，死的贝类，年轻的女服务员声音圆润。那几只先被扔下去的螃蟹在沸腾的锅里开始变红了。胃口开了的人们宽容而又幽默。他们不停地吃着，说着笑话。他吃的那只螃蟹，是自己跳到锅里的，还没熟透，有股腥味。她看着他手里的螃蟹肢体。他下意识地喝了口饮料，摇了摇头。她低下头，看自己的手，然后又抬起头看那些走动的人。他掀开了另一只螃蟹的盖子，有些烫手。她看着他。好像别人也在看着他。他把蟹肉放在她的碟子里，散发着温润的光泽。他们来了，打开几瓶啤酒，杯子反复被倒满酒，他们说你挨着美人要多喝几杯才对，他放开喉咙把冰凉的啤酒一杯又一杯地灌入胃里，几乎感觉不到喉咙的存在。他们大笑。她那肥大的吊腿裤底下，每个趾甲上面都点了些朱红。他们好像始终都摆脱不了那种饥饿状态。血红的免费饮料在玻璃杯子里冒着细泡。累了？她问。他点了点头，失眠。他走到外面，抽了会儿烟。海鲜城对面有个广场，风很大，灯光淡薄，人影稀少。有几根仿古希腊风格的按照弧形排列的高大石柱，每根柱子前面都有一盏硕大的地灯从下向上仰射着强烈的绿光。柱子上面刻的是国泰民安天下太平五谷丰登之类的文字。她站在广场边上，脸庞骨骼轮廓清晰。她不会跳舞，也不打麻将或扑克牌。她喜欢对着电视唱歌。他就坐在她的附近。她的声音不够稳定。她回过头来大声跟他说话。他点点头，不知道她在说什么。他飘浮着。酒精渗到皮肤里，暗红斑点纷纷浮上表皮。他摘下眼镜，用纸巾擦着眼角，她在唱着，全世界我都可以忘记……他笑。她到了他面前，大声对他说话。他没听清。"我是说，你看起来很正常！"她对着他的耳朵喊道。电视里的景物从性感的泳装女人变幻成了蓝色的海。她遮住了屏幕的光亮。她给他倒茶。空荡荡的大厅，乱糟糟的桌椅，她目光幽暗。他感觉胸腔里的肌肉组织和黏膜都僵硬了。后来，也不知道过了多久，她忽然说道："要不要去对面的岛上看看？"

[十七]

S:

（我跟她的对话都是短句。但复制给你，却莫名其妙地变成了密密麻麻的，连行都没分。你凑合看吧。）Y: 找不到理由。Z: 什么理由？活着的？ Y: 活着还要什么理由呢？Z: 我还是要的。Y: 能不能往后稍微退上几步？别拿自己的脑袋去顶墙。Z: 你说得好轻松哦，能往哪里退呢？我没地方可退了？ Y: 其实你可以做点具体的事儿，越具体越好。Z: 什么算具体的？ Y: 比如你收拾一下房间，洗洗衣服，把窗户玻璃擦干净，最好看上去就像没玻璃似的，再把地板都擦一遍，还有厨房里。Z: 你说这些都是针对心理问题的，是对无聊而又空虚的人才有点用处的，可我不是这样的，你明白么？并不是叫个人就是因为无聊空虚才去自杀的。Y: 至少你还可以谈谈恋爱吧？不是说有个男孩子挺喜欢你的么？ Z: 他么，还是个孩子，比如我对他说，你想要我么？要的话晚上就过来吧。他来了？没有。他怕了。Y: 你把他吓到了。Z: 没有啊。Y: 也可能是你讨厌他。Z: 没有，我讨厌我自己。Y: 为什么呢？ Z: 不为什么。（到这里出现了十分钟零十五秒的停顿，然后才继续下去）对不起，刚才我爸过来了。Y: 他说你了？ Z: 没有，他不让我抽烟。Y: 你抽什么烟？ Z: 白沙啊。Y: 为什么抽这种？ Z: 因为它比较土气。Y: 不过，抽烟会死得快的。Z: 我倒是要试试抽烟能不能死呢。Y: 不容易。Z: 我昨晚上抽了两包。到现在头还有点昏昏的，可我知道抽烟死不了的。Y: 我接个电话，等一下。Z: 这么晚了还有电话？ Y: 我回来了。Z: 嗯。我问你呢，有意思么？Y: 什么？Z: 跟男人啊？Y: 哪个男人？Z: 电话里的。Y: 我们没什么的。Z: 是那个警察？Y: 呵，是他。Z: 他怎么了？Y: 没怎么。Z: 我看你跟他得了。Y: 为什么？Z: 不为什么啊，你不要我就上了。Y: 你上吧。Z: 那你别告诉他，把你的 QQ 借我用用。Y: 嗯，没问题。Z: 真的？Y: 我说着玩呢。Y: 真没什么，反正没见过，你可以试试。Z: 噢，那我就试试喽，既然你都不在乎，我又这么空。Y: 嗯。Z: 可是我不喜欢抢别人的东西。Y: 这不算抢。Z: 那算什么呢？Y: 就当看看你有没有演员的天赋了。Z: 好主意。Y: 好么？Z: 当然。

Y.

[十八]

他吃了个苹果。背包里只有这个苹果。平时他很少想起吃水果。它的水分不是很足，可仍旧清香，甜，软。他不喜欢硬的。那些宽窄均匀的果皮掉到了地板上。这苹果可能是妈妈趁他不注意时放的。也可能是他自己随手拿的。他终于还是把它吃掉了。翻出纸巾，他慢慢地擦净刀子上面的汁水痕迹。刀刃在纸巾上割出了道口子。他想象着自己按图索骥找到那个旅馆，然后把那家伙拉到树林里，把枪塞到他嘴里，就像香港警匪片里常有的那样。那家伙身子软了，跪到了地上。他从这胆小鬼的身上搜出了一张小姑娘的照片，露出诡异的笑容。他轻轻扣动扳机，咔嗒一声，那个家伙向后倒了下去，嘴巴张着。他把枪管在那张灰脸上蹭了蹭，又在衣服上抹了抹。这人的裤子里冒出一股热烈的尿骚味儿。他把手枪顶在了那人的裆部，又扣动了一下扳机。那人就抽搐了一阵。后来他让他写下整个经过，按上手印。第二天一早，领导夫妇就到了，保持着镇静，来到女儿的房间里。女孩面无表情地坐在床上，穿着乱糟糟的睡衣，披散着头发，还在跟什么人聊天。领导清了清嗓子，他就把那个家伙带走了。既然移动公司提供的定位明确地指向了那个旅馆，而且没再变过，那就说明那个小姑娘到了那里住下后就没再出去过。奇怪的是，如此简单的任务，为什么偏偏落到他的头上？怎么想都觉得有些诡异。

【十九】

那个小姑娘，给我发了张照片，拍的是她手腕上的一道疤。她说那是十五岁时留下的。那时她还是个胖子，又高又大的胖子。被送到医院抢救过来之后，她就休学了。然后她就每天都吃得很少，就像得了厌食症，什么都吃不下去，硬吃的话就经常会吐。然后没多久她就变成了瘦子，皮包着骨头。

哪个小姑娘？

就我常跟你提到的那个。你忘了？

哦，想起来了。你把 QQ 密码给她了？

没呢。

你们不是说好的么？

她说她没心情了。等有心情时再跟我要。

你的东西我收到了。

好看不？

好看，你从哪儿找到的？这种老地图很少见了现在。

是在我爷爷家里翻到的。估计你会喜欢，就给你了。

你打了个记号的那里，是什么地方？

我家啊。

你知道我想到什么了吗？

什么？

你就像个地下党，偷到了城防地图，标出了最核心的指挥部。然后我把它交给组织，第二天凌晨，几百门火炮同时开火，数不清的炮弹准确地落在了那里，你标出记号的地方，将那里化为焦土。

然后呢？

解放了。

那我呢？

在炮火中牺牲了。

好吧。这个故事好像是外国的吧？

有可能。

那我为什么要死呢？

死得其所。

挺好。你会帮我完成这个理想的，是吧？用这种老套的幽默方式。

想象一下就可以了。

你在哪儿？

火车上。

要去哪里呢？

不知道。

【二十】

后来，她随口问他，去过岛上么？他说没有。窗外是灰蓝色的。他站在阳台上，看着她走远。天色还没有完全黑，不远处还有些明亮的碎片浮动在暗下去的景物中。那几棵树要更黑一些，树皮上的粗糙裂纹正在模糊。自己的眼睛成了黑暗的水面。远处是没有多少光亮的海，看不出波动。"这次事情要是办成了，"她说，"我们有三成的利润。""我不要了。"他漫不经心地答道。"那你要什么呢？"她看着他。他想了想，"我也就是帮个忙么。不要什么。"烟灰落在了外面的窗台上。没风，那簇堆在小碎石子间的烟灰朽败而又寂静，就像在万米高空俯瞰某座史前废墟。烟在浮起、变向、流散。有些嘶嘶的细微响动从胸腔里冒上来。慢慢把烟吸到肺腑里，就不会有过于空虚的感觉了，烟占据了体内空间之后，那些不受约束的想法就会浮到外面，四处飘游。身体里的某些地方，永远也填不满。那只单峰骆驼站在黄昏的金色阳光里，天黑前，手指头隔着塑料薄膜触摸它的身体，有种很亲切的感觉。他没放过上面的每个文字，中文英文，慢慢地拼读，就像一个识字不多的家伙解读家里或者别人的信。

这时候，那个她出现了。街上杂乱的声音里，她走过旅馆楼下。她东张西望，好像在找什么。很多人都认识她，跟她打招呼，她懒得理，红色的塑料拖鞋随意地拍打着地面。她扬起头，看那些敞开的窗户。转眼间，她看到了他，冲他笑了笑道："看见我的小狗了么？"像某部电影里的场景，一个孤单游客，一位无家可归的少女，在异国他乡意外相识了。老套。他下意识地笑了，摇了摇头。他想我从没见过她。眼睛黑黑地晃动。他没多想什么。坐在旅馆门口的老板跟她很熟，招呼她，说好像有只小狗进来过，楼上有个客人有只小狗，没准在一块玩儿呢。楼里很安静，散发着潮湿的气息。有人重重地关上了门。有人在浴间里慢吞吞地洗澡。有人压低声音说话。脚步声从楼梯口传上来，塑料拖鞋随意地拍打着地面。他回过头去看，发现她站在门口。"找到了？"他问道。她似乎觉得有些可笑，"没啊。"她撇了撇嘴，习惯动作。以后他还会经常看到的。"这里可能只有耗子了。"他说。"你来这里是做什么呢？"她问。"我？顺道看个朋友。"他说。她打量着，空床、桌子、床上的手机、地图、报纸、水果刀、袖珍黑皮笔记本、钱夹、地摊上买的 1986 年的《外国文艺》、名片本，还有那支圆珠笔。她走到阳台上，探出头去，朝南面指了指，"我住那边。"他只看到一片玻璃的反光。她脸上没表情，随后露出某种神秘的状态，"你朋友住哪里呢？"他想了想，"观前街。""什么街？""道观的观，前面的前。"太阳越过那幢旧楼房升起来了，射来耀眼的金光。她从没听说过这个地方。"什么道观？"她笑道，"崂山道士啊，穿墙而入？"后来，他们伏身窗台上，看着外面的街道上人来人往。她又要去找那只小狗了。他一时也找不到什么话题。"真的，它很可爱。"她边往外走边说道。

〔二十一〕

Y：

我到了那地方。去过了那家旅馆，可是没找到他们。我查过住宿登记，没有他们的信息。老板没理由说谎。他很肯定地表示从没看到过这两个人。他们肯定在这个城市里。她的手机停机了。登录她的QQ也没有任何更新的内容。我跟我们头儿汇报了这个情况。他并不在意这个，只是说就在这里多待几天吧，但不要惊动当地警方，给你一周时间，到时要是仍然没有线索，你就回来吧。我不知道他这是什么意思。也没再跟他多说什么。因为我有点怀疑此行的真实性了。我知道你会分身术，可惜我不会，嘘，我怀疑我始终都在被监控中，我已经知道得太多了，他们希望我消失，以一种自然而然的方式，在一个陌生的地方。千万不要怀疑我的直觉，它一向准确。我相信我是能找他们的，这样他们的阴谋就不会得逞了，到时候，我会装作什么都不知道的样子，回去，站在他们面前，主要是站在头儿的面前，告诉他我完成了任务。有一种可能，就是她已经把他甩掉了。而那个自以为是的家伙会在这里跟我一样等着她，到处找她，我只要找到他就可以了。说不定没等我回去，她就已经到家了。我开始研究地图了，很有意思。我在旅馆里。

S.

［二十二］

　　海在远处，看上去不大，渤海湾的某个微不足道的局部。那些火柴散放在床上，刚好处在光线与室内暗影的交界处。此前，也就是从早晨住进旅馆直到十一点之前，他一直在阳台上看那些过往的女人。她们的步态、神情，不经意的小动作，说话声。她们走过来，走过去，消失。这里好看的女人差不多都是外地的。很久以前的那个下午，在某个瞬间里，他曾尾随一位年轻的北方女人，从旅馆里出来，经过那条通向海滨的马路，一直走到海滩上。她在一个大排档里坐下，默默地吃着烤鱿鱼，喝着冰啤酒，不时抬起头看着不远处的海面。粗糙的海岸线，海风吹过脏乱僵硬的沙石滩，灰绿的海水一阵阵漫过来，爬过裸露的脚面。一只青灰色的小螃蟹摇摇晃晃地爬过那个空贝壳，越爬越远。白天的海，是一种抽象的东西。就算海的气息能使很多过去的瞬间同时浮现，又能说明什么呢？风情万种的海，神秘莫测的海，单调的海，藏污纳垢的海，又老又丑的海，年轻纯洁的海，丰满有弹性的海，充满活力的海，放荡的海，乏味的海，她起伏动荡，在每一个细部都留下阵阵美妙的曲线。她会蜕成非人性化的东西。他有点饿了。从包里翻出在火车买的那盒方便面，倒入开水，扣上塑料盖。她从这里出去时，似乎有些失望。她跟胖子老板有一句没一句地说着话。她没找到那只小狗。他知道她不可能找到它。人都活在自己的想象里。她又一次经过暗淡的走廊，来到他面前时，很认真地告诉他，"我想起来了，那个观前街，就在城东门那边，那里有个空场，旁边是道观，里边有一个老道，会看相，看了就会写个纸条给你，让你自己琢磨。据说看得准。"他跟老板借了辆自行车，然后带着她去了观前街。想到这里，他就关上房门下楼了。

老板在后面开的那间酒吧里现在还没有人。所有的灯忽然间都亮了。老板站在他的身旁，"喝点什么？"随手把吧台上的酒水单子递了过来。"这酒吧叫什么？"他随口问道。"我不走了。"老板笑道。"什么？"他愣了一下。"是电影里的对白。外国片子，有一天，我的那个坏脾气服务员在大厅里放的，我经过时刚好听到了这句，是个女人对着电话说的。很久以前的事儿了。"他听到咖啡豆在咖啡机里突然蹦了起来,然后是电钻般的响声。他看着外面的街道。一个女人,一只小狗围着她打转,她走路时身体绷得很直。咖啡的香味。老板把咖啡放在桌面上,还有糖跟牛奶,随即看了看外面,"这女人很不错的,刚刚嫁给我一做木材生意的哥们儿,他很疼她"。他出了会儿神,把两张照片放在了老板面前。

[二十三]

下午五点钟。离上船还有三个小时。这段时间里没什么事可做。她去看她们打麻将了。他没有找到她,就找了张本地日报,上个月的,还有几份同事带来垫东西的旧报纸。他夹着它们走到外面。在海边也能听到麻将声,相比之下,海浪声倒是小很多,这两种声音交替出现。看不到船。灰暗的海。远处还有颜色略深些的海岬。码头在海湾的北边,在这里看不到。那天晚上,他们坐在那只破旧的渡船上,进入黑暗的海。船舱里有股腥臭的气味。坐在里面不多时,他就感觉皮肤有些涩涩的。九月中旬的海上很凉。她注视着左侧的那盏并不高的棚顶灯。他看着她。上船之前,他的嗓子里有股奇怪的味道,眼球是冷的,身体也是冷的,只有头是滚烫的。人在一个很局促却又一时无法离开的空间里,容易接受平时不大喜欢的东西。"我要找到你,喊出你的名字，打开幸福的盒子……"驾驶舱的收音机里，那个女声唱道。信号时强时弱，歌声时有时无，其间的杂音会让人误以为海上正下着大雨。他喜欢海上下大雨。后来，他们抽烟。他几乎忘了她会抽烟了。他不知道该跟她聊些什么。她侧过脸去，透过那个圆形密封的小窗子，看驾驶室里来回走动的那些腿。不知不觉间，她聊到了她儿子，"他内向，不像我这么情绪化"。她说话的时候，他看着她表情的变化，有那么一会儿几乎没听她在说什么。他看着她的手，它们苍白而又柔软地交叉在一起，像在彼此取暖。

一场大雨过后，天色浑浊而动荡，海风迅疾地经过地面，然后向天空中猛烈扬起一阵冷腥的气息。她拿了把雨伞站在那里，漫不经心地吃着一个苹果，凉鞋里的脚指头，是整个场景里仅有的微白亮色。天亮前她就站在阳台上。她的脸缓慢明亮起来，阴影退到了背后，退到屋子里。他一时想不起自己是什么时候睡着的。他给头儿打了个电话，这是此前的梦里的情节，头儿在电话里的声音低沉缓慢，充满了疑虑，他们都没有听懂彼此的话。我病了，他说。浑身无力，胸闷。头儿认为这些都不重要，关键是你在想什么，你在哪里，你在干什么，还有，你想要干什么？他说他会按期回去报到的。这不重要，头儿强调道。你什么时候回来，不是我关心的，我只想知道，你在想什么。

他什么都没想。这是事实。我想给你打电话，就打了，现在我在想你说的是什么意思。头儿停顿了片刻，那你好好休息吧，不要想了。深呼吸。随着呼吸，他逐渐平静下来。天空并没有再继续亮起来。他感觉她在那里站了很长时间了，穿着那件浅蓝的睡衣。你有什么安排么？她问道。那个海湾出口处的海面，是弧形的。

[二十四]

Y：

我们坐在海滨浴场附近的一家露天烧烤大排档里，喝着啤酒。烧烤的味道不错，尤其是烤鱿鱼，那种沉浸在孜然、辣椒还有其他调料里的经过炭火反复烧烤后的味道会让人着迷。吃完一串鱿鱼脖儿或鱿鱼爪，再喝下一大口冰啤酒，心里竟会有种莫名的感动。散落到炭火里的调料末激起阵阵火星，鱿鱼嘴，鱿鱼脖，鱿鱼爪，还有鱿鱼的身体。是她先说出自己的名字的。伊春，她说。伊朗的伊，春天的春。伊春也是个地方，你知道么？我听说过，但没去过。她也没去过。据说那里到处都是森林，在大兴安岭深处。她是从海滨那边走过来的。她看了看我，就在对面坐下了。我喜欢她的名字，谁想出来的？她说以前看过一个伊朗电影，特别感动，就用"伊"作自己的姓了，当时刚好又是春天。

但是她说她的名字是经常变的。她认真地想了想，"最短半个月，最多么，有一年的。时间短，就说明我光换地方了。"我说我也想换个名字，换个活法。"再重新找个工作，再找个女朋友？"伊春挑起眉毛看了看我。我说就我自己就够难侍候的了。伊春爱看电影，但很少看电影。那天她之所以进去看了那场伊朗电影，完全是因为看门的跟她熟，见她没事闲逛，就喊她进去，因为里面没人。他还给她买了些水果、瓜子，像对自己女儿似的，等她在黑暗里坐下，说你要是困了就睡一觉。他在门口，有事就叫他。伊春管他叫老爸。每隔半个来月，他就会去看伊春，带些吃的东西。他没孩子。伊春有时很烦他。"他现在找不到我了，"伊春笑了笑，"我现在叫伊春了，也不在固定的地方干活了，他找不到我。"她似笑非笑地看着他。"我是刚到时看到你的，"他说。"在车里，你在路边，后面是个广告牌，你背着这个小包，吃着一个大苹果。你很喜欢吃苹果？""还可以。""我以为你喜欢呢。""你出汗了。"她眼睛里忽然充满了笑意。他也觉得自己有点好笑，"伊春啊，你有空么？""我？有啊，当然有。我现在就剩下空了。我有的是空。"他笑了。她眯缝起眼睛，嘴不大，嘴唇薄薄的。他们顺着马路往上走。阳光透过云层，融化在地面上。空气黏稠。从这里看海，只能看到一角浅蓝。"咱们去哪儿？"伊春面无表情。他也不清楚。她挎着他的胳臂，把头挨着他的肩头。"我跟你回

去吧，"她说。"要不你先忙你的？"他说。"反正我也没有
什么事。"他的鼻尖渗出了细小的汗珠。伊春忍不住又笑了，
"我就跟定你了，现在你陪我走走。"他不能拒绝。整个下午，
他就陪着她走过那些光彩纷呈的珠宝金饰柜台，站满了白
净漂亮姑娘的化妆品专柜，让人随时都想躺下坐下的家具
广场，各种品牌服装区，最后还有婚纱摄影店。后来，他
们坐公交车回到海边，继续喝冰啤酒、吃烧烤。他们没再
说什么。时间过得很慢。后来，伊春有些不耐烦了，"你不
是说要带我过海去吃螃蟹么？"他愣住了。"晚上七点有船，"
她得意地抛了个媚眼。据她所知，那里最好吃的并不是螃蟹，
而是一种比较稀有的贝类。你看，这就是我遇到伊春的事。

S.

[二十五]

　　她是深灰色的。那天她走过来时，心不在焉地看着什
么，像个刚开始独自捕食的小狐狸，没有明确的方向，有
些犹豫，绕着圈子。伊春说，"我可能会喜欢烂苹果，堆在
地上的，墙角的那种，奇怪么？我是觉得那样看上去会很
刺激……不过我倒是可以模仿一下你所说的那种女人的样
子，你想看么？不麻烦，很容易的事。"几只灰白色的海鸟

从灰蓝的海平线上浮现。天空则是淡蓝模糊的。夏季海滨特有的炽烈阳光使他们不得不眯起眼睛。他留下的那些照片里都没有她，而他记忆里却有。"再过几年，你看这照片，就完全不一样了……"那时她很不经意地对他说。他们挨着，面对着镜头。她双手插在牛仔裤的侧兜里，戴着墨镜，下颌略微侧向他这边。她的身材几乎跟他一样高。那时候她总是喜欢眯起眼睛注视一切。她的眼光穿过他，或者越过我，看别的什么人或者东西。

[二十六]

后来他们确实去了岛上。在船上时，她跟几个渔民喝白酒，她喝一杯，他们就喝两杯。后来他们笑着说，你太可怕了。那是艘用旧游艇改装的运海鲜的货船。她平静地注视着他，希望他的表情最好不要那么紧绷绷的。她与众不同的地方还很多，比如说，她喜欢冷水浴。我还知道什么呢？她认为他们都是穷人，拿着工资苟延残喘，最后注定什么都留不下。他们是面对面坐着的。后来他坐到了她的身边。他发现烟没了。她从包里摸出一盒555递给他。"这种烟让我着迷了好多年了，"他说。"特别是到了嗓子眼的时候，那烟会稳稳当当地发出它的力度……"后来，她看着自己的手，"我的手，是不是挺漂亮？"船主站在门左

235

侧的舷窗附近，几次往里面看，似乎想知道他们在做什么。船头碰到码头上那道用橡胶轮胎组成的岸之前，船主再次把头伸到了通向驾驶室的小窗口上，注视了他们一会儿。"马上到岸了。"他冲他们笑了笑。他们上岸后，他也上了岸。这时候那场急雨已经住了。她看上去并不是第一次到这岛上来。她知道该上哪里住。到那家旅店后，她去冲凉，然后还要打个电话，让他随意休息，但最好不要睡，等她回来再好好聊一会儿。她为他打开了电视。他问她船主住的地方离这里远么？她说不远，只有几分钟的路。她关上门，穿过院子，跟什么人打了声招呼。电视里正在播放的片子是中英文字幕，说的却是法语，快要结束了：那个退休的老法官拄着手杖回到屋子里，打开了电视，里面正在播报新闻，一艘客轮在英吉利海峡遇到风暴，轮船沉没了，只有七个人被救，雨还在下着，大批的记者把镜头对准了获救者，电视里开始介绍他们的名字，他们惶恐不安，表情一次次定格在画面上，最后，他注意到，那个退休的老法官流露出欣慰的表情。她回来时已是半夜了。电视里正在播报午夜新闻。她笑了笑，坐在他床边的椅子上。"遇见了个熟人，聊了一会儿。他们在岛的另一侧。""你怎么不去见见他们呢？""太晚了，明早赶海市，说不定能碰上……"他告诉她，刚才看了个电影，一艘客轮沉没了，只有没几个幸存者被救了上来，其中有两个人是在船上才认识的，一个男的和一个女的，男的是法官，女的是时装模特，她叫瓦伦蒂娜。那个老法官，他最后还是孤孤单单一个人留在了家里。""你是说结局么？""是啊，我说不太清楚。""电影的名字呢？""不知道。那个瓦伦蒂娜的眼睛，有点像你。"她想了想，默默看着他的眼睛，然后摇了摇头，"不会的，我太老了。"

[二十七]

Y：

我们坐在那个码头附近的大排档里等船来。伊春说船会来的，不用急，它离这里不远了。她是对的。我初次去她那里时，就要她陪我去找那个观前街。我跟旅馆老板借了辆自行车，然后带着伊春，顺着马路一直往东，她说就在最东面的那条老巷子的后边。路边的那些大树上，有很多乌鸦的巢，天黑前，它们就都纷纷落到树上，黑乎乎的满树都是，还有些落在了对面楼房的檐上。天闷热。她像是随时都会睡着。街上人影稀少。我们骑了将近一个钟头。最后发现，那里的房子都拆了，只有一大片空地，堆满了残砖碎石。一根电线杆上，歪斜地挂着个牌子，蓝底白字，观前街。"她以前就住在这里。"我指了指那片空场对伊春说。"在道观南边的一座日式小楼里，她住在三楼尽里面的一个小套房中。我从没有去过那里。从来没去过。我梦到过。"暮色里,四周的那些杨树是黑的,一堆砖石里探出一根断头的自来水铁管,喷涌着白花花的水流。几只母鸡在附近晃来晃去。那个道观就在不远处。我们见到了那个老道,穿了身普通人的衣服,梳着牛心发髻,灰白头发,是个瞎子,有个中年女人在照顾他的生活。"先生是我。"伊春说。道士嗯了一声。那个女人又从后面出来了,手里端了碗米饭,还有一碟清炒苦瓜。道士闻了闻,然后就安静地吃起来。那个女人看着他吃,偶尔看看我们。我说我们走吧。伊春有些不知所措地拉着我的胳臂,到了外面。"她是谁呢?"她自言自语,"以前从没见过。"我说这些你不会烦吧?后来我并没有把伊春带回旅馆。她说她累了,要回去睡觉。我就送她回去了。那是本地最大的浴场。

S.

[二十八]

收到你的信了。

哦,什么时候?

今天早上,六点多。

很多。

是啊,很多。你精力充沛。

我只是没事可做。

这么多故事，还没事？

我找不到他们。

那又怎样？

只能待够一个星期再说了。

我看你活得挺自在的。

我只是随遇而安。

那个女孩，她说不想借用我的 QQ 了。

哦。

她想见你。

见我？

嗯，她说你有可能帮到她。

什么意思？

我也不清楚。

她又不知道我在哪里。

谁知道呢？

[二十九]

他们到岛上的时候，天还没完全黑。那家旅馆已经翻盖过了，从小院子里的几间房变成了三层小楼，像个影子似的立在那里。她摘下墨镜，在那间屋子里转了转，看了看那个卫生间，然后又回过头来看看他，忽然笑了，"挺好。"
是啊，那张床很宽大，足够四个人并排睡了。刚才在一楼
的服务台登记的时候，那个老板娘边照着他的身份证填写
旅客住宿资料，边打量着她，最后又仔细看了看他，"一个
房间？"他点点头。晚饭后，他去冲了凉。他到下面询问
老板娘，现在还有早上的海市么？结果是令人失望的。她
说没有了，现在是休渔期。他有些失望。她补充说，有养
殖的海物卖的，都在东面的那几个村子里，可以在老百姓
家吃住，价钱一般都不贵。他在楼下的椅子上坐了一会儿，
抽了支烟，有些无聊。星星挂满了天空。夜空几乎是透明的，
看到那些星星的时候，会觉得它们不是静止的，而是正向
这个岛上慢慢落下。她站在阳台上，穿着白睡衣，灯光从
背后照射出来，使她的前面成了阴影。他歪着头看她，看
不清楚，知道她也看不清楚他。但他们还是这样看了一会儿。
直到她说，上来吧。走廊里的每个转弯处都有紫外线杀虫
灯，每隔几秒钟就会一声清脆的轻微爆响声，一只蚊子或
飞虫被电死了。院子里的水井边，悬挂在木杆上的那盏灯
的白光从纱窗透射进来，在地上画出一个梯形的亮块。他
侧身躺着，看着那个亮块。她低声说两点多了，然后就点
了支烟，问他要不要。他不想，嗓子有些肿。"你跟你女朋
友在一起多久了？"她很随意地问道。我没有女朋友，他
说。"以前呢？"没有。"怎么会呢？"不知道。"不相信女

人了？"说不清楚，有点神秘。她笑了，"不神秘，没人真的会喜欢神秘。内容太多了不好。"很多男人都喜欢你，他说。"那不是喜欢。我呢，知道这个，不想把他们拒之门外，那就没意思了，知道么，让他们想着吧。"嗯。"我见的那个男的，是前男朋友，他说他还想着我呢，我呢，也不烦他。可我们不能奢望太多……过来吧，挨着我。"有黑暗中，她好像很快就睡着了。他听她的呼吸，很平缓。后来她低声说，把手给我。犹豫了一下，他还是把手放在了她手上。忽然地，她低声笑道，我想点什么。他闭着眼睛笑了笑，没出声。她在背包里翻着，又去洗手间洗东西。她回来了，重新躺下。他闻到了梨的香味儿。

[三十]

他在旅馆后面的咖啡馆里坐了将近一个下午。胖子老板坐在吧台里面打电话，粗壮的胳臂伸到了台子外面，手里捏了支烟。放下电话，胖子转过头来看他，表情非常奇怪。出什么事了？胖子点点头，表情凝重，"是。中午的事，那个电影院看门的，把一姑娘带到树林子里，把她勒死了。然后自首了，说他就是想死。"刑警队院子外面挤满了群众。法医验过了，除了颈部，没有其他伤害。他在外面站了一个来小时，见没什么结果，就独自回到了旅馆里。过了一会儿，老板也回来了……他忽然醒了，发现自己还坐在咖啡厅里。老板笑了笑问，做梦了吧？他说是啊。梦见有人死了。老板若有所思地看着他。他在想着伊春，平淡得不能再平淡了。昨天晚上，伊春失眠了。老板后来问他，你们那里离这里究竟有多远？他说坐汽车走高速大约要五个多小时吧。老板低头琢磨了一会儿，接着又问，"那你是做什么的？"他没言语。老板眯着眼睛，看手里的那支烟，吹了吹烟灰。"我们这里地方不大，要是有外地人，不可能不知道的。"他一时不知该说些什么。船一直没有来。天黑以后，他们开始喝啤酒。她的脸红了起来。后来，她抬起头，醉眼蒙胧地看着他，"天黑了，我们去哪呢？"她就站了起来，背起那个包，"我想骂你，刚才。"为什么？"不知道。看你的样子，又觉得挺可怜的。"他看着她，"我看起来很可怜么？"她点了点头，"是。"

[三十一]

"我到了，你的地址是错的。这里也没人知道你。说明你的名字也是假的。"他在邮件里简单地写道。也在 QQ 里留了同样的话。

等了一天，她终于在 QQ 里回复了，"你不是出差了么？怎么会来找我？"

"我不是跟你说过么，我是欲望之犬。当时你还说，一击中的。"

"真可惜。你现在能确定我是谁了么？"

"不能。"

"那你又怎么能知道我在哪里呢？"

"地图上标出来的地方。"

"地图？你确信那不是另一个人寄给你的？"

"不能。"

"可能我们都见过了呢？只是你认不出来而已。"

"我无所谓的，随便你是哪一个。"

"我没找到那个离家出走的小姑娘。"

"你真的是为这个而来的么？"

"什么线索都没有。后来，头儿才告诉我，这事已经结束了。小姑娘又自己回家了。至于那个拐走她的家伙，也不用找了。他说到此为止了，不要再节外生枝。你看，这个世界上的事儿就是这么有意思。"

"你很会讲故事。"

"他这是在驯化我么？他还让我借此机会随便转转，散散心，调整状态。这算是一出什么戏呢？"

"我真的累了。"

"然后我就来找你了。坐大巴两个多小时就到了。我就住在离你很近的那个旅馆里，三天了。我给你发了那么多的邮件，你都没回。你的邮箱和 QQ 号都给了那个老想着自杀的女孩了？"

"你觉得，我该怎么回复你才好呢？我不是一直在配合你的想象么？那个观前街，是我梦到的地方，我跟你说过的，对吧？"

"是啊，我找了很久。那些出租司机一定以为我是精神病院里出来的。有几个说从没听过这个街道，有几个则说，好像是有的，就载着我满城的转悠。"

"我只能说，你可能真的是疯了。"

"对于我来说，这至少是有新鲜感的事儿。是某种变化。这些天里，我精疲力尽，发低烧。我躺在床上，醒来的时候，就会想到你，觉得你在怜悯地看着我。"

"你想要什么呢？"

"不知道。"

"知不知道，不重要了。你在那里，我在这里。我可以是任何人。你也可以。"

[三十二]

那天他在床上躺了一白天。晚上六点多，有人敲门。他爬起来，去开门。外面站着伊春。他愣住了。"是我，"她说。"你？"他甚至以为自己还在梦里，就伸手摸了摸自己汗津津的脸，"你还认识我么？""你说呢？"她歪着头反问。"要不要我来讲讲跟你有关的事呢？""好吧，那就讲讲吧。"他转身回到了床上，躺下了，仰面朝天的，闭上了眼睛。他听到她也进来了，好像是坐在了床边。"比如说吧，我知道你的办公室是什么样的，用的是什么电脑，之前你在局里的档案室还待过一段时间，那里有很多窗户，很多玻璃，对吧？"他睁开了眼睛，看着天花板上的那盏冷白的圆形吸顶灯。"还有啊，更私密些的事，有一天，你梦到自己帮过一个女人，走私汽车，然后你什么好处都没要，还被人到处追杀。你们去那个海岛的时候，你还以为她是喜欢上了你。实际上，她跟哪个男人睡，完全看她的需要。你还不承认你喜欢上了她。说你只不过好奇而已，只不过是她有某种神秘的气息而已，你总是喜欢把自己撇清。可你后来不是也承认自己对她是有强烈的欲望的么？你还很矛盾，对于这种肉欲感到惭愧，可你还是有很强烈的欲望的，对吧？"他坐了起来，目不转睛地注视着她的眼睛，"你……""你觉得我是谁呢？"她似笑非笑。他下了床，在窗边站了一会儿。然后他又回到了她的面前。她坐在床边，仰头看着他的眼睛，非常的淡定，"是我么？"他一把将她拥入了怀中。他在颤抖，额头滚烫。她轻轻拍了拍他的后背，然后把他推开，自己坐在了床边。过了一会儿，他似乎好了些，也坐下了。"为什么你会相信我呢？"她问。"你把我当成了你那个远方的姑娘了？万一我是那个想自杀的呢？不是很麻烦？"他从枕头下面掏出了那把手枪，递给了她，"那就成全你好了。不要指着我。"她忽然大笑了起来。他觉得自己困极了，必须立即睡下了。她要去洗个澡。他说好，没等她出来，就睡着了。现在，他想，还来得及。后来他感觉到，她躺在了他的背后，可是他无论如何都睁不开眼睛了。不知道过了多久，他隐约闻到了烟味，好像还有大麻的味道。他觉得她好像整晚都在说着什么，但又好像只是安静地躺在他后面。

[三十三]

天色蒙蒙亮时，他还在一个梦境里。后来，不知道过了多久，他半梦半醒的，隐约感觉得到，她坐了起来。他听到了什么奇怪而又熟悉的响动，随后又恢复了寂静。过了一会儿，他好像听到了扣动扳机的声音。轰的一声巨响。太近了。他闻到了一缕焦灼的气息。他感觉她又重新躺下了。后来，他觉得自己终于能把眼睛睁开一道缝了，就习惯性地看了看手机屏幕，有个短信，不是伊春的，而是她的，只有三个字："我睡了。"

以前她只是一个安静的小孩，发怒的时候，她才
看见她也可以是一个拥有破坏力的对手。

双摆

撰文　蒯乐昊

春花

地震过后好久，周春花都有点儿麻爪爪的，可能脑壳震瓜喽，一说话就着急心跳。她儿子在北京，打电话来家打不通，急得团团转，后来终于通了，刚喊了一声妈，周春花的眼泪就挂到起。

地震来的时候周春花正在下楼去打麻将的路上，突然楼梯晃起来，她以为自己眩晕犯了，扶住楼梯把手，把手也在打抽抽，觉得不对头，天花板上的石膏吧嗒吧嗒往下掉。周春花喊一声我的妈，抱牢脑壳就往外头跑，前脚刚跑出居民楼，后脚楼子就塌了，灰尘呛起老高。周春花人往前一扑，啥子都不晓得了。她晕了大概只有几分钟，醒过来发现自己没有死，浑身软趴趴的，一只鞋子没得了，嘴里吃了一嘴巴灰，她拿袖子撸了把脸，闻到一股腥气。

过了好久，她想爬起来，觉得浑身哪儿哪儿都痛，又动了下，手脚还在，手上不少血，已经被灰糊干了，看不出来伤口究竟在哪儿。

家已经没得了，她身后的五层楼像被人从中间横着一刀切开，前面半边塌在地上，堆起半层楼高，后面五层房间开膛破肚，全部亮相出来。五个客厅，从上到下，第三个是周春花家的，五十五寸的大电视，去年才买的，挂在那个墙上，叫人好不心疼。紧跟到她看见四楼彭阿姨家的电视，居然比她家的还要大，还做了电视墙，紫色大花的，好洋气，还不是一样算球了？周春花心里又平衡了点。她上上下下把小楼看了个遍，五个客厅，每家的布置都很像，同样位置都是一个电视，电视上头挂个钟，有的钟还在走，有的已经停了，电视柜颜色不太一样，样式倒都差不多，后面这半边楼的东西没有毁，就是不晓得还拿得回来不。楼梯都震没了，上也上不去，只能眼巴巴地看着五个客厅从上到下一排敞在那里，就像有人把他们过的日子切开来做成了一根冷锅串串。她在这个楼里住了二十几年，邻居串门还没串全，今天地震才把所有人家里的装修家底都看到了。

地震的时候光顾到逃命，没觉得身边有好多人，现在不知道从哪里全冒出来了，有哭喊的，头上淌着血，不顾旁人的拉扯往屋里冲，要去救家人，110和120都失效了，有人找了锹，在废墟上刨着。

周春花找到一根窗梁木条当工具，按方位来看，卧室房间都震塌了，床头柜里的榆木盒子不见得还能刨得出，里头有存折，有房产证，还有好几条金链子和一个金镯头。市里有好几家金店，因为香港有个周生生，这里的金店，有的叫周大生，有的叫周先生，有的叫周永生。周春花这个金镯头值钱，是正宗周生生。想好了以后雨晨娶女朋友，要做见面礼的。有一条白金链子也是老谢几年前去香港买的，平时舍不得戴，上头有一粒钻石，虽然不大，但毕竟是钻石哟。

老谢！她突然想起来。老谢！

老谢

电话打不通，但老谢还活着，谢天谢地。老谢在的市政公用局几年前盖了新大楼，财务科、工程项目科、企管审计科、稽查科、燃气管理科这些肥嘟嘟的职能部门都搬去了新大楼，老谢所在的行政科和另外几个清水科室还留在灰蒙蒙的老大楼里。老大楼是80年代初改的，方方正正像个盒子，竟然还挺结实，除了台阶砖头塌了几方，外墙玻璃碎了几块之外，其余没大碍。旁边盖了没多久的新楼倒裂了好多大缝，垮掉一角，同事们哇哇地叫着四散逃窜，有几个情急之下跳了窗子，财务科的小李就跳断了腿杆。

老谢今年四十八，做到行政科科长，发现事业稳定地无望之后，他开始掉头发。先是额头前面落叶飘零，继而脑勺后方也开始潮水退去。办法想尽，不晓得抹了多少瓶生发药水，去发廊里做了多少次生姜头疗，还是不管用。

他想去刮个光脑壳，就跟《还珠格格》里头的皇阿玛一样，眼珠子一瞪。老谢眼睛很大，圆溜溜的，配光脑壳巴巴适适。可是机关里面不兴光头，看起来像流氓打手社会人士。老谢只好留牢他的地中海，窄窄一圈头发，清时满洲人发辫绕颈那样，绕在脑壳上，一道黑色天使光环。

两天后，无家可归的群众都被安置到了绵阳体育馆，周春花没去，她住到了老谢的办公室，办公室有张单人行军床，老谢平时放下来睡午觉的，她睡行军床，老谢打地铺。机关同意住房受灾的员工家属住进办公楼，除了出于人道主义精神，还因为这几天市政公用局忙惨了，通讯抢修，供水，煤气泄漏检修，道路桥梁塌方，应急公用设施恢复，全部都是市政公用局的事情，局长嘴巴上燎起三个大泡。员工家里也都受灾，熬夜加班心不定，还不如家属住过来，互相有照应。老办公楼看来牢固度可以，这是经过地震实践检验了的。

周春花天天晚上睡不好，老是做噩梦，这几天余震不断，他们用了啤酒瓶子倒过来放在地上，作为警报器，一有风吹草动，她马上跳起来，一副被人揪住了脖子的模样。

她还是没找到她的盒子。钱在银行，存折丢了，可以拿去身份证去补办；身份证丢了，可以到公安局去补办；房子没了，房产证也没了，上哪说理去？他们的房子是单位分的旧公房，房改之后折价卖给员工的，当时便宜得很。现在老天爷把房没收了，政府莫非还会补发房子？要是不补发，现在这个房价，哪个还买得起？她心里头焦煎煎的，没有个底。那天她魔怔了，在废墟上刨啊刨，一心想刨出那个盒子，结果刨到一条膀子，粉红的睡衣上面印着咧嘴的米老鼠，她吓得扔了锄头尖叫起来。

"二楼顾老汉的女娃儿，刚生了小孩回娘家休产假，晚上喂奶睡不好觉，白天打瞌睡，就没走脱。"

周春花惊魂未定，说话老觉得口干。小娃娃午觉醒来哭得凶，顾家老两口心疼姑娘，想给她多睡睡，就把小娃娃抱出去耍，给街坊邻居看看，在街心花园摆龙门阵，倒把小娃娃保住了。

春花抬手抹了下眼窝子，她看到的那条胳膊，就是顾家姑娘的。

老谢累得话都说不动，楼下的顾家姑娘，比雨晨大两岁，小时候两个娃娃在一起玩，手拉手去上学。雨晨那个时候不懂事，大人起哄寻开心，骗他给顾爸爸作揖，雨晨就胖胖地唱一个肥诺，"老丈人好"。老谢拍拍周春花的背，周春花还在擦眼抹泪：以前老讲儿子不听话，现在倒亏得雨晨跑到北京，不在跟前。要是雨晨有个三长两短，我们两个还活不活？

雨晨

老谢年轻的时候是个帅哥，这话不是吹牛，现有证明，他家娃儿就是证明。谢雨晨小时候，浓眉毛，抠眼珠，高鼻梁，乖得心疼。这是他的通行证，骗过了多少人。

地震之后两个月，奥运会将开未开，首都的大街小巷，已经是一派北京欢迎你的气象。谢雨晨正在北京三里屯的脏街喝酒，突然接到他妈妈的电话。"喂？这里听不清，你等一哈。"小虎从旁边凳子上站起来要给他让路，他已经不耐烦，一撑手从桌子上翻了出去，叼着香烟站在脏街中央。两个精心打扮的姑娘从他身边走过，瞄他一眼，他往旁边避了避。

"雨晨，你现在忙不忙？家里有点事要跟你商量。"

"妈你快点个儿说，我还在外头。"

周春花支支吾吾的，事情来得突然，叫她从何说起？老谢这几天回来说，要领养个女娃儿，地震孤儿，单位鼓励认养，出钱出力都行，大多数同事都选每月寄钱，一对一助养，老谢可能是救灾的时候，惨人看多了，不知道怎么竟动了菩萨心肠，坚持要领养一个父母双亡的地震遗孤到屋里头。"是个女娃儿，两岁多，已经学讲话，会喊妈妈、爸爸。"

"你脑壳坏了嗦？认个非亲非故的女娃儿家来养？我们家现在住临时棚户，我才是灾民！我个人还需要资助好不好？"周春花刚听见的时候吓了一跳，赶忙跳起来反驳，胸脯捶得咚咚作响。但是老谢很坚决，"养个女娃儿嘛，又花不了好多钱，这些地震孤儿，以后上学学费国家肯定有政策的。不过是多双筷子吃饭，我们家又不是养不起，你比比四邻，我们受的损失还是小。"

"多双筷子吃饭，讲得轻飘飘的，这是养女儿，不是养只猫！凭啥子要我管？国家为啥子不管？"

"受灾面太大了，一下子多出来这么多孤儿，马上建福利院都不够用，你让国家怎么管？我们家情况还可以，可以替国家分担难处嘛，都是我们四川的娃娃，我们四川人再不管，哪个管？"

"管起你就捐点儿钱，非要领养到家里头干啥子？你们单位那么多人，人家也没像你这么巴心巴肝的。"

"话不是这么说，我们局长就带头了的，我们科室的老孙也表态说回家跟老婆商量商量，你想，要是老孙都领养了，我这个科长，表现还不如他？财务科那个跳断腿的小李，当场就要领养，不过他没成家，还是单身汉，不符合领养条件，还不给他养呢，他就一下子认捐了三个。"

"小李搞财务的，自己股票炒得多好的，他莫说养三个，养十个都没得问题。"

"你没看到那个场面，感人得很，这些娃娃里头，我相中的这一个长得最心疼，年纪也合适，刚刚会讲话，又不记事。不像那些半大小孩，养不熟。这个养好了，还不就跟你亲生的一样？雨晨在北京，他那个脾气，将来晓得回不回来？等我们老了，跟前有个闺女伺候，多好的嘛，你看看。"老谢掏出手机，眯着眼睛从相册里调出一张照片，像是从档案资料板上翻拍下来的，一个粉头粉脑的小女娃，长得确实好，小嘴嘟嘟的，像个人参娃娃。

长期在行政科，老谢很擅长做思想动员工作，知道适当时候，宜以柔克刚，"以前你不是一直想给雨晨生个妹妹的嘛，一子一女，凑一个好字，我们两个，就是儿女双全的人了。说起来，要不是因为我在机关，不敢违反政策，后头那个娃娃，本来也不用去刮掉的。"

春花噗嗤一笑，"那哪个一样？那时候我多年轻的，现在这把年纪，儿子都要养娃娃了，我还养娃娃？累死个人！"周春花突然想起来锅上还煮着洋芋，连忙跑去关火，出来擦擦手，老谢已经把手机收起来了，正在盛汤，一碗袅着热气的白萝卜汤摆在她的位置。

"我说老谢，你少给我灌迷汤，我说不得行，就是不得行！"

"你看看你这个同志，觉悟太低，好，先不说你。吃饭。"

老谢对周春花很有把握。一个晚上，他没再提一句认养孩子的事情，吃了晚饭就洗碗，洗了碗就专心致志看杂志，一本杂志，翻过来掉过去，看得津津有味。倒是周春花按捺不住了，借口出去买酱油洗衣粉，溜出来给雨晨打电话。

"你说，你老汉儿是不是鬼迷心窍了哦？"她问儿子。

"他不是多小气的？抽他两条香烟都心疼，突然这么大方了？"

"你不要这样说你爸爸，"周春花不乐意了，"你不晓得，地震确实是太恼火了，我们两个的命都是捡回来的，你不在家，都是祖宗积德。我到现在都不敢看电视，看到我就要掉眼泪……"

"所以爸爸变了个人？他这么舍得，是要积德嗦？"雨晨还是呛呛的，像吃了一嘴辣子，"那你跟他说，让他拿钱，送我去法国住几年，我想去学时装设计。"

"好笑人，还时装设计！你一个大小伙子，莫非要去当裁缝？连个英语都说不圆，到了法国，你跟人家四川话摆龙门阵？"

雨晨有点不耐烦，他从四川出来北京混，就是想躲开妈老汉儿，他可不想过他们那种琐琐碎碎的日子。小虎去法国的时间已经定了，过几个月就要走，他要是不跟他去，法国多浪漫的，那还不是放虎归山？不说别人，帮小虎办手续的法国经纪人，看上去就骚兮兮的，多大年纪了，还穿个皮裤，每次看见小虎，行起贴面礼，贴得比胶水还黏。小虎说，你不放心？那你跟我一起去。

雨晨不敢，他心里没底。小虎跟法国老头谈笑风生，他在旁边像个赔笑的哑巴，每次参加完这种聚会，回家还要跟小虎找茬吵一架。小虎搞音乐的，出去了好混，他咋个办？要学历没学历，要钱没钱。老谢肯定不会痛快掏钱出来的。雨晨眼里头这个老爹无趣得很，在单位点头哈腰，回家拿腔拿调，公文写多了，平时开口都不太像人话，现在这么高尚，不晓得是情怀附体还是被单位洗脑了。

小虎跟他讲过，到了法国，不单他们两个可以结婚，还可以领养孩子，找人代孕也可以，外国人真是想得开。现在他们还没领养小孩，他爸爸都要领养小孩了，真是活见鬼。

周春花在电话里絮絮叨叨，她这人凶巴巴的，其实没什么主意，儿子就是她的主意。"我不能松口同意，你说是不是？我天天巴到你赶快结婚，生个娃儿，交给我来带，哪个还有力气拉扯别个的娃儿？雨晨，我们家你最大，你说句话！只要你坚决反对，你老汉儿肯定只好死心了噻。"

春花

抽水马桶呼啦一声，春花提起裤子，猛吸一口气，才把裤子前面的扣子扣上。不晓得哪个造孽的人发明了低腰裤，站到的时候，把小肚子推在上头，一蹲下来，又把半拉屁股露在外头，但是一溜烟的时髦小店，卖的全是这种倒霉裤子。例假还没有来，也许从此就再也不来。她把裤子又往上拽了拽，确定裤脚管没有被踩在脚底下，才走到洗手台前头洗手。

春花家没装全身镜，导致她对自己的评价体系始终不够全面。她的脸长得讨巧，下巴尖溜溜的，皮肤保养得也好，但是身材就有点往横里头走。有时候跟老谢走在一起，从后面看，比老谢还宽出去一拃。但是她后头又没得长眼睛，所以她对自己还是满意。

最近这半年，春花觉得自己明显下坡。她看看镜子里头，脸干得像绷了一层黄表纸，配上两个红颧骨，戏台上的老旦才这副样子。要怪也怪上个星期头发没有烫好，小区门口理发店那个女的，做头发的时候老是埋个头，眼睛飘啊飘的，跟她讲话也不好生听到，把头发烫得这么毛扎扎的，像顶了一只芦花鸡。

她旋开一个瓶子，往脸上抹化妆水，人家送老谢的，贵得很，上头一个中文字没有。她把瓶子举起来对着光线看了看，也真这个小丫头，最近肯定在偷偷用她的化妆品，已经被她发现了好几回了。

"你看看这个女娃儿，人不大，心眼不小，一声不吭的，刚才她出去，你看到她两片红嘴巴抹得？还有那个眉毛，涂得淡以为我就看不出来？"几天前她跟老谢抱怨。

老谢笑得满不在乎，"大姑娘了，要漂亮也是应该的，你老是不打扮她！我们家真真成绩那么好，怕啥子？"他几乎是有点得意了。

"你懂个啥！她才六年级，只要一动了骚心思，分分钟成绩掉给你看，哼，我见得多了，女娃小学拔尖，到了中学就考不过男娃。现在小孩一个个营养太好，小学就来月经，青春期都提前了，还没上中学就开始要朋友，不盯紧点，你当了外公还不知道！"

"你不要瞎说！"老谢生气了，还拍了下桌子。

这几年，老谢脾气越来越大，在外头被人捧习惯了，回家了还端个架子摆个谱，春花在心里头撇嘴，怪不得人家说，男人有权就是胆。

对老谢，春花是服气的，不管咋说，老谢是审时度势的英雄好汉。当年给地震婴儿喂奶的"最美女民警"，马上火线破格提拔为副政委，这就叫觉悟。收养孩子的事情，事后证明，还是有眼光，一步棋走对了，老谢觉悟高，觉悟高了，位置才能高。但有一点不好，老谢被提拔之后，晚上回家越来越晚，回来寡着一张脸，问多了，就说：累。春花心里头有点慌，总觉得男人心思不在家里头。头上那个鸡窝，梳下去又翘起来，她气得把梳子一摔，不行，她得找那个女人去。

林红

林红早上起来，第一件事情是打开电热水器开关，然后扫地。水热了，脖子里围一条毛巾，就拧开水龙头，弯腰洗头。以前在发廊当小妹，老板啬皮得要死，唯独在早上供应热水让员工洗头这种事情上很舍得，还鼓励他们经常染发烫发换造型。所有发型师和助理，每天发廊开张之前，先到店把自己的头发洗干净，吹得劲劲头头的，这不光是员工福利，是硬性规定，老板要检查的，发现不合格，当月奖金要扣钱。一个发廊里头的人，自己发型都不时髦，还有啥子说服力？

盘下小区门口这个连家店，自己当了发廊老板之后，没人检查了，但林红老习惯不改。洗完头，吹头发，然后坐在镜子跟前，早上一般没得啥子客人来，可以安安逸逸地化个妆。她天生眉毛淡，晚上洗个脸，眉毛就没了，早上起来要重新画回去。她嫌文眉不自然，像蜡笔小新，每天她的两条眉毛都是削尖了眉笔，绣花一样，一根毛一根毛画出来的。

这个小区，中老年人多，年轻人少，平时大多是洗剪吹，染染头发，焗个油，烫发的少，说服客人充卡就更加难，还有些中年妇女，喜欢把头发高高地吹成一团云鬓，喷大量的发胶，直到发型变成一个硬壳，睡觉都睡不塌，顶着这个乌龟壳，可以好几天不梳不洗。林红最最讨厌这种发型，过时过到解放前，也只好闭着眼睛给客人做。发廊是个伺候人的营生，钱不好赚。唯一房租便宜，她不是本地户口，按理不能租这个政府灾后安置的廉租房，是开了后门，才寻到这个连家门面，安顿下来。

林红年纪不大，开店是次要的，主要工作还是想寻个好男人。她生过一个女孩，孩子的爸爸还算负责任，想办法把小孩接过去养了。她如果另外嫁人，也没啥子拖累。

左边眉毛才画了一半，周春花气呼呼地过来了，"我说，你给我烫的啥子头，你看看你看看！"

林红赶紧放下眉笔站起来，"周姐，咋个了嘛？"

"跟你说了又说，顶上烫薄一点，卷子不要上太多，你看看，蓬得像个狗熊，你叫我咋见人嘛。"

"你先坐一哈，我看看嘛。"林红拿出梳子，在周春花的头发上压了压，"给你用的是最大号的卷子，很自然的，新烫的头，卷度会明显一点，过几天就好了，你把头发打湿，上一点发蜡，就服帖了。"

"我不要，我不喜欢搞得头发油里呱叽的，你给我重做！做不好就退钱。"

"好嘛好嘛。"林红有点心虚，连忙安抚，她拿了直板烫的夹子过来，"其实效果很好，时髦得很，你主要还是没有看惯。你看这个样子行不行，我把你上头这一部分的头发拉直一点，刘海和下面发梢部分不改，这样看起来比较自然。"

"我是在你这里烫坏的，你要负责。"周春花看见林红脖子里头挂了一个白金链子，上头一粒钻石，细小的光芒像冰针一样刺过眼睛。

"你放心周姐，都是一个小区的街坊邻居，你在我这里烫头，一个月里头，任何不满意我都免费帮你调整。"林红熟练地把周春花头顶的头发分缕，甩到一边，夹了起来，一边做，一边赞叹："周姐，你这个头发，真是又浓又密，发量是普通人的好几倍。"林红想，都是一家子，老谢倒偏是个秃头，头发全叫这个女的长了去。

周春花有点高兴，"就是哳，你没看见我年轻时候那两条大辫子，一个辫子比人家两条还粗些，头发厚，烫了还要显多，哎呦，你轻点儿！"

"对不起对不起，头发打结，周姐，你头发就是太硬了，头发多了，头皮营养就跟不上，头发太干，也容易蓬。我建议你，再做个滋润护理，或者做一下生姜头疗，一个疗程做下来，保证你又顺又滑，摸起来跟真丝一样。"

"你不要趁机推销，一个星期里头，又是烫弯，又是拉直，头发伤得狠，也要给它喘口气，你要是一次性做到位了，我也不得这么麻烦，你要是免费给我护理，倒是要得。"

"你讲笑哦周姐，免费我不要搞破产了，最多打个折扣。就算工费我不收你的，材料成本钱我省不掉吵。"

两个人正在笑眯眯地咬着牙齿拉锯，周春花的手机响了，她喂了一声，示意林红关掉吹风机，"宋老师，啊？我们家真真？真真没事吧？好，好好，我马上到学校来。"

春花急忙出了发廊，林红竟然紧张兮兮地跟到门口，脸上只画了一边的眉毛挑起来，看上去十足惊异。春花不耐烦地对她挥挥手："你回去，不用送，我有点事要去下闺女的学校，生姜头疗下回再来做。"

也真

老谢没看错，也真是个美人胚子，当时所有领养手续都是老谢一个人去跑的，春花气得在家里装病。女孩的妈妈是自贡人，户口本上本来是随妈妈姓，老谢左思右想，要给她改个好名字。他从"地震"里头拆字出来，"地"字里拆出来一个"也"字，"震"字拆出来是"雨辰"，又合了她哥哥的名字，于是用这个"辰"字的谐音，叫"真"。

也真，这一切都是真的。

春花嘴上虽凶，看到抱回来的女娃娃，倒也有几分喜欢。说来也怪，雨晨刚听到这个消息怪腔怪调的，后来竟反过来做他妈妈的思想工作，态度还很坚决。这个女娃娃来得及时，雨晨趁家里父母乱作一团，一咬牙去了法国，几年了都没回家，电话里听起来，是要移民留在法国了。春花的厂子效益不好，老早内退在家，天天打麻将，赢了还好说，输了就跟老谢吵架。有个小孩丢给她带，咿咿呀呀，要吃要喝，上学了以后还要管功课，倒把她的生活填补起来。

地震之后很长一段时间，到处乱哄哄，市政公用局任务很重，地震暴露出来好多工程质量问题，之前负责市政工程项目评估和招标的部门脱不了干系，局长自己也颜面无光。不过整个大环境是不追责、不激化矛盾，应该还是安全的，当下也就不便多说。地震之后半年，把原来负责工程项目科的科长调去了一个闲职，挂空起来。

工程项目科是个肥缺，震后重建责任重大，短时间里要找个靠得住的人不容易，外头调来不知根不知底的绝对不行，想来想去，行政科的谢科长是个人选。老谢虽然没有工程方面的业务经验，但工程科二把手还在，事务上可以辅佐，一把手被调走，没有顺位提拔二把手，就是一个震慑。老谢的优点是嘴巴牢，不多话，资历深，行政科跟各个科室都打交道，工作上手快，群众基础也比较好，比较容易服众。老谢本是个没有指望再升的人，虽然级别上是平调，但从实惠程度来说，也等于提拔了，老谢肯定感恩戴德，将来收为已用就不成问题。

也真这个闺女，像是老谢的福星，自从这个女娃儿进了门，工作上连连交好运。两年后，地震受灾户安置，安居公寓低价出租或者出售给受灾户，交够一定年限的租金以后，房屋的使用权就归住户所有。他跟春花收养了地震孤儿，算是个楷模，单位考虑到他家里添了人口，还特别给了优惠政策，为他申请了一笔特殊补贴。他跟春花一商量，干脆就把安居公寓的出租房买了下来，价格很合适，虽然地段不如以前的老房子，但是面积舒展多了。

老谢换了科室，过得扬眉吐气，以前唯唯诺诺都是权宜之计，只要给予足够的训练，人人都有一颗雄起的心，连春花对他都比以前巴结许多。

话说春花赶到学校，碰上也真的班主任也从校外往里走，旁边跟着也真和一个鼻青眼肿的男同学。

班主任宋老师是个长马脸男人，皮肤很油，四十多岁了鬓角还很为难地爆着几粒青春痘，他跟春花打个招呼，"也真妈妈，你来了，去办公室坐吧。"

办公室在二楼，一路走去，听见学生朗朗的读书声音，"《背影》。朱自清。我与父亲不相见已二年余了，我最不能忘记的是他的背影。那年冬天，祖母死了，父亲的差使也交卸了，正是祸不单行的日子……"

中间一个教室就是也真的教室，见他们走过，几个学生好奇地探头探脑，朝他们望。

也真目不斜视地向前走，一副坚贞不屈的样子，以为自己是女烈士。

到了办公室，宋老师很客气，还给春花搬了张凳子，"我们刚刚从派出所录完口供回来。"

"啥子，派出所？"春花吓了一跳，她狠狠地剐了也真一眼。个死女子，闯了啥子祸？

"嗳嗳，"宋老师从嗓子里挤出几声，以示安抚，"事情是这样子，谢也真上学路上，遇到申阳，结果走到螺丝转弯，有三四个小流氓，都抄了棍子等在那里，冲出来劈头盖脸，把申阳打了一顿就跑了。"

"他们人多，我打不过。"男孩低低声地为自己辩护了一句。

春花看也真不像受伤的样子，心里放下来，宋老师接着说，"当时也真在旁边拉架，拉不开，就跑到旁边小卖部打了110，警察来的时候，人都跑光了。我让医务室医生给申阳简单处理了一下伤口，就陪他们去了派出所。"

还没说完，门外又来了一个女的，个子很高，穿着棉麻袍子，扣子却是玉石的，平底芭蕾鞋，头发盘成一个髻。她看看他们，一开口，说的是播音员一样的标准普通话，"您是宋老师吧，我接了电话就赶紧过来了，我们家申阳怎么了？申阳，你脸上这是怎么回事？跟人打架了？"

"坐，都坐下说。"宋老师又搬来一张凳子，三言两语把情况跟申阳妈妈又说一遍。申阳妈妈不干了，"宋老师，我们家孩子好端端送到学校来，结果被人打成这样，他又没有招惹别人，还不是别人招惹了他？"她瞄了一眼也真，"女孩子结交一些社会上不三不四的人，学校也应该管管。你们随随便便就到公安局报警，那帮小流氓，下手没轻没重的，什么事干不出来啊？万一记仇了，将来躲在学校外头，再对我们家申阳下手，怎么办？学校负得起责任吗？你们谁保障孩子的安全？阳阳，来，给妈妈看看，眼睛伤到没有？"

也真一声不吭，脸慢慢红胀起来。春花出现在学校已经让她很尴尬了，跟申阳的妈妈站在一起，自己的妈十分拿不出手，头发烫得像个鸡窝，穿一条跟她的身材完全无法兼容的低腰牛仔裤。也真有个从未见过的哥哥在法国，听说是个时髦人，学的是服装设计，不知道为什么不回来给自己亲妈设计设计。听同学传，申阳的妈妈是话剧团的副团长，演过宋庆龄，气质很高雅，之前还一心想要给她留个好印象，没想到第一次见面竟然是这样。她只好瞪着申阳，申阳全无反应，任凭他妈搬着他的头细看，闷声不响。

宋老师有点尴尬，这个女的太会说，字正腔圆的，他估计说不过她,现在娃娃金贵,没事最好不要随便得罪家长。他只好看看也真妈,也真妈看上去像个泼辣人,应该有办法。

春花心里已经有了几分数,就问也真。"你个人上学,怎么会又冒出来一个同学?"

"路上碰到的,就一起走。"也真轻声说。

"嘟个巧,正好被他碰到?是不是他约的你?"春花嘴上回护着也真,心里却想,怪不得上个学还要抹唇膏。

申阳妈妈听了不乐意了,"哎哟,儿子,你不说话是要吃哑巴亏啊,打你的人,你认识不认识?"

"不认识。"

"不认识他们怎么会打你?你又没惹他们。"

"在派出所,我跟警察都讲过了。"申阳吞吞吐吐,"里头有个黄毛,以前见过几次,都是放学时候来找谢也真的,不过她不搭理他们的,都是些外头的小混混。"

"我根本不认识他,谁晓得他是什么人。"也真急了,嗓门大起来。"我连他名字都不晓得。"

"认识不认识,我们也不知道,这个事情总是因你而起,小小年纪,要洁身自爱。"申阳妈妈语调轻轻柔柔,但是话不客气。也真气得鼻孔都张开了,她站在那里愣了半分钟,突然对申阳说,"还不是你天天跟我走在一起,他们才会打你,你以为我不知道,你天天躲在那个花坛后面等我,看见我过来，就假装刚刚路过，像个狗皮膏药，甩都甩不脱，烦人不烦人你烦人不烦人？"

春花

回家路上，春花和也真都没有再说话。也真一副要哭的样子，难为她小小年纪还要强，竟然咬紧牙关，始终没哭出来。两人一前一后上了公共汽车，一人抓住一个吊环，随着车子的开动，身体晃来晃去，没有表情地看着窗外。

这下子晓得男的都靠不住了，早一点晓得比较好，春花幸灾乐祸地想。在办公室的时候，她第一次认真打量这个毛丫头，像是借了申阳妈妈的眼睛，打量一个外人，一个在她家里住了十年的陌生人。

以前她只是一个安静的小孩，发怒的时候，她才看见她也可以是一个拥有破坏力的对手。

不知道从什么时候，这个小丫头片子突然长大了，开始发育了。胸脯把校服微微顶起一点，额头旁边都是毛茸茸的碎头发，如果不偷自己的眉笔描眉，眉毛就淡到几乎没有，两个大眼睛之间的距离比小时候撑开了很多，尤其是生气的时候，连鼻孔都揪起来，表情跟老谢一模一样。还有那个下巴！小时候她是个圆下巴，一按下巴就会笑，现在也长开了，跟老谢一个模子脱出来。老谢的下巴是外国电影里说的那种"屁股下巴"，中间有一条凹缝，把下巴分成左右两半，很俊。他们两个还年富力强的时候，她经常捏着他的下巴开玩笑：林青霞就是这样的下巴，郭富城也是这样的下巴。

公交车开开停停，一路拥堵。每天下班的时候，时间变慢，道路变长，好像永远也开不完。有人看着手机，有人看着窗外。周春花望见窗外，日复一日的街道，已经熟视无睹。她希望车一直开下去，可就算开得再慢，总归也还是会回家。

真相其实一直就在那里，怎么她竟没有看见呢？

每 个 人 都 是

为 自 己

而 活 ，

Every person is living for themselves,
and for all of humanity.

每 个 人 都 是

为 全 人 类

而 活 。

陈楸帆｜Chen Qiufan

||| 诗 歌

275　夤夜十书

孙文波

Ten Poems in the Deep Night

我觉得，

我已经路过很多；路过对人类的爱，

路过对物质的迷恋。路过敬仰与畏惧。

我已经路过自己。我已是另一个我。

衾夜十书

撰文　孙文波

夤夜书

音乐——阴雨的音乐，正在演奏

——不是交响曲不是协奏曲，是长箫；

呜咽和抽搐——低垂的是头颅，

摇晃的是思想——哦，如此夜，忧伤如飓风

——忧，忧自然已不自然；忧，社会

在社会中腐朽——三、六、九，

不团结二、五、八，各自在寻找各自的依附

——依附权势的，笑颜如蜜。

找不到依附的，走上放逐之路——这是自由的

丧家之兔，已经失去三窟。这是民主的

落汤鸡，寒冷中瑟瑟发抖——它们

造就了"上穷碧落下黄泉"，苍茫，犹如无字天书

——读，读得心枯。读，读得哑默——全是

乱麻纠缠，全是血路梗阻，全是幻想的蒿草疯长，

又阴雨中匍匐——以至于眺望一词，

成为眺望的禁锢——不过是从云起云落中寻找

世界的孤独。不过是观象、乩卜、说爻。

不过是把偶然性当作必然；就像偶然的信天翁，

带来必然的军舰鸟，也是必然的死亡，

遇到偶然的不朽。无用——的确无用——

无用如伍子胥，无用如文天祥，无用如陆秀夫

——白头，湮没，才是归途——曲终人散。

人散曲终——下一曲没有——谁来演奏

——音乐——阴雨的音乐，洗心如大河。

失败书

……混乱的梦——失败的英雄们

在海边，在山脚，在几座破庙和船上

争先恐后向我述说（几只乌鸦

盘旋半空）。声音的拥挤中，我听到半句

"……略误"。听到一个残词"不忠"。

醒来后，我揣摩这是什么意思。难道是

因昨天的诗我写到了伍子胥、文天祥、陆秀夫

——场景还原，他们一个一夜白了头，

一个被掳行刑，一个蹈海。都是没能挽救国家

惨遭灭亡灾难的失败者。但历史评价

他们又都是英雄；失败的英雄

——这就对了。在我心里，失败即无用——

虽然这是成王败寇的观点。不过，亦不能不说，

它也是历史大义——到今天还是现实

——它说明了什么？说明任何书写，只是书写。

任何谈论，不一定结果。真相，只存在

在真相之中——当然，也可能存在在梦幻中

——就此我不得不说，有多少梦幻，

就有多少混乱——有多少混乱，就可能造就

多少英雄；英雄、英雄。失败、失败

——如果，我要是用文字给它们画上等号

我的意思是。现实大于想象，等于书写。

谈艺书

——缪斯，西方神祇，在天空弹竖琴

——唤醒了一群东方慕神者，语言的

朝圣已经很多年。因为道路崎岖，

其中，有走入歧途者——某某某就是；

对某某某，你无话可说。只能对他很同情

——他的遭遇是在表音文字中，

语言的迷宫多如山中荆棘——畏途。必须。

你只能说，他很勇敢。不像自己闭目塞听，

只在母语中盘桓；像寻找手杖一样，

在母语中寻找一根助力的棍棒。到如今还没有

找到趁手的——太困难——有时候，

你想放弃——只是回到出发点已经不可能。

你和他实际都是失败者。只是意义不同——

现在，你明白的是西方和东方，语言绝对；

都是词后面隐藏无数鬼魂；血淋淋的鬼魂，

来去无踪影——非常容易，大家就被血污淋身。

怎么办？你的办法是，血淋身，犹如

穿红袍——红袍啊！你穿着它在诗歌的山峦

攀登——你攀登，幻想你已经是你的泰山

——或者，幻想你是你的东皇太一、夸父。

再或者，幻想你是你挽弓射日的后羿。

纠缠书

睡下看到彩虹，醒来看到黑暗，

群山倒立，河回到源头。我成为

走在通往创世路上的那个人。我写下

空、暗、寂。在洞背村，我是世界的

解释者。我解释痛，它正在我的

体内生长；长得莺飞蝶舞，长得虎啸狮吼。

我解释苦，它是大台风，带来精神的暴雨。

我解释我的解释，它是爆炸的

红矮星，分裂出无数灼热的语言碎片，

光芒转瞬即逝我无法抓住。

一切都是臆想，都是偏执。

回到理性，我不过是想表达一个愿望，不虚度。

不在现实纠缠。我不纠缠政治，坏和更坏的；

不纠缠阶级，穷和富。甚至不纠缠大街与

小巷的地位。不纠缠关卡和大门的作用。

我只纠缠早餐与晚餐的不同，

纠缠一只狗与一只猫的区别。

我还纠缠于淋湿的蝴蝶与蜻蜓有什么不同。

当然我真正想纠缠的是，人的一生是

攀援还是下坡，驻扎还是路过。我觉得，

我已经路过很多；路过对人类的爱，

路过对物质的迷恋。路过敬仰与畏惧。

我已经路过自己。我已是另一个我。

嗡嗡书

我谈论的广阔，是一片水域，

我谈论的窄小，是一间屋子。相对论

这时可以被使用——灵魂的游弋，

让我犹如抹香鲸，已经脱离人类的视野，

我在孤独中享受孤独。那些语言的深海，

我正在巡游，词语的珊瑚和砗磲，

我正在捕捞。我的工作是打磨它们，

让它们的美更美。我搅起广阔的

飓风，让语言就像暴雨，清洗灵魂的污浊。

不过，这，也可能是迷途。我仅仅是

迷失在想象中——语言更像是一间屋子，

已经把我禁闭。从它的窗口，我眺望到的只是

有限风景，如果它的窗外是一棵树，

我看到的是树，如果它的窗外，

是一堵墙，我看到的是墙。我只能在

树和墙上寻找想象前进的道路——就像在

"螺蛳壳里做道场"。我只能说，

树，有树的玄学，墙，有墙的辩证法——

到了最后，为了安慰自己，我也许不得不

告诉自己，广阔与窄小都是我的宿命——
语言，或许是我的大海；大海的幻象。
或许是我的囚室，把我与世界隔绝。

冬日书

冬天，死亡收获的季节。我仍然

不谈论它（不像但丁那样谈论。不像

蒲松龄那样谈论）。不谈论，因为死亡

是别人的事情，我还没有从死亡中体会痛苦。

死亡的深邃仍然深邃。仍然下沉在自然中。

我不能从今天的晴朗打捞出它，

不能从蔚蓝的海中将之捕获。如果我说

它隐藏在高速路的拐角，隐藏在工地的塔吊下。

是心理生出幻觉。

如果我说，它在地震中或者偷渡的难民船上，

那是世界充满我无法阻止的恶。

现在我真正关心的是活的欢乐；爬上大岭古的欢乐，

吃羊肉火锅的欢乐。

夜晚，一群人围炉夜话，白天，独自守着书卷。

对于我是理想又是现实。

使这个冬天就是初秋。使死亡遥远，犹如从紫到绿，

从黑到白，从格陵兰岛到巴厘，从蒙昧到科学。

这里，死亡不是悬崖之树。不是雨后山中泉水。

不生长不流淌。我的意思是，死亡还在

德国当大师 [1]。还在一本我没有写出的书中。

它高高悬挂在时间中——悬挂，如虚无。

1　语出保罗·策兰 (Paul Celan) 《死亡赋格》一诗。

奢侈诗

没有比蓄意让我更厌倦的。突兀，

也不惊奇。穿过墓园的十来分钟时间，

我阅读了好几座碑铭：陈氏伉俪，

乔姓考妣，还有一位张姓慈母。他们代表了

来世。对于我不过是过眼烟云。

我的目的是到海边栈道闲走，那里的曲折有意思。

人性的亭阁指向风景。是冬天

晒太阳的好去处。水面万金闪烁，有绝对性。

自然对应匠心。可以成为下午分析的本体。

的确如此。我或者凭栏远眺，

或者低头凝视。胸中有再造的蓝图。我知道这是

我的自以为是。小人物，也要以我为主。思想中心。

攀登栈道的顶部时，我已在世界上

划了一个圆，向四周弧射而去。

犹如史蒂文斯的瓮。当然并不指向未来。

在这里，我其实关心的是下午四点半钟。按照想象，

我应该到达奥特莱斯的星巴克，

咖啡的温润中放松身体。我把这看作晚年的奢侈。

它是一种理想。贫穷中谈论奢侈是奢侈的。

我容许自己奢侈，把这看作我生活的形而上学。

正是它使我远离人群也能独乐；

我一路研究了一块礁石。几只囚池的海豚。

也在太阳落下水面时，琢磨了它的壮丽。

论蓝诗

蓝色无垠，深藏虚无。这样谈其实

普通，是平庸的想象左右神经。

虚无，不过是绝对。我想谈的却是相对。

在洞背，在今天，窗外的塔吊和白楼

衬托天空的蓝。它好像比蓝更蓝。必须抒情。

我的意思是，如果我能飞

我想要进入蓝的中心。只是蓝有中心吗？

作为问题有些玄学。让我只好认为，

包围，成为渴求。是意义在渲染。我无法进入。

蓝，不过是一种距离。远望才是实质。

好吧，一个上午，我端坐在窗前，望着天空，

我希望从蓝中望出哲学、美学和命运。

不是天空的命运是人的命运。当然，

它太深邃。我搞不懂。我能搞懂蓝的后面

隐匿着什么？科学说，是无垠宇宙。但我不科学。

对于我来说，今天，蓝是心情，是态度，

左右了我一小段时间的思想。今天，我思想蓝。

它很清澈，特别通透。它是无限的空。

真的很空！以至于我想在它的空里加点什么。

能加什么？加上一座桥还是一座山？
或许我应该在上面加一张脸。它从蓝中
浮现。它不说话已经在发声。有大威严。

我的星期日——纪念奈保尔

向左，向右……从一片海到另一片海，
人的故事没有填满一条海沟。一种鱼和
几千种鱼，游弋的故事，仅仅是表面现象。
在黯淡的，永不见天日的礁石洞穴中，
谁知道隐藏了什么？一切，就像这首诗。
如何发展，下一个词如何从语言之海被打捞。
幻想的秩序如何建立？如果突然像鲨鱼般
跳跃出来的是贝壳、珊瑚，碎礁，它们的意义
如何呈现？尤其当它们与时间组织在一起。
马拉美，波德莱尔，以及史蒂文斯将怎样赋予
它们形式和节奏？这些犹如永恒的难题。
带来一个早晨的迷思。头脑中声音的回旋，
就像打开了潘多拉魔盒。无数的事物因此变形，
一座岛屿，棕榈、海豹，漩流、台风之眼，
全部拥挤在大脑中。怎么能够把
意义从它们内部找出？还有神话。精卫、塞壬。
历史的重负，过往的论断，到如今还在发挥作用。
乘桴浮于海？圣贤之道的束缚仍然强大。
不自然。不能说明卷上岸的抹香鲸的死亡具有的

仪式感。震撼。恐惧。由此在心灵深处击出的
空洞，压迫探究的欲望。引发迷惘。很难填充。
直到将之看作信仰的墓地。直到颂扬之声从
拍打海岸的波浪中显出圣殿的形状。这一次，
什么都不重要了。这一次唯有空必须确证。

九宫图叙

九宫格，视觉的偏执。六点后。

山道上的仰视。蓝、灰、黑相间的

天空。手机拍摄。里面的故事，

是暗藏故事。根本是心情。徒步的消磨。

可以杜撰天空的变幻。巫术。瞪着眼看。

怪兽张牙舞爪。也有大鱼翻滚。

想象的提升。静的不静。复杂的隐喻。

令人必须回到绝对现实。山雨欲来风满楼。

复杂的自然即景？可以是，也可以不是。

完全取决几十分钟后的再一次凝视。

如果撕裂发生，一切会全部变了。

一大片颜色加深的云，不是一个奥德修斯，

或者一个如来佛？好像挟带雷霆的怒吼。

以至把傍晚彻底戏剧化；红脸、白脸、黑脸

纷纷登场。心灵的马达开启。飞奔。

犹如猎豹速度。也犹如强盗书中的水上漂。

不简单。真是缺一不可。不能仅从

美学角度分析。还应该加上哲学、伦理学。

会充满挫折吗？就像国家的挫折一样。

会出现转嫁吗？这些，其实是精神加速器。

必须修正。必须不把自然，还给自然。

潮湿的星，羞涩女人从云中若隐若现，

也不要。疏远。拒绝。唯一的要旨。

我的很多人生悲剧，大多是

穷   Many of the tragedies in my life,
       are caused by poverty.

引起的。

王梆 | Wang Bang

≋ 随 笔

"战争不会让我憎恨世界，我也不会变得颓废。我和我的朋友们，已经不再需要英雄的幻想，也不再需要大国的虚荣心，我们只想消停一会儿，有时间喝一杯。"

贝尔格莱德表情
—— 谁在那儿歌唱？

撰文　柏琳

——"喝醉的歌手禁止上车。"

——"那你让我们怎么办？哭吗？"

——南斯拉夫电影《谁在那儿歌唱？》

　　一辆快散架的老爷车，载着一群七嘴八舌的乘客，开往贝尔格莱德。时间是 1941 年，德军压境巴尔干，即将轰炸南斯拉夫的首都。小人物浑然不知，闹剧上演一路，一颗炮弹击中公车，没有死亡镜头。两个吉普赛小伙子爬出废墟，在路边继续唱歌。

　　情节出自斯洛博丹·希扬（Slobodan Sijan）的电影，叫作《谁在那儿歌唱？》。这位塞尔维亚导演在巴尔干的名气曾一度超越埃米尔·库斯图里卡（Emir Kusturica）。他电影里的南斯拉夫人，用笑代替了哭。

幸存者孤儿：白色城堡之殇

六十二年后，南斯拉夫这个国家不复存在，但一座城市留了下来，它是贝尔格莱德，城市已经沦为二手，但依旧还要歌唱。不然怎么办？巴尔干人的激情里混合了喜悦和悲伤，而浪漫主义的活法消解了悲剧性。他们有时候大笑，因为悲剧发生得太过频繁，荒唐得就像舞台上的戏码；他们有时候又大哭，因为长时间坐在火药桶上，紧绷感让人忘记了笑的存在。

在大哭大笑之间，平静是个难题，巴尔干人一直生活在情绪的两端。曾经，在经历了整个 19 世纪的苦难后，他们终于赶走了土耳其人，生活在塞尔维亚、波斯尼亚、克罗地亚、达尔马提亚和斯洛文尼亚的全体斯拉夫人，相信巴尔干的前途，全都寄托在贝尔格莱德身上。

这位巴尔干老大哥确实很老了。相传 878 年，一群斯拉夫人坐船在多瑙河上游览，行到下游，在多瑙河与萨瓦河交汇之处，眼前出现一大片白色建筑，有人喊了一句"Beograd！"这个"Beograd"，在斯拉夫语里可以被拆成两部分，"贝尔"意思是白色，"格莱德"意思是城堡。贝尔格莱德，白色城堡。

在拥有它高贵的名称之前，贝尔格莱德在公元前 2 世纪就已建成，当时它叫辛吉度妈姆，是古罗马人的地盘。

这座白色的城市是一个等待被领养的孤儿，在历史粗暴的手掌中被来回推搡，它把为自己命名的斯拉夫人当成失散的生母。

生母自身难保，颠沛流离。公元 5 世纪，生活在第聂伯河（Dnieper）与普里皮亚季（Pripyat）大沼泽之间地域的一部分原始斯拉夫人，受困于匈奴人和其他亚洲部落向欧洲迁徙的洪流，被迫涌向巴尔干半岛，他们被称为南部的斯拉夫人。他们见证了罗马帝国最后的辉煌，并和信奉东正教的拜占庭帝国关系密切。公元 7 世纪，这些南部斯拉夫人选择了德里纳河（Drina）与摩拉瓦河（Morava）之间的一块地方栖居下来，他们给土地取名塞尔维亚。9 世纪，他们发现了贝尔格莱德。

又是一千年过去，白色城堡被炮火反复熏染，白色变成灰色。它先后被奥斯曼帝国和奥匈帝国统治，经历几十次战争摧残，多次被夷为平地。1284 年，贝尔格莱德第一次成为塞尔维亚斯雷姆王国的首都，然后，它是塞尔维亚王国的首都、塞尔维亚公国的首都。巴尔干半岛可能是神灵忘记眷顾的土地，在离我们最近的一百年里，历史就像三岁孩子随心所欲的画笔，各国版图的分界线忽东忽西，忽长忽短。一百年里，曾经有个国家，叫南斯拉夫，贝尔格莱德又做了这个王国的首都。王国不断缩小，最后只剩塞尔维亚，贝尔格莱德依然是首都。只不过，它全身被轰炸了 44 次，已经支离破碎，孤零零地站在东西方世界的十字路口，历史圆圈转回原点，它又成了孤儿。

曾经沧海，白色城堡最好的年华被空掷在炮火绵延的历史回音壁上。如今它是欧洲最古老的三大城市之一，只有雅典和罗马排在它的前面。古老并没有给它带来静谧，贝尔格莱德是前南斯拉夫魂魄的残存。浓缩过的魂魄，因为被震得四离五散，已处于疯癫的边缘。它是幸存者孤儿，需要一点一点恢复对世界的信心，对生活的信心。

如今，贝尔格莱德是欧洲夜生活的心脏。这座城市长期失眠，唯有歌唱，才能让它摆脱历史梦魇。

二手交通：穷鬼硬汉没得选择

老城建在丘陵之上，它用高低不平的鹅卵石路迎接我和我的大行李箱。

整个巴尔干半岛，面积不比英国大，这里山脉第一，河流最后。它的地理差异是那样壮观，大片不适宜耕种的高地，彼此不可通航的水域，从南部亚得里亚海滨延伸到北部萨瓦河与多瑙河的地貌分界线，阻隔着它和地中海乃至中欧邻国的经济交流和文化融合。崎岖的地形和突出的高地，让后来成为南斯拉夫的这些地方天然地遗世独立。虽然此后数百年间，它遭遇了无数战争和被迫迁徙。

在飞机下降前，从窗口向外望崎岖多貌的半岛，高高隆起的山脉粗犷地直立于东西南北，东欧味道的砖红屋顶稀疏点缀在丘陵山地各方。阡陌相通是不可能的，人口一直很少，他们通常彼此孤立隔绝。南部的斯拉夫人靠着自然环境或许实现了老子所说的小国寡民理想。在中世纪，塞尔维亚、克罗地亚和波斯尼亚都曾是短暂存在过的民族国家，版图重叠，但没有彼此斗争，它们因为外部涌入的侵略者而陷于内耗，直至消亡。

吭当吭当，为了爬陡峭的上坡，我努力拖拽着行李箱，轮子发出低沉的抗议声，初次邂逅线条硬朗的贝尔格莱德，我和我的箱子有点胆怯。

在这座城市出行，崎岖的地貌搭配随性的交通。坐车或等车，如同体验一场即兴演出。

这座城市没有地铁，修不起，也没必要。它的出行方式以火车、大巴、公交和有轨电车为主，和其他城市并无二致。而我们习以为常的通勤信息——车票、时刻表、速度、方向，在这里几乎失灵。

社会主义的情感痕迹还没消失殆尽，老城到处都轻易地泄露出对铁托时代的怀念。虽然这几年添了不少新车，但贝城更多公交车还是保留了铁托时代的外貌，铰接式，三个门，有的还形似北京上世纪八九十年代的"红棺材"巴士车，司机换挡时发出"吭当"一声，不拖泥带水，金属撞击声非常阳刚。

公交车上有刷卡机，也可以直接给司机现金买票，一张单程票 50 到 150 第纳尔不等，据说有监察员上车抽查售票情况，抓到逃票的人罚款 2000 第纳尔，但在贝尔格莱德，我从没见过有人买票。

老巴士像一条蛇似的在老城高低不平的街道穿梭，相较于它的灵活便捷，有轨电车更多是象征意义上的存在。贝城目前的有轨电车分为"元老级"的绿皮车、普通款的红车，以及加长版的新型列车，似乎是这座城市的过去、现在和未来。电车行驶路线分布于环城干道、火车站和商业区周边。摇晃的车厢里，乘客坐在破旧皮椅上，面色沉静，地板微微泛黄，上车时能听见脚下嘎吱嘎吱的声响。

绿皮有轨电车是老贝城的象征。它们是二手货。1999年，瑞士的巴塞尔即将更换新的子弹头式电车，他们决定把淘汰下来的老式有轨电车捐赠给贝尔格莱德。那时贝城刚刚经历了北约的野蛮轰炸，它家徒四壁，心情复杂地默默接受了一切以援助为名义的捐赠。

时至今日，这座城市并没有淘汰这些二手货。经历了1992 年—1995 年的联合国经济制裁，以及 1999 年的北约轰炸，塞尔维亚政府穷得再无可能进行基础设施建设和维护。囊中羞涩，斯拉夫硬汉除了噤声，别无他法。

火车倒着开：无序才是生活的真相

火车站也难逃悲情的二手气质。贝尔格莱德的火车总站很小，客流量不多，主要承担发往诺维萨德（Novi Sad）和苏博蒂察（Subotica）等其他城市的运输任务，即使在开车前 15 分钟才到车站，你也能买到任一列列车的车票。开放式的车站，没有候车厅，没有到站广播，没有乘车月台预告，甚至，你会发现持有不同班次、不同价格车票的人，和你上了同一班开往诺维萨德的列车，并且就坐在你身边。

这座火车站经历过 1941 年 4 月 6 日纳粹德国的疯狂轰炸。在这场代号为"惩罚"的南斯拉夫空袭中，炸弹像大雨一样投向了贝尔格莱德。轰炸发生在星期天，清晨，除了送奶车叮叮当当地开过，整个城市还在一片周末的静谧之中。

到了 4 月 8 日，轰炸结束，城市付之一炬。火车站的列车大部分被炸毁，月台窘迫地裸露出它的钢筋皮肤。今天，不知是为了铭记历史，还是因为穷，贝尔格莱德市政府始终没有翻修这座车站。

候车的地方就是一块长方形空地，几张稀稀拉拉的木椅，旅客踩过裂纹密布的水泥路，在露天咖啡馆歇歇脚。若干张棉垫子和椅背已经完全分离的破椅子无序地歪在露天，桌布的边角几乎都磨光了，这个火车站的咖啡馆真的营业吗？伙计正和旅客分享同一瓶啤酒，老板在五米开外处和火车司机一块儿抽烟，交流当日报纸上的新闻。火车要开了，司机拥抱完咖啡馆老板，腋下夹一叠报纸，手里提一个公文包，上了列车，就像是赶往政府大楼上班的小公务员。

坐车从贝尔格莱德到诺维萨德，途经许多叫不上名字的小站。即使是新型的 413 型列车，速度和中国的高铁也完全不能比。晃荡晃荡，车窗外是巴尔干一如既往的起伏高地，野草疯长，烂尾楼不时闪现，偶见某站台上，有村妇推着小车在卖自家制作的李子果酱。

途经过半，火车突然停了一两分钟，开始倒着前进。我吃惊地看向同车厢的旅客，大家神态都很平静。我小声询问对面一对年轻情侣，男孩爆发出爽朗大笑，女孩扑闪扑闪的棕色眼睛也忍不住笑意。我感到很窘，沉默了下来。察觉到我的尴尬，男孩显得很抱歉，宽慰似的对我摇摇手臂，说，"姑娘，别在意。在我们国家，火车时不常就倒着开，有时也会没有通知就停在铁轨上，一停就是半小时，谁也不知道原因。没什么大不了的，我们都会到达目的地。"

"这也太混乱了！还有秩序吗？"我傻里傻气冒出一句抱怨。女孩一抿嘴，对我的鲁莽并不在意，"亲爱的，这就是贝尔格莱德的现实。对我们塞尔维亚人来说，无序才是生活的真相"。

塞尔维亚的国宝级导演埃米尔·库斯图里卡，认为他的国家就建立在无规则之上。在自传《我身在历史何处》中，他对这种无序性这样解读：

我们的行为准则和行为典范都是从别的地方引进来的。有的是从西方来的，有的是从东方来的。当突如其来的变化骤然出现时，没人事先通知我们，所以我们就被人当成了笨蛋，或者当成了蠢猪。一夜之间，我们就会打着新准则或是更高级的准则的幌子抛弃过去的准则。

历史经验告诉巴尔干人，秩序是暂时的，建立起来的秩序会被反复推翻。如果历史有逻辑，生活有秩序，为什么偏偏是贝尔格莱德成为了欧洲最苦涩的城市？为什么偏偏是贝尔格莱德，数百年间要经历115次战争和44次轰炸？"巴尔干之钥"的核心地理位置，让它的存在注定是一曲无序的悲歌。

谁都觊觎这块要塞——拜占庭帝国、奥斯曼帝国、奥匈帝国、法西斯、红色政权、西方霸权……谁都想在这块地方打上自己秩序的烙印，这些野心家，就像一群争抢高级玩具的野孩子。野孩子们争得头破血流，也就累了，于是扔了这个玩具，任由它被遗忘在一片废墟中。没有人问过贝尔格莱德人的意见，这座城市不过是个孤儿，不知道来源和归宿，就没有路径，也就不会有秩序。

愤怒的伤口：涂鸦总比投炸弹要好啊

贝尔格莱德火车站最显眼的风景，其实是涂鸦。铁轨上随意停放的机车头，玻璃全碎的废弃列车，乌青色的空荡荡的运煤列车，甚至是新型 413 型列车，哪一个都不能免于"被涂"的命运。据说塞尔维亚铁路公司对这种不放过任何一列火车的涂鸦行为最初气得发疯，后来，政府对涂鸦青年实在束手无策，就决定置之不理了。他们何尝不知道，看似狂野无序的南斯拉夫街头艺术，藏着巴尔干的苦闷灵魂温柔的怒吼声。涂鸦总比投炸弹要好啊。

1941 年到 1945 年，五年的反法西斯战争，贝尔格莱德损失了 10 万居民，工业设施被毁坏一半，3 万栋房屋有1.3 万栋成为废墟，市政厅和贝尔格莱德大学被炸损，国家图书馆 30 万册藏书全部沦为灰烬，从贝尔格莱德动物园被炸毁的笼子里逃出各种动物，它们在火光冲天的城市里四处逃窜，这样的场景，也出现在了库斯图里卡的电影《地下》里。

硝烟散去后，在城市的郊外，成群乌鸦在新的坟冢上空盘旋。剧痛一次比一次猛烈，还没有抵达顶点。五十多年后，南部的斯拉夫人开始自相残杀，先有波黑战争，后有科索沃危机，塞族人、克族人、穆族人、阿族人，一边向对方投炮弹，一边流下眼泪，一边杀红了眼，一边喝得酩酊大醉。

今天，城市到处是轰炸遗迹，多是北约的手笔——科索沃危机爆发后第二年，北约轰炸南联盟 78 天。在持续的炸弹雨中，中国使馆被毁，三名同胞罹难。心力交瘁的贝尔格莱德已经麻木，面对满目疮痍，它丧失了修复的信心。如今，南斯拉夫国防部大楼、内政部大楼和国家电视台这些被炸的建筑直观地裸露在城市的各个街道，被炸部分维持原样，没炸到的部分作为办公地点继续使用，更不用提民居了，政府没钱修理，更没钱重建。

倾斜的危楼，墙体剥落，废墟和废墟互相扶持，形成一堆一堆粗粝硬朗的建筑群。废墟群的缝隙之间，塞尔维亚风格的涂鸦无孔不入，线条紧凑，用色夸张。斯拉夫语的愤怒诅咒，手写的诗歌，东正教堂上方的乌云压顶，摇头摆脑的波西米亚朋克，坦克飞机手枪射出的变形弹药，世界末日景象，废墟上一朵火红玫瑰正在怒放，篝火晚会盛况，环保题材和素食题材的主题图画，胖胖的小鸡小猪小熊一起摇摆。完全即兴，面对历史的残局和残局后的未知，贝尔格莱德的街头艺术家表达完愤怒和悲伤，接着表达渺茫的理想和天真的希望。

外表越狂野，内心越彷徨，笑得越放肆，疼得越剧烈，越是落拓不羁，越是需要安慰。今天走在贝城，无论在哪个角落抬头仰望，总有一个十字架出现在路的尽头。贝尔格莱德目前城市人口170万，其中140万是东正教徒，祷告是人们每天最重要的生活仪式，无论你是文身大汉，还是朋克少女。

位于国会大厦附近的东正教教堂圣马可教堂，在圣萨瓦教堂建成之前，是贝尔格莱德最大的教堂。它在一座木制教堂的基础上改建，通体砖红色，外观如同一座积木搭建的堡垒，它是塞尔维亚拜占庭式复兴风格中最美的建筑。穿过一条绿树掩映的石子小路，就可以来到这里。石子小路的另一端，通往一条下坡走向的民居街道。那条街上被炸的居民楼尤其密集。我站在这条街道的对面抬头望圣马可教堂，看见了这样一幅画面——四五栋民居的废墟东倒西歪抱成一团，周身被褪了色的涂鸦环抱。高大的树丛是画面里一道写意的分界线，树的上方，圣马可教堂露出了砖红色的洋葱式尖顶，最顶部立着硕大无比的十字架，稳稳地正对这片废弃建筑。正午太阳直射下来，给十字架边缘罩上均匀的黑亮光泽。上帝看着废墟。

再走近瞧，一个新的涂鸦角落十分显眼——左边是金黄色的英文"CASH"，右边是粉红色的英文"HOPE"，中间是一个白色的大问号。

金钱等于希望？在反复的重生与毁灭之间，贝尔格莱德人眼见自己成为欧洲最穷的公民，于是年轻人向世界提了一个严肃的问题。

夜夜夜夜：寻找 Kafana，以及何为浪费生命

　　这个早晨，不论谁足够幸运地在贝尔格莱德醒来，都会意识到他今天的生活已有足够多的收获。坚持更多的要求似乎不合时宜。

——塞尔维亚作家杜桑·拉多维克（Duško Radović）

　　下雨的日子，布满弹坑的贝尔格莱德街道上，大小不一的坑里积起一摊摊浅浅的水，远远望去，每条街的地面好像都铺满了亮晶晶的钱币。

　　在 1991 年解体之前，南斯拉夫的人均 GDP 约 4000 美元，是当时中国的八倍。2016 年，塞尔维亚的人均 GDP 是 5348 美元，位于欧洲的倒数位置。今天的贝尔格莱德，经济发展水平跌至欧洲末流，失业率连年上升，人才不断流失海外，年轻人找不到工作，老年人找不回信念。大家只好慢慢在街边找个位子坐下来，喝一杯咖啡，或者要杯 Rakija[1] 一饮而尽。

1　Rakija，一种塞尔维亚特产的水果白兰地，由多种水果发酵而成，比如李子、梨、葡萄和杏。

Kafana，这是我到贝尔格莱德之后接触最频繁的一个词。它是塞尔维亚语里的特有词汇，所有产生欢乐的地方，都可以叫 Kafana，它出现在酒吧、咖啡吧和一切可以办party 的地方。塞尔维亚很多人都找不到全职工作，生活里最多的就是时间。

每天下午三点，开启贝尔格莱德雷打不动的 Kafana 时间，持续到夜里三点。多瑙河与萨瓦河边白天安静的小船舱，夜晚也是奇幻派对的场所，而城里遍布通宵营业的俱乐部和酒吧，几乎家家餐馆都拥有一支 live band。入夜之后，街道两边如同打擂台，一边是铿锵摇摆的东欧摇滚，一边是忧郁热情的巴尔干民歌。不是只有年轻的荷尔蒙在买醉，经常可以看见满头花白的老头老太，面前摆一大杯 Jelen[1] 冰啤，轻闭眼睛摇摆。有一个夸张的说法，如果你来贝尔格莱德七天，这个城市会给你七种不重样的夜生活。

夜夜夜夜，贝尔格莱德的年轻人，坐在灯光明亮的街角，看向黑影里残破的建筑。我无法判断这样的生活方式对当地人来说，究竟是一种麻醉，还是一种享受。新认识的朋友 Ivan，40 岁的贝尔格莱德理发师，祖父母和父亲都死于北约轰炸，那一年 Ivan 21 岁，战争摧毁了这个年轻人的一部分。母亲独自一人回萨格勒布市（Zagreb）的妹妹

1　Jelen，一种塞尔维亚特产的啤酒品牌，微苦，标志是两头小鹿。

家居住，拒绝再回贝尔格莱德，Ivan 想念母亲的时候，只能自己跑到克罗地亚去。

如果我们记得，正好一百年前，曾经有个"第一南斯拉夫"，全称是"塞尔维亚、克罗地亚和斯洛文尼亚王国"（1929 年改名为南斯拉夫王国），那时候，克罗地亚和塞尔维亚是兄弟，现在，它们成了遥远的邻居。Ivan 去看望母亲，要走出自己的院子，去敲邻居的门。

我很想问 Ivan，战争、轰炸、国家解体、经济崩溃，这些对他这个当时才 21 岁的塞族青年的打击是什么？答案似乎很明显，而问题又显得那么伤人，我迟迟开不了口，两个人面对面瞧着杯子里冒泡的啤酒发呆。

一个上年纪的女人凑过来，"你好"，她用蹩脚的中文和我打招呼，打破了尴尬。当地老奶奶、退休的小学老师杜尼娅，好奇中国文化，看见黄皮肤的游客，总会用一句"你好"测试究竟是中国人、日本人还是韩国人。当对方用中文回应她时，老太太会兴致很高地继续聊天。"只有中国人能理解塞尔维亚"，虽然没去过中国，但她坚持和我谈谈"关于中塞两国人民"。

我："我不敢问我的新朋友 Ivan，南斯拉夫解体对他的冲击是什么，但是我想问问您。"

杜尼娅："你尽管问，但我不一定说得准确。"

我："您怀念南斯拉夫吗？"

杜尼娅："非常怀念！那时候有家的感觉，有依靠，有安全感。"

　　我："现在呢？"

　　杜尼娅："现在有点孤单，好像谁也不管我们了……那个，我读过一点中国哲学，老子。"

　　我："有什么读后感？"

　　杜尼娅："就是……国家小一点，好像也没什么，我们也可以生活下去。"

　　我："喜欢中国吗？"

　　杜尼娅："说不好。我最好的朋友十五年前去过上海。他回来后说，那个城市又大又拥挤，人太多了，消费很高，可是好像没什么人晚上会出来喝一杯。酒吧据说都是富人去的。"

　　我："上海和贝尔格莱德比呢？"

　　杜尼娅："不能比，历史不同，现在我们更是追不上了。我们很穷，以后可能也不会变成有钱人，但我们接受了，这就是贝尔格莱德的生活。你看，月亮那么亮，明天是个晴天。我们和上海人民分享同一个月亮。"

　　在一旁听的 Ivan 轻笑了一下，斯拉夫人深邃的眼眸藏在棱角分明的脸的阴影里，笑的时候，长睫毛短暂地落下来，又像是在哭。

　　停顿了一会儿，Ivan 主动开口："你想问我，战争是否摧毁了我的生活，是吗？战争毁掉了我的家，大的家和小的家都没了。战争不会让我憎恨世界，我也不会变得颓废。我和我的朋友们，已经不再需要英雄的幻想，也不再需要大国的虚荣心，我们只想消停一会儿，有时间喝一杯。有欧美朋友跑来指责我们，'为什么不重建你的国家？'他们经常这么问，如果他们觉得我们是在浪费生命，那么我会说，经历了那些剧痛，你会明白，究竟什么才是浪费生命。"

寂寞的铁托：忘记谁，不忘记谁

战争，轰炸，解体，随着时间的推移，今天的塞尔维亚人用活在当下的态度来遗忘剧痛，但即使像是 Ivan 这样的中青代、杜尼娅这样的老人，甚或库斯图里卡那样的文化名流，面对世界格局重组中被迫遗世独立的祖国，"在历史长河中我们身处何处？"这样的问题也总会不时冒出来。

虽然很努力想忘记，但曾属一个富强大国的公民记忆，如何能够迅速遗忘？荣光三十多年短短一瞬，又不真实，又太过浓烈。

经历一番抽搐后，贝尔格莱德把遗忘的表情努力定格在脸上。

阴雨绵绵，我坐上了车身掉漆皮的老公交 40 路，前往贝尔格莱德近郊的德迪涅区，去看望铁托，那个创造南斯拉夫神话的男人。阴雨天最适合去墓地，即便是强人铁托，雨天也会觉得寂寞吧。

铁托的墓位于一座小山坡上，这里原来是前南斯拉夫总统府，而铁托的家就在附近一座漂亮的白色帕拉第奥式的宫殿里，很有英国贵族乡间宅邸的味道，宫殿外是100公顷的封闭警卫区。铁托喜欢园艺，国家给他修了一座花房。他临终前曾表示希望被葬在花房里。1980年5月4日，88岁的元帅咽了气，政府没有专门为他修陵墓，而是把花房改成了墓地，总统府改成博物馆，这就是名为"鲜花之家"的铁托之墓。

我下了公交车，向右拐进一条山坡小道，路面潮湿，大片草地散发一股青涩冷气，山道像层层疏阔的梯田。拾级而上，我踩着石板路去花房。路上没有遇见一个游客，售票小亭子里探出一个脸上有法令纹的中年女人的面孔，还没开口，她就递给我一张陵墓门票。

花房非常朴素，正中央是一座白色大理石长方形陵墓，正上方镶三行金字：约瑟普·布罗兹·铁托，1892—1980。再无其他修饰。他的第三位夫人约婉卡的陵墓被安置在其旁边。回字形的大理石路面环绕陵墓，两侧是存放铁托生前旧物的房间，他的军装、宽大的原木写字台、世界各国领导人的礼物、全国少先队员献上的火炬和图文并茂的信件。

铁托热爱南斯拉夫的少年，渴望得到他们的崇拜。在库斯图里卡另一部电影《爸爸出差了》中，小主人公在一场给领导献火炬的仪式上因过度紧张而搞砸了一切，他恐惧又内疚地望着父亲，等待惩罚。而库斯图里卡在自传中写，"铁托来了"，可是他长什么样？一直没见到。这个"异样的社会主义国家"的铁腕领导，究竟是一种怎样的存在？

南斯拉夫解体前，常有老人们穿着军装，戴着红领巾，捧着花束去"鲜花之家"纪念铁托。国家解体后，这里越来越荒凉。比如今天，一个上午我只见到一个来自克罗地亚的老年旅行团，十多个头发花白的老人，一声不响依次走过陈列物，有序地在博物馆留言簿上写字。花房里静悄悄。

我也在留言簿上写了三行：亲爱的铁托同志，我来自中国。你去世的时候我还没出生。我只在照片和纪录片里看见过你，你的茶色大眼镜让我有点害怕。如果摘掉眼镜，你还是那么严肃吗？

走出花房，和老头们聊天。他们来自铁托的故乡，克罗地亚的库姆罗韦茨村（Kumrovec）。生于克罗地亚的铁托被葬在塞尔维亚，他在陌生的土地上度过自己的一生。老人们觉得，这位伟大的老乡在贝尔格莱德没有收到足够多的敬意。"铁托的时代，我们平等，团结。你看看现在？人们嘲笑团结，年轻人要自由！嗬，他们以为自由和团结是对立的。"

铁托是南斯拉夫联邦内各民族统一的象征，在他三十五年的铁腕统治下，南斯拉夫成为一个幸福感十足的国度，中产阶级诞生了，一切紧跟欧洲步伐，国家的文化、体育和科技水平与阿尔卑斯山脉四周的国家保持同一水平。

铁托出身五金工人，做过俄国战俘，住过国家监狱，混迹过山林游击队，这些都不妨碍他迅速学会了如何享受高级美酒和雪茄，与此同时，他的政治和外交手腕也被认为是高超的。外交上的"不结盟政策"和国内"兄弟情和统一"的民族政策，不仅让南斯拉夫没有沦为美苏冷战任何一方的附属国，同时，塞尔维亚、克罗地亚和斯洛文尼亚人也从来没有那么团结过。到 1976 年为止，每年有 600 多万外国游客来到南斯拉夫，全国有 36% 的人民拥有汽车，每 1.8 个家庭拥有一台电视，每 2.1 个家庭拥有一台冰箱。南斯拉夫成了当时东欧最富足的国家。

后来，强人死了，盛景不再。联邦的六个部分陆续独立，没人听贝尔格莱德的话了。

今天的巴尔干，有人把贝尔格莱德一穷二白的局面归罪于铁托。当年为了处理复杂的民族矛盾，遏制"大塞尔维亚"民族主义势力，身在贝尔格莱德的克罗地亚人铁托，赋予了塞尔维亚境内两个行省以自治权——北部的伏伊伏丁那（Vojvodina，匈牙利族居多）[1] 和南部的科索沃（阿尔巴尼亚族为主）。这被一些人认为是内战和分裂的祸根。

这些言论让铁托时代的老人愤愤不平。一个打扫博物馆的清洁工老头，对我滔滔不绝地抱怨他的儿子。每当老人在家里谈铁托，儿子就说，"爸爸，你怎么还在相信那个谎言？"

"年轻人都想忘记我们的铁托，他们也许觉得铁托的存在拖累了他们追随欧洲的脚步"，清洁工老头和我并排站着，抽一根纸烟，他从博物馆正门口往外看，头不住地轻微抖动。一个巨大老旧的喷泉池正颓唐地喷洒着水柱，视线再远一点，是贝尔格莱德新城，怪诞建筑群慌乱簇拥的地方。

那些夸张、沉重而古怪的建筑，也是铁托主义精神文明的一部分，更准确说，是铁托的野心。它们集中建造于上世纪六七十年代，是"黄金时代"的塞尔维亚对未来的想象力的产物，被称为"野蛮主义"建筑，大多直接使用混凝土，不加任何修饰，讲究对称，不断重复堆叠几何线条，粗犷，高耸，超现实。它们多数是为了解决人口增长

1　历史上，伏伊伏丁那地区民族成分复杂，匈牙利王国、拜占庭帝国、奥斯曼帝国、奥匈帝国先后统治此地。奥地利皇帝给予当地塞尔维亚人选择公爵的权利，该地因此被塞尔维亚人称为"公爵领地"（Vojvodina），即"伏伊伏丁那"名称的来源。一战前，伏伊伏丁那归匈牙利管辖，一战时奥匈帝国战败，伏伊伏丁那并入塞尔维亚。二战时，它归属轴心国匈牙利，二战后，它又重新成为由铁托领导的南斯拉夫的一部分。

问题而建的住宅楼，也有公共用途。比如眼前的 Genenx Tower，贝尔格莱德第二高的建筑，被称为"西大门"，对称的门形，两侧楼各高 36 层，楼顶是旋转餐厅。即便远远望去，也有一种窒息的压迫感。

"也许，年轻人要忘记的是那种压迫感。铁托太重了，大家说他是个专制的元首"，我说。

"如果铁托能把一个千百年来内忧外患、四分五裂的国家带向独立和繁荣，那么他就算行使了专制权力，也是合理的"，老人说。

安德里奇万岁：文学一直是我们的安慰

在今天的贝尔格莱德，有一个和铁托同年出生的男人，他得到的尊敬超越了铁腕领袖，因为大家对他只有爱，没有恨。他是伊沃·安德里奇（Ivo Andrić），南斯拉夫的文学巨人、巴尔干半岛第一位诺贝尔文学奖获得者。

在贝尔格莱德老城区的总统府绿地旁边，有一条"安德里奇大道"，不过百米距离，两侧是阶梯状的现代喷泉，起点处立着他低头散步的青铜像。晚年的安德里奇眉头微蹙，双手插在长风衣口袋里，若有所思。铜像右侧的街角是一栋石墙泛白的巴洛克旧民居，安德里奇婚后定居在二楼的一个小单元房间，直至去世。如今那里改成了故居博物馆，面积很小，藏得很深。我像一个陀螺一样绕着楼走了三圈，也没找到入口，站在大楼门口暗自懊恼，呆呆望着一楼的门牌设置，好一会儿才反应过来，在整齐排列的24个名片之间的一格，一小排密密麻麻的字挤在一起，"安德里奇博物馆"。

安德里奇似乎很善于把自己藏起来。他曾是第一南斯拉夫的外交官，最后一任驻德国大使，二十一年的外交生涯并没有让他变得更爱交际。他瘦弱苍白，"是一个没有庄园、没有侍从和公主的王子"，热爱雕塑和绘画，喜欢密茨凯维奇（Mickiewicz）的诗，很早就显露出写作才华。

二战时，德军入侵贝尔格莱德期间，安德里奇隐居在老城普里兹伦大街9号、朋友布拉那·米兰科维奇的家里。那是一栋通身刷成淡黄色的老公寓楼，安德里奇几乎不出门，对周围战火纷飞的世界表现出一种惊人的冷漠。无论是轰炸声、枪声还是卖报小童的呼喊声，都不能分散他创作小说的精力。

1941—1945 年，安德里奇写出了日后为他赢得诺贝尔文学奖的"波斯尼亚三部曲"——《特拉夫尼克纪事》《德里纳河上的桥》和《萨拉热窝女人》三部长篇小说。绚丽的《德里纳河上的桥》，不仅使他度过童年时代的小城维舍格勒（Vishegrad）那座四百多年历史的十一孔土耳其石桥成为世界文化遗产，更是为南斯拉夫赢得了世界声誉。安德里奇以惊人的创作肺活量，在一部小说里精准概括了一个国家四百五十年的历史。

1958 年，66 岁的老新郎和他的新娘开始了新生活，他已经功成名就，荣耀加身，但天性严肃认真的安德里奇，把诺奖荣誉看成是南斯拉夫的荣誉，自己"只是一个获奖的代表"，他感谢世界，因为它终于开始关心南斯拉夫的精神生活。

晚年，安德里奇每天下午雷打不动的安排，是散步去莫斯科大饭店底层的咖啡馆阅读，会见来访的世界各国作家和记者。他通常会要一杯滚烫浓烈的土耳其咖啡，配着一种叫"一片德国"的蛋糕吃。当时的莫斯科大饭店，是整个南斯拉夫的文化社交中心，社会体面人士都以能去那里喝咖啡为生活中最隆重的事。那是一座 19 世纪奥匈帝国时期建成的老饭店，颇具维也纳新艺术风格，众多社会文化名流都是常客，其中就有爱因斯坦。

绿白相间的建筑宛若宫殿一般，挺拔而华美，虽然今天的莫斯科大饭店早已失去东欧文化社交中心的光环，一种老贵族的气度还是不卑不亢地延续下来，不同于贝城波西米亚风格或者东欧朋克风情的小馆子，这里的服务生个个俊朗英气，白色衬衫，黑色西裤，红色领带，印有名字的烫金胸牌统一别在左胸衬衣口袋中间，甚至对顾客弯腰的角度都一样。5 月晴天午后，室外坐满了人，风吹来，黑色布篷四个角不规则的晃动此起彼伏，钢琴声像小溪在流淌。这里和老欧洲最接近，即使它的名字——"莫斯科大饭店"，属于斯拉夫人。

塞尔维亚一直爱着它的斯拉夫母亲，心里想着俄罗斯。虽然铁托时代南斯拉夫是唯一和苏联交恶的社会主义国家，但克罗地亚人铁托内心未尝不知，贝尔格莱德和莫斯科之间，有一份遥远、模糊却无法消除的爱的记忆。塞族人和俄国人共享同一种东正教信仰，塞族人和俄国人的祖先彼此是兄弟，任何政治手段都抹不掉这样的记忆。

克罗地亚人铁托为了政治，一生在塞尔维亚生活。生来是克罗地亚人的安德里奇，主动选择成为塞尔维亚作家，他从来没在公开场合表达这么做的原因。出生在萨拉热窝的波斯尼亚人埃米尔·库斯图里卡，也选择成为一个塞尔维亚导演。他极为推崇安德里奇，认为他是南斯拉夫的英雄，只有他真正理解塞族人、克族人和穆族人之间的矛盾，只有他懂得东正教、天主教和伊斯兰教之间无法妥协的纠缠。安德里奇曾写过，"他们的爱是那么地遥远，而他们的恨又是那么地近。穆斯林望着伊斯坦布尔，塞尔维亚人望着莫斯科，而克罗地亚人望着梵蒂冈。他们的爱在那儿。而他们的恨在这儿"。

现在内战已经停止，三族之间不再你死我活，各自的信仰有了各自的国度，表面相安无事，但实际上，恨也是一种爱。各自为政的时代，人与人之家，族与族之间，阡陌相通再次成为难题。

在塞尔维亚最古老的书店 GECA KON，墙上陈列着一系列塞尔维亚作家的照片，安德里奇当然位于其中，他的书和传记被摆在最显眼的位置。书店位于贝尔格莱德最繁华的米哈伊洛大公街，来往的行人透过橱窗一角，会迎上他严肃而沉静的目光。

不仅是这家书店，事实上，贝尔格莱德遍布书店。虽然这座城市没有奢侈品，也缺少闪闪发亮的 shopping mall，在物质面前，贝尔格莱德有些低欲望。但这么说并不准确，它并不是一座冷淡风格的城市，它只是把炽烈的欲望都留给了精神生活，留给微醺的 Kafana、斑斓的涂鸦、热情的巴尔干歌舞，或者无处不在的阅读。

街道上每一个咖啡馆，每一处啤酒馆，每一家小餐馆，街边木椅，公园树下，多瑙河边的长凳上，都可以看见读报看书的人，有上年纪的人，也有年轻人。就连药妆店和超市里都有售报的铁架子整齐排列。人们不太看手机，对电子设备缺乏兴趣，很多人还在沿用中国人早就淘汰的蓝屏手机。对这里的人来说，电子设备就是个设备。他们如果想聊天，会直接注视你的眼睛，含着笑意。所谓的北欧社交恐惧症，在这里是没有土壤的，塞尔维亚人都是话痨。

我在一家半地下式的小书店闲逛，被热爱安德里奇的店主强行推销了一本安德里奇的《路标》(*Signs by the Roadside*)，一本作家的精神日记，讲述他的梦境和欲望，没有中文版，"一本进入安德里奇内心的书"，老板把书用再生纸包好，用力往我手里一塞，好像郑重地交付一样信物。

"在贝尔格莱德，大家都喜欢安德里奇吗？"我问书店老板。

老板的胡子一抖一抖的，似乎觉得我问了个多余的问题："在我们这儿，基本每家都有安德里奇先生的书，他是我们的骄傲，他是最敏感的巴尔干灵魂，他用文学安慰了我们。安德里奇万岁。"

角落里的恐怖分子和天才：谁更无辜，谁更无奈

虽然努力隐藏自己，安德里奇却未被世界遗落。但世界也许遗忘了南斯拉夫太多。

比如，我们是否记得安德里奇青年时代的好友加夫里洛·普林西普（Gavrilo Princip）？永远停留在23岁的塞族少年，满脸病容，用换来的手枪点燃了第一次世界大战的导火索——1914年6月28日，萨拉热窝的拉丁桥上，年轻的刺客杀害了来访的奥匈帝国斐迪南大公夫妇。从此以后，欧洲再无宁日。

拉丁桥上后来曾有一座用水泥铸造的普林西普纪念雕

塑，毁于塞军炮轰萨拉热窝的内战期间，之后波黑当局在刺杀地点挂了一块木牌子，上面用波斯尼亚语、英语和塞尔维亚语分别写着：唯愿世界和平。

今天，西方把普林西普形容成最早出名的恐怖分子。这个用刺杀行动来谋求南斯拉夫独立的少年，他的画像遍布贝尔格莱德角落，被印在文化海报、街头电子屏、T恤衫、涂鸦墙、冰箱贴、咖啡杯和明信片上。营养不良的少年脸上义无反顾的凛然模样，成为了贝尔格莱德的某种表情标签。只是这种纪念方式让我有点不适，曾经混乱的革命理想中盲目的激情和牺牲，今天被稀释为人人可窥的历史文化消费，再一想，这也许是革命岁月必然也是唯一的结局。

安德里奇雕像不远处的街心花园，竖立着普林西普铜像。2014年一战百年纪念日，贝尔格莱德各个书店里悬挂并出售他的肖像海报。很多人说他是塞尔维亚民族英雄，但大家已经不太愿意谈论他。

即使记得普林西普的人，大多都把他和战争相联，没几个人知道他也喜欢写诗，是"自由波斯尼亚"读书小组的成员，和安德里奇是志同道合的好友。"萨拉热窝事件"发生时，安德里奇远在波兰，他预感到暴风雨就在眼前，应该回到南斯拉夫去战斗。虽然回去后他就遭到奥匈帝国宪兵的逮捕。历史给这对好友的命运做出了不同的安排——普林西普病死狱中，安德里奇被安全释放。

普林西普的铜像独自站在两条大街的交汇处。

他并非唯一遗世独立的人，有一位塞族天才与他一样寂寞。他是尼古拉·特斯拉（Nikola Tesla），发明家、物理学家、工程师，发明交流电，一生有 700 多项发明，奠定了现代无线电通信的基石。他拒绝和爱迪生站在一起，也拒绝了诺贝尔物理学奖 11 次。他终身不娶，是个科学怪人，死于穷困。

今天，贝尔格莱德的国际机场用他的名字命运，面值100 元的第纳尔纸钞上印着他的头像，全球最时髦的电动汽车品牌是他的名字。这个身高两米的天才绅士，留着精致的小胡子，有一个中正的鼻子，微曲的短发一丝不乱，五官像极了法国作家普鲁斯特，总喜欢微微侧身看着别人。

他后来入了美国籍，但是一直思念故乡南斯拉夫，晚年的心愿是回南斯拉夫养老。他死后，骨灰被运回贝尔格莱德，安放于特斯拉博物馆。三层楼的建筑，只有一楼三个房间可以参观，房间里摆放着特斯拉制作无线电和电磁圈的装置，以及他的遗物。但游客们更愿意去放置特斯拉骨灰的金属圆球面前，和这个被誉为"最接近神的男人"靠得再近一点。

发明直流电的美国人爱迪生闻名世界，特斯拉年轻时为他打工，受到苛刻对待，愤然出走。若干年后，在"直流电还是交流电"的"电流之战"中，爱迪生为战胜特斯拉，建议政府把死刑由绞刑改为交流电电刑，四处宣扬交流电的危险。特斯拉一声不响，发明异步电动机（即感应电动机），证明了交流电的可靠性。

今天，交流电早已取代直流电，成为现代电力的基础。特斯拉在86岁那年，独自死于纽约某旅馆房间，死后留下大笔债务。当年，他撕掉了交流电的专利，宣布免费送给全人类使用。如果交流电不免费，则每一马力电流就会给他带来2.5美元的专利费，他将是世界上最富有的人。

穷困的贝尔格莱德欢迎穷困的天才回家，他们都不为物质贫穷而感到不安，他们只想关心人类的精神困境。特斯拉博物馆一楼入口的墙壁上，写着这位天才的寥寥语录，其中有一句，特斯拉说道："在这样一个时代，超乎想象的科技发展，并不会导向真正的文化新生和新启蒙。恰恰相反，如今国家衰落的真正原因，在于人类对社会、道德和精神危机的无能为力。"

瓦尔特保卫萨拉热窝，谁来保卫贝尔格莱德？

当你整理得漂漂亮亮，当你变得牢固坚强，那时候，城市将享有光荣，因为它是一个难以描画的美丽迷人的地方。

——多西特伊·奥布拉多维奇

（Dositej Obradović，1742—1811）塞尔维亚教育家

2018 年俄罗斯世界杯小组赛 E 组，塞尔维亚 1 : 0 战胜哥斯达黎加，媒体反应冷淡。我打开手机客户端，西方媒体中只翻到英国《卫报》的赛事简讯。第二场，塞尔维亚 1 : 2 负于瑞士，西方媒体把赛事新闻的焦点定格为"科索沃遗产"——两名进球的瑞士球员，他们的家族都因内战而从科索沃逃往瑞士避难。足球比赛被降格为新闻背景，在西方主流媒体眼中，塞尔维亚依然是个罪人。

至于前南斯拉夫强悍的足球历史，拿过欧冠的贝尔格莱德红星队，大家绝口不提。今天的红星足球场四周，大风呼呼吹过空地上杂生的野草。

奥地利作家彼得·汉德克（Peter Handke）因为对塞尔维亚的同情和支持，长期成为德国主流媒体攻击的对象。本着作家的良心，冷峻的汉德克在系列随笔中一遍遍问自己，也问我们："我们这一代人该如何面对南斯拉夫呢？"他发现这关乎如何构建一个"真实的欧洲"。然而，大家装聋作哑很久了。

在贝尔格莱德，有一个民间段子形容西方对塞尔维亚的印象——来自两个德国人的对话，

"你在哪儿啊？我在开房车旅行呢。"

"我在塞尔维亚，开到这里来找我玩啊！"

"我可不想我的车被拆，轮胎都被偷了卖掉。"

贝尔格莱德人谈起这个段子时，脸上配合着无所谓的

笑容，但我不知道笑容里是否藏着别的心情。

中国球迷很难忘记南斯拉夫的足球历史，有个被昵称为"米卢"的南斯拉夫老头博拉·米卢蒂诺维奇（Bora Milutinović），他是带领中国足球队唯一一次打进世界杯的男人。除了足球，略年长的中国人也不会忘记著名的电影《瓦尔特保卫萨拉热窝》，屏幕上的老英雄巴塔带领游击队的同志与纳粹斗智斗勇，愿意为南斯拉夫的土地肝脑涂地。

"空气在颤抖，仿佛天空在燃烧。"这句熟悉的台词，对于贝尔格莱德人 Ivan 来说，是一个前朝旧梦罢了。听见一个 30 岁的中国人和他滔滔不绝谈论前南的二战电影，Ivan 只是听，并不回应。

他的脑子里在想什么？或许，他觉得贝尔格莱德缺一个瓦尔特。

在塞尔维亚的最后一个傍晚，我去了卡莱梅格丹城堡要塞，在城墙上看一场日落。这座从凯尔特时代就建成的军事重地，目前大部分建筑都是奥斯曼帝国时期的遗迹。曾经，它是贝尔格莱德最后的防线；现在，它是贝城最绿意盎然的公园。天黑之前，人们来到这里，坐在城墙头上，等待夕阳落入多瑙河与萨瓦河交汇的尽头。

有一个穿吊带衫和牛仔裤的棕发姑娘，背对将要撤退的夕阳，站在堡垒宽阔的石面上，跳起即兴舞蹈，同伴哼着小调伴奏，那曲调听着太欢快，可能又是一首塞族民歌。

伴随舞步的跳跃，姑娘的长发在空中轻轻散开，留下短短的空隙，多瑙河的零星波光透过那些空隙若隐若现，随后沉入黑暗。夜的塞族女孩像一只小天鹅。

　　天黑以后，舞蹈的人还在舞蹈，歌唱的人也没有停止歌唱。我想起了一个相反的场景——在库斯图里卡的电影《地下》中，从小"不见天日"的男孩尤拉跟着爸爸逃到了地面，人生中第一次见到地上的南斯拉夫，第一次见到真实的日出。面对新生的世界，尤拉完全呆傻，好久才憋出一句话："爸爸，世界原来那么美丽啊。"

灰尘是最势利的，当你衣着光鲜它退避三舍，当你破衣烂衫它就从四面八方猛扑而来。

——乔治·奥威尔（George Orwell）

贫穷的质感

撰文　王梆

[一]

我的很多人生悲剧，大多是穷引起的。比如不舍得多放黄油，烤出来的蛋糕像吐司；比如挑男友不敢挑贵的，挑来挑去都是《夜莺颂》之类的平装版；又比如总是下不了决心买电动牙刷，结果一次补牙，全副身家都献给了牙医，相当于五根电动牙刷加一顿伦敦诺丁山的法式大餐……

对很多人来说，伦敦是 16 世纪皇家诗人威廉·邓巴（William Dunbar）的城市："London, thou art the flour of Cities all"（伦敦，汝是花中之王，众城之最），对我来说，它却是威廉·布莱克（William Blake）的城市："走在午夜的大街上，我听见年轻娼妓的诅咒碾碎新生婴儿的泪水"。

自从 27 岁离开报业，选择了自由写作之路，我就过上了朝不保夕的生活，刚到伦敦的第一年，更是一贫如洗。别人在 Soho 饮酒猜马玩失踪，我在景宁镇（Canning Town）的一个贫民区，和五六个素不相识的火星人合挤一套巴西蚁窝。我的房间是一只玻璃窗加三块隔板拼贴起来的水晶棺，一张中间凹陷得不成样子的单人弹簧床即是它的容积。那张床治好了我的躁郁症，因为没有人可以在上面反复坐下又站起来。

英籍巴西裔房东是厨子，虽然非常渴望减轻房贷负担，但在厨房里搭隔间出租这种事，却无论如何也下不了手，我们便赚了一个五平方米左右的公共空间。

那是 2010 年，和查尔斯·狄更斯（Charles Dickens）的时代不同的是，除了露宿者和万圣节的恶鬼，街上已见不到半丝褴褛，连我们这些苦逼的伦敦漂，也会想方设法在慈善店淘几套返工的行头，3.29 英镑（当前汇率：1 英镑等于 8.52 人民币）的 Top Shop 裙子，4.99 英镑的 Next 外套（若遇上换季，还有半价，感谢过剩的消费主义和它衍生的回收产业），基本上只差一顶卓别林的圆顶礼帽，就够得上衣着光鲜。尽管如此，吃饭时不小心偷窥到对方的碟子，还是一眼便能探出窘相来：我吃 3.25 英镑一大袋、每袋能下 20 碗面的素面条，配老干妈辣酱和学生榨菜；对面两位长得像双胞胎的俄罗斯女郎吃吐司刮黄油，或者黄油刮吐司；巴西房东则喝 1 英镑一大罐的酸奶。他还不时向我请教如何做中国菜："我的儿子在学跆拳道。"仔细揣摩中国菜和跆拳道之间的关系之后，我慷慨地向他传授了我的素面谱。

经常有人半夜三更溜进厨房，像盗墓者般掘地三尺，然后捂着半打廉价饼干潜回卧室。楼下某位消失的疯子，通常也在此时神秘地重现，站在鸭掌般肥厚的雪地里，坚信自己是永不融化的雪人。

伦敦漂们挤成油渣住在一起，并非就一定能侦查到对方的底细。比如我，对外宣称自己是专栏作家，收不到稿费的时候，也不得不做些全然不靠谱的事儿来填补牙缝：为犹太商人翻译古董表零件名称，为 Channel 4 偷拍华人妓院翻译姐妹们的日常对话，上门给本地中产妇女上东方瑜伽课，遇到哪家妯娌腰酸腿疼，便摇身一晃成了"中华神推"等等。

有一次，我穿上了我的 Sunday Best（一种做礼拜时才舍得穿的衣服），到肯辛顿宫（Kensington Palace）的一栋高档住宅楼上门神推。那是一栋高端大气、有罗马回廊的新古典主义建筑，穿着海军蓝制服的波兰门房毕恭毕敬地屹立一旁，腰板与廊柱平行。旋转楼梯用它那黑铁焊制的螺旋眼由上往下地打量着我，阳光从落地窗和天窗的汇合处射入顶楼，我在光的芒刺中按下门铃。

开门的是一位 50 多岁的台湾女人，黑色开司米外套，齐膝窄裙，唇齿间含着一口闽南普通话特有的糍软，比电话里的声音还要甜，我为攀上这样的客户窃喜不已。然而脱掉衣服后，我的上帝却仿佛苍老了十岁，皮肤燥皱，骨节突兀，后腰和腹沟处布满了术后的疤痕。我端详着慢慢伏下身去的她，像端详着一只劳损多年、自动解除表链的瑞士表，不知从何入手。

"下次什么时候方便我再来？"推完之后我忐忑不安地问道。

"哦，真对不起，我正在考虑是否要去曼彻斯特，或者其他的什么城市呢。"她一脸抱歉。

"曼彻斯特？"

"现在还没有定。我在这家做了五年多了，对他们的孩子就像对自己的孩子一样……遗憾的是，孩子大了，我又多病，所以他们就把我辞退了。"她说完便带我参观了孩子们的房间。她按下电灯开关，像按下阿拉丁的神灯，那里面要什么就有什么。除了 35 英镑的按摩费，她又给了我 5 镑小费，她的面颊在丁零当啷的硬币磕碰声中微微泛红，我更愿意相信那是神推之后的效果。

一般客户给个 2 英镑或 2.5 英镑就很不错了，5 英镑简直是一笔善款，然而我却似乎开心不起来，旋转楼梯也像戛然而止的旋转木马，瞬间失去了魔力。

[二]

曼吉特·考尔（Manjit Kaur）是英籍印裔独立电影导演，拍过不少以街头露宿者为题材的纪录片。我们常坐在布罗克利（Brockley）公园的小山丘上，一边俯瞰鸽屎，一边呼吁世界大同，因此结下了单纯而幼稚的友谊。在光临了我那只有一张单人弹簧床的寒舍之后，曼吉特·考尔便发扬英国左派特有的人道主义精神，把我从景宁镇弄到了西豪恩斯洛（West Hounslow）。

新房东是一位穿着纱丽、满脸愁容的印裔阿姨，我的新房间在一套50年代中叶修建的政府福利房（Council House）里，离希思罗机场半步之遥。外墙微裂，内墙发霉，马桶的蓄水声也十分恼人，幸好经常被飞机的螺旋桨声盖住。房租每周80镑，不包水电网费，比景宁镇的65镑全包贵一点，却是真砖实瓦，且间间阔亮。想到自己终于可以抛弃乔治·奥威尔在《通往威根码头之路》里的睡姿，我就心花怒放，仿佛一下子从1993年的九龙城寨穿越到了2046年。

睡姿恢复正常，却不一定就能睡着。每隔几秒钟，就会有一架波音飞机撑着巨大的机翼从我的睫毛上振臂而过，将我唯一的绿植——一盆金钱树，吓得魂飞魄散。睡不着，我只好盯着墙上的霉斑发呆。

它们是从哪儿冒出来的呢？

话说战后的工党政府为了实现"人人可栖居"的社会主义理想，为低收入者修建了海量的福利房，房租不但远低于市价，还有独立厨厕和公共花园等配套设施，英国人民如厕时再也不用披星戴月，洗澡时也不用兄弟几个在锡缸前一字排开，绝望地看着肥皂水卷起一层又一层的老泥。1969年底，伦敦的福利房新旧加起来有上百万套，豪恩斯洛虽属有色移民地带，也像亨廷登（Huntingdon）白人区的贫民窟一样，被列入了福利房兴建区，于是我的印裔房东便喜气洋洋地领到了一套福利房。

"把合理的房租交给政府，好过把疯狂的房租交给包租公和商业银行"——很长时间内，这似乎是英国人民的一个共识，所以私人租房的比率从1961年的46%降到了1991年的14%。2015年出版的《住在伦敦》（*Housing in London*）里写道："20世纪80年代以前，42%的英国人住在福利房里。在伦敦，享受福利房的伦敦居民超过了35%。"

唐虞之治，总是好景不长，撒切尔上位不久便推出了福利房买卖政策（Right to Buy）。欲望，像美国神学家弗雷德里克·布埃赫纳（Frederick Buechner）形容的那样："是即将渴死的人迫切渴望的盐。"政策一出，600万房客中的三分之一，便以市价的50%到33%，兴高采烈地买下了自已租住的福利房，更多的富豪买主则怀揣着"即使不愁住，也不妨用来出租"的居心。那些低于 5 万英镑贱卖的福利房，很快就被资本的炼金术（比如银行的房贷或次贷生财术）炒成了黄金。到了 2015 年，伦敦市内地段好的福利房全都身价不菲，比如肯辛顿南一套 1960 年的两居室，便卖出了 100 万英镑。

我的印裔房东也赶上了撒切尔的"好政策"，省吃俭用买下了一套福利房，并像其他人一样用来出租，再用租金还她家的商品房房贷。想来她那代伦敦人真幸运，因为有福利房在，商品房炒不起来，20 世纪 70 年代伦敦的平均房价不过 4975 镑一套，1989 年以前伦敦的平均房价亦不曾超过 98000 镑，即使到了 1996 年，伦敦人平均花在房贷上的钱，也只占了工资的 17.5%，而他们的后代，比如曼吉特·考尔这一代，就没那么幸运了。2016 年，曼吉特·考尔终于硕士毕业，成了一位正式的社工。然而福利房却所剩无几，商品房的均价被炒到了 656,874 英镑，就好像所有的伦敦漂一样，他拿出 60% 的工资，租了一间比鸽子笼大不了多少的阁楼。

福利房变成私人出租屋，政府再也无整固外墙、清除霉斑的义务。像我的印裔房东那样省吃俭用的房东们，又不得不为子女们攒天价首付，哪有余钱整固外墙？估计这就是霉斑越来越鲜亮、几乎可以和恩佐·库基（Enzo

Cucchi）的恐怖抽象画媲美的原因之一吧。

我的室友是布莱克（Black）小姐，她租的那间房稍大且尚未长斑，所以比较昂贵，要 110 镑一周。尽管如此，比起伦敦市内动辄两三百镑一周的单间价，她已算踩到了狗屎。

从一位来自格拉斯哥郊区的美少女，到伦敦某大学电影理论系的翩翩学子，再到某流行疾病防治中心朝九晚五的病例管理员，布莱克小姐已孑然一身在伦敦漂了 20 多年，不但摆脱了让人求死不得的苏格兰口音，还将身体的占地扩宽了一圈，变成了一个地道的伦敦文职人员。

每天早晨六点半之前，布莱克小姐就出门了，赶早班巴士到西豪恩斯洛地铁站（或暴走四站路），然后坐地铁到伦敦二区，再转巴士到办公室，交通月卡 120 镑。那还是 2011 年，当时伦敦五区内高峰时段的单程地铁票是 3.6 镑，7 年后涨到了 5.1 镑，所以当年布莱克小姐过得虽然不太豪华，但也说不上绝望。下班后她会时不时到中产阶级大爱的 Waitrose 超市游荡，买些准过期牛排或一瓶放血价红酒，然后像《相见恨晚》（*Brief Encounter*）的女主那样，满腹心事地拧开（换了我怎么也拧不开的）门锁，拎着大袋小袋，疲惫地走进厨房。

布莱克小姐对于黑白爱情片，或所有简·奥斯汀小说改编的电影满怀爱意，她还爱听古典音乐，只要她在，厨房里就会飘满仙女洗衣液和 BBC 古典音乐台的芳香，尽管她那台古董调频收音机，总是要挨一顿劈头盖脸的抽打才能勉强恢复正常。

百无聊赖的周末，布莱克小姐便会拉上我去逛里士满（Richmond），即当年弗吉尼亚·伍尔芙住过的那个区。可记得《时时刻刻》里伍尔芙的姐姐前来探访，伍尔芙请厨师准备姜茶："我们还有姜吗？""姜早就没有了，这几周市场上连姜的影子都没有！"厨师为主人的不接地气而气恼。"快，立刻出发，坐 1 点的火车到伦敦去弄点姜，应该能在 3 点前赶回来！"从当时伍尔芙住的贺加斯屋（Hogarth House），坐烟熏火燎的蒸汽火车到伦敦市中心，往返两个小时，却只为炮制一道"姜茶"，这就是里士满的气势。

里士满不但拥有罩在玻璃宫里的珍稀热带植物，还有查理一世没来得及打死各种猎物以及近 630 只野鹿。顶级名牌时装店配百年手工精衣坊，V 领花格羊毛衫配老年高尔夫爱好者，情侣们深情地依偎在刻着"吾爱某年某月"的榉木长椅上，细数着满池天鹅……"岁月静好"都不足以形容里士满的美，只有全英最贵的房屋税（撒切尔推出的一种按房产价值上缴的户头税）才攀得上它。

里士满虽美，我和布莱克小姐却什么也买不起，顶多在一间叫"保罗"的法国咖啡馆里喝上一杯热巧克力（当年是 3.25 英镑），再在河边听流浪歌手和乌鸦合唱几曲情歌，就差不多得坐上返程的公交车了。

一番舟车晕浪，直到又看见路标上的"豪恩斯洛"，我才总算活过来。比起里士满，我更爱豪恩斯洛，因为它才是真正属于我的地方。豪恩斯洛的露天市集上有很多"一碗一英镑"（Pound-a-Bowl，这三个字要连读，要吊嗓，还要拖音）——就是一英镑一脸盘的果蔬。刚开始发现"一碗一英镑"时，我还以为自己发现了阿里巴巴的藏宝洞。一脸盆有八只红椒或三把香菜，七只柠檬或一把大白菜，四根黄瓜或十二根香蕉，八只牛油果或九只梨……通通都只要一英镑！世上怎么会有这么便宜的菜呢？当我几乎要信耶稣时，才猛然发现这些都是批发市场的准过期菜，拎进厨房的一刻就开始速朽。尽管如此，我还是很喜欢"一碗一英镑"，它让我深深领会了"人生若只如初见"的真谛。

豪恩斯洛的露天市集，用滤光镜过滤一下，就是法国电影《天堂的孩子们》（Les Enfants du Paradis）里那片鸡飞狗跳的闹墟。我经常在睡梦中长出象鼻，撴进那里的小吃摊，偷吃一种叫 Besan Ke Laddoo 的印度甜品。它金灿灿，圆乎乎，掺夹着杏仁的津甜，豆蔻的焦香，牛乳的腥膻……好吃得让人完全醒不过来。

一到礼拜六的早上，露天市集中央的教堂门口就会聚集起两拨人，倒腾出两种惨烈的叫卖声。一种卖的是基督，一种卖的是包扎得像埃及艳后一样的廉价香水。两边摊主的喉咙里各装一只高音喇叭，誓死要在灵魂和感官之间斗出胜负。毫无悬念，香水摊主总是赢。那些香水，5到15英镑的一大瓶豪华装，像法国电影《被爱的人》（*Les Bien-aimés*）里面的穷美人玛德琳，招摇，艳俗，却能让整条破街蓬荜生辉。

[三]

可惜不是所有人都喜欢廉价香水。不同阶层的人有截然不同的嗅觉密码。比如在简·奥斯汀的时代，英国中上阶级（upper middle class）就对平民百姓使用的"兽脂蜡烛"（Tallow Candles）十分反感，因为它是用猪油或牛油做的，燃烧起来有一股肉铺的油腥味，他们觉得这种气味很粗俗。他们用的蜡烛，一根蜡烛能烧四到六小时，一个年薪10000英镑的什么爵若办一场舞会，至少需要300根蜡烛，总计15英镑，相当于一个仆人一年的年薪。蜡烛点起来，还要用满屋的金框银镜来反射，味觉才能与视觉一拍即合。

今天，想解开中上阶层的嗅觉密码已非易事（除非你是寻血猎犬），毕竟，英国社会经历了两百多年频繁的罢工、女权和民主运动，早就蜕掉了显而易见的阶级的蜥皮，还长出了一层层政治正确的新皮——尽管在伦敦的一些五星级酒店里，服务生们仍旧像《长日留痕》（*The Remains of the Day*）里的英国管家那样，每天早上定时为主人低温熨烫报纸。当然，主人已从纳粹的同情者换成新自由主义的脑残粉。

每到夏天，伦敦就会进入大大小小的"开放工作室"（Open Studio）模式，即艺术家们在自己的宅邸或工作室里展示作品。去过的朋友都说，富人或中产区的开放工作室，开幕式上甜点三明治酒水饮料应有尽有，有时候三四家扫荡完毕，就能把人吃得七荤八素。这种美事，我肯定是趋之若鹜的。

有一天，我和几位朋友溜进了一间私家泳池般大的客厅，装模作样地看一个群像展。群像是粉彩和油画棒制作的，女仆们在暖融融的烛盏下制作婚礼蛋糕，或在暖融融的烛盏下为山鸡宽衣解带……说是群像，人人面目模糊，颇有埃德加·德加（Edgar Degas）的气势，只差厨房换成芭蕾舞台。穿着考究的来宾，踩着客厅里的手工羊毛巨幅地毯，低头附耳，轻声漫语地传递着对艺术的崇拜。

时隔已久，我已不太记得自己为什么会捧着一碟蛋糕，吃着吃着就吃进主人家的厨房。话说那简直是一间天堂的厨房（如果人死之后还要做饭的话），法式落地窗对着东洋花园（还有假山和佛像），光线充足而不泛滥。珐琅水池和实木备餐台从容地屹立在厨房中央，主人完全可以一边切菜一边眼观八方,尽享猫狗追杀其乐融融的画面。我俯下身去,刚想将乔治王朝时期的八角黑白地砖看个仔细(原谅我是艺术科班出身),就被女主人逮了个正着。

"你没事吧?"女主人站在我身后警惕地问道(很快我就了解到,那些粉彩画全都出自她的秀手)。

在耐心地听完一番我对老地砖的表白之后,她卸下盔甲,得意地拉开餐柜,那里面有一整套乔治王朝时期的瓷碟和银器,且没一件缺胳膊短腿。我早就听说她那个阶层的英国人患有先天炫耀恐惧症,比如买天价月饼送人故意留价牌,在家门口摆两个一比一的兵马俑,在卢浮宫拍丝巾照,夜宴后名导让女演员跳个舞助助兴等等……很多在我们看来亲切自然的行为,他们也许都会觉得很粗俗,但这并不等于他们不炫耀。炫耀这事儿,就像跳舞一样,到了一定的境界,内裤也好,舞步也好,据说基本上都可以弃之不顾。

"我是在乡村长大的!这些都是我的童年记忆,它们都是我的祖母、祖祖母留下来的……"两只宝石蓝小眼珠,带着些许磨痕,在她皮囊松懈的眼巢里一闪一闪。"乡村"对英国上层阶级来说,往往意味着"庄园"或"城堡",我下意识地往后退了退。

"这是什么?"一块青花瓷面、乒乓球拍大小的椭圆木板引起了我的好奇。

"哦，这个是用来切芝士的。"

"啊，切芝士还有专门的砧板？"我咋舌。遥想我们家只有一块砧板，脚掌厚，正面切肉，反面切菜，由于厨房灯瓦数太低，还经常被搞混。

"你看，这是切肉的，这是切蔬菜的，这是切肉的……"她把我拉到一支支架旁，根据大小薄厚秩序井然地插放着七八副砧板。

"刚才那块不是用来切肉么？"我指着黄色砧板，有些迷惑。

"哦，对！这是切熟肉的。刚才那块是切生肉的，你看，砧板下有说明。"果然，每块砧板的底面或侧面都刻着简洁的使用说明、血统、出品地以及"自 1829 年始"之类的字样。

一件件赏完瓷器和砧板，她问我要不要来一杯柠檬汁。怕她会试探我对她画作的真实感受，我赶紧摇头，却被她盛情挽住："你确定不尝尝我的柠檬汁？最新鲜的柠檬，完全有机，你一定会喜欢的！"说毕就从隐形冰箱里拎出糖水，又从挂篮里掏出柠檬，放入了柠檬榨汁器。

"我相信你的牙齿不会像苏格兰人一样甜。"

望着我脸上的问号，她莞尔一笑："苏格兰人最能吃甜。"

"苏格兰的我没吃过，不过印度甜品很好吃啊，尤其是一种叫 Besan Ke Laddoo 的，金灿灿……"

她打断我的话:"哦!别和我谈印度甜品!某年夏天去安巴拉度假,不知道吃了什么,差点赔上性命。"

"对对,印度甜品和英国甜品确实没法比。"我赶紧谄媚地补上。

"英国甜品确是美不胜收,不过也要看是哪家做的。超市里的甜品,加了大量的糖精和添加剂,简直是毒药!哎……有时候我真不明白,为什么有些人如此轻易上当,标签上写什么,他们就信什么,尤其是那些盲目的穷人。"

"主要还是因为便宜……"回想自己整个冬天全靠乐购(Tesco)一英镑四只的松饼蛋糕对抗冷血症,我突然全身燥热。

"嗯,便宜是原因之一,主要还是缺乏自制力吧!"她又莞尔一笑。

[四]

箪食瓢饮地活着,和被人挖出"贫穷的劣根",这两种感受是截然不同的。无数次,我一边思索着那些关于"贫穷与自制力"的对话,一边在波音飞机的黑色投影下漫步,左边是破旧的秋千和被它晃起的地平线,右边是卖零食的小卖部,货架底下蜷缩着无精打采的流浪猫。收银台旁一位妙龄辣妈,打扮成 Lady Gaga 的样子,冲着自己不满 4 岁的女儿破口大骂，一边尖嚎，一边求上帝自尽……几个耳洞被手术钢圈撑得核桃般大的少年，倚在门边，见怪不怪，吸着卷烟，冷漠地望着偶尔被车前灯照亮的、坑洼满面的沥青马路。

与之匹配的独幕剧，是坐在小货车旁的亚马逊快递工，四五十岁，胡子叭髭，抓着馕卷热狗，吃得上气不接下气，边吃边一刻不停地刷着手机。经常给布莱克小姐送网购产品的小哥告诉我，这是一份零合约、时薪低于国民最低工资——7.2英镑、没有三保一险、病了就失业的工作，每天送100到200份货物，早上8点出发一直送到月黑风高，还时常拿不到工资。BBC4电台曾现场报道过亚马逊在英国最大的仓库，有14个足球场那么大，却不像足球场那样有地暖设备，且上个厕所都像跑一场不要命的马拉松。

生活在这种状态里的人，假设脑袋里也有一间14个足球场大的仓库，恐怕13.99个足球场已经被天价房租、房屋税、水电费、汽油费以及一个零合约的未来载满了吧？剩下最后一小块空间，你希望用它来承载什么？自制力？对低糖食品的热望？一顿边听歌剧边正襟危坐、细嚼慢咽100克无骨鲑鱼的晚餐？

何况健康食品（包含绿色食品）的价格，在2002到2012年十年间，上升了35%。2012年，健康食品的价格已是普通食品的三倍（UK Consumer Price Index）。劳动人民需要卡路里，对于健康食品来说，一千卡路里要 7.49 英镑，从冷冻袋装油炸薯条和 30% 肉含量的廉价汉堡中获得生存动力，只需 2.5 英镑或更少（NHS［全民医疗保险］官网数据）。

美食家杰克·门罗（Jack Monroe）曾在茶里放六勺糖，若说"缺乏自制力"，她可谓典范。2011 年，单亲妈妈杰克·门罗产后因无人照顾儿子，向所在消防队申请调整工作时间被拒，只好辞职另寻生路。简历全无回音，又碰上保守党大砍失业救济金的伊始，几乎只有身怀绝技的人才有望领到救济金。在堆积如山的电子垃圾面前，她竟然想到了典当电视机——当然，这还是在饥饿的初级阶段。为了保证儿子一天能吃上三顿饭，她为自己减去两顿，饿得不行就往茶里放糖，靠着六勺糖的热量，苦心钻研如何用 1 英镑活一天。她用 8.7 分钱一只的鸡蛋做蛋饼，并写了一本穷人美食圣经《饥饿之殇》（Hunger Hurts），一举成名。

8.7 分钱一只的鸡蛋，当然不是充满道德优越感的绿色鸡蛋；糖的致命之处亦早在英国科学家约翰·尤德金（John Yudkin）的著作《纯，白，致命》（Pure, White & Deadly）里被剖析得一目了然。然而当资本主义需要找寻贫穷的替罪羊时，被谴责的往往不是那些巨型养鸡场、患巨人症的超市或者赚得满脑肥肠的地产业和金融赌场，而是"不懂节制，有绿色鸡蛋不吃，偏要吃速成鸡蛋的穷人"——正是这些"贱人"给 NHS 带来了与饮食相关的、每年 58 亿英镑的医疗开支（NHS 网站数据，2014 年 10 月 9 日）。就连英国伊丽莎白学院的生理学教授和营养学家约翰·尤德金也受牵连，为揭示"糖业的阴谋"，他被整个利益团体孤立，国际研讨会不再邀请他，学术杂志不再发表他的著作，他的研究基金被停，他被口水淹成一个"脑袋进水的怪物"，最后含冤离世，而那些围堵他的跨国集团，那些像推毒针一样把过量糖浆注入食品，以期让穷人上瘾的暴利之徒，却仍稳坐道德的审判台。这一幕，美国历史学家杰佛瑞·萨克斯（Jeffrey Sachs）一语道破："历史是褴衣方领之流书写的，穷人当然得为一切背锅"。

今天，热爱艺术的雅士们在自家豪宅里举办画展，或者组团去泰特美术馆（Tate）欣赏莫奈的雾霾风光，谁会抿着鸡尾酒，走进地基深处去对话亨利·泰特（Henry Tate），那位泰特的始创者，19 世纪大英帝国的糖业大亨？谁又会无端端地提起"糖"被誉为"白金"的年代，贩奴运动，加勒比海惨烈的殖民史，以及被垄断资本后殖民的当下和未来？

[五]

英国对我这种亚热带物种来说，简直就是西伯利亚，寒风从不歇息，冬天也从未离席——就算它真的起身告辞，它坐过的地方，床也好，凳子也好，公园里的长椅也好，草地也好，都是冷飕飕的，且长满了细密的冰锥。当然我这样讲，那些一出太阳就恨不得投奔天体运动的英国人肯定要耻笑，但英国的寒冷，好比瑞士军刀对秋刀鱼的凌迟，确是一丝不假。

没有暖气么？当然有，没有的话会死人的，可恨的是燃料公司一到冬天就开始涨价，大雪前后能涨到埃菲尔铁塔的高度。富人家，比如那种有前院停车场和后庭大花园的，等不及 10 月就拧开了暖气。"人不怕冷，猫也是怕的。"这些人辩解道。这些人一整个冬天都只穿短袖和开司米外套，洗衣房里的衣服，不但干爽柔软，还散发着一股如来仙境的幽香。而穷人家因为不太舍得开暖气，房间里的湿气撞上墙上的霉斑味，再裹挟油烟和剩菜味，搅成一团，在穿了几百遍的纤维里发酵，汗衫也好，睡衣也好，总是怎么晾也似乎干不透，飘着一股浓郁的异馊。

表面过得去的人家也不敢全天开暖气，尤其是在没有液化气只有电暖的地区，只有在凌晨到清晨电费减半时储热，白天使用。这种 V.S. 奈保尔时代的电暖，效能极低，下午三点后就开始自暴自弃，逼着主人把自己穿成木兰出征。

冬日外出，就更冷了，膝盖结冰，脚趾生疼，恨不得躲进促销小哥全副武装的小黄人行头里。

这么冷的天,安·奎恩（Ann Quinn）是如何度过的呢？

安·奎恩 50 多岁了，自 2015 年 6 月就和她的小狗 Chanel 住进了一辆旧轿车里。副驾座上搁着一只塑料小天使，后座堆满了她的全副家当——衣服，廉价首饰和洗漱用品。

时间穿过云中隧道，进入了 2017 年，即我来到英国的第七年。此时我已告别了每天可以打几千次飞机的西豪恩斯洛，并和一位英国诗人结了婚。我们在乡下租了一块菜地，过上了"自耕农"的疯狂日子。学习"自律"，吃低糖食品和不打农药的瓜草，并不等于就彻底忘记了贫穷的质感。贫穷依然是一颗砂砾，住在我的眼睛里，我只能把它看得更仔细。2017 年初，我加入了当地的食物银行。我们的工作是四处收集募捐食品，并把它们分配给饥肠辘辘的人。

安·奎恩是食物银行的常客，经常挂着拐杖，夹着小狗进来。手臂一松，小狗便从她怀中跳出，伸长脖子，警觉地嗅着塑料袋里的食物。它们通常是罐头黄豆、罐头青豆、午餐肉、意大利面条、大米、盒装牛奶和袋装饼干等等。没办法，由于神经过敏的食品储存和安全条例，英国食物银行无法接受新鲜食品的捐赠。

安·奎恩不一定来领取食物，她在饼干碟和茶水旁左顾右盼，有时只是为了找人说说话，或者找个地方取暖。她之前是 The Princess of Wales 医院的护士，因精神疾病和肢体劳损失去了工作，申请不到残疾人救济金，据说又被卷入了救济金误领官司，除了每月 317.82 英镑的失业补助，一无所有。在单间至少 400 英镑的小镇里，除了一辆破车便再也找不到其他的藏身之所。

"你在哪洗漱？"我问。

"公厕呗！"她惨淡地答道，"哪有什么洗漱？随便洗下脸就算了。"

镇上的公厕下午五点就关门了，游泳池有洗漱间，但一张泳票要 4.5 英镑，我没敢继续追问。

"做饭呢？"我又问。

"哪有什么饭做？面包之类的速食随便打发了一下就算了。"

我说你英语很正，有没有想过去其他国家教英语？我告诉她，连我这种二手英语都在老挝教过。你可以去泰国，去老挝！不必在这里挨冻，那些国家气候温暖，阳光灿烂，你完全可以重新开始。她笑了，露出一口不齐的牙齿，眼睛开始冒光，我继续鼓动，你还可以带上你的小狗！

她赶紧抱起了她的小狗："嗯，那是肯定要带上的。没有它，我就活不下去了。"

安·奎恩没有去亚热带教英语，我们机构的地区经理说我的建议"挺有趣"却不切实际。

2018年立春，北极寒流袭击整个英国，雪沙被飓风吹向空中，形成一只只白色的巨大旋涡，汽车盖着雪棉被，连鸟儿都只敢压着地面或屋檐低徊。像安·奎恩那样无家可归的人，比2010年，即我来英国的第一年翻了一倍。BBC 2016年12月1日公布的数据是250000人，这只是在英格兰。为无家者而设的"避难所"2017年发布的数据是307000人，包括了北爱尔兰、苏格兰和威尔士。其中伦敦最高，超过了15万人。在所有的无家可归者当中，有4134人长期露宿在大街上，在雪地上铺一层塑料袋，野狐似的蜷缩在人行桥洞底下或超市门口。每当气象局即将发出红色警报，教会和各种慈善机构的人员便纷纷出动，像在喜马拉雅山上搜索雪莲一般，四处搜索着这些濒临绝望的人。

就算头上罩着几片瓦，也不见得就能打过那些冬神指派的拳击手，它们的拳头是一团团乳白色的冰冷水气，沉甸、黏糊、猝不及防地攻击着这片昂贵的土地。

有一天，我们那一区的女警官苏·劳克（Sue Loaker）撬开了一户人家的房门，里面没有电，冷得像只藏尸窖，地上全是垃圾纸盒，墙壁和天花板一片烟熏火燎，像刚经历了二战。原来因为交不起电费和燃气费，又没有壁炉，那户人家只好在地板上烧垃圾取暖。高挑健壮的苏警官便开始马不停蹄，四处游说，力图解决"燃料贫困"的问题。

在一个寒冷的夜晚，苏警官把我们那一区食物银行的所有成员召集在一起。"不仅是燃料贫困"，她站在一间冻得发蓝的教堂里说道，"还有'厕纸贫困'和'卫生巾贫困'……有一次我们警局接到报案，一个女中学生偷了一盒卫生巾"，她顿了顿，努力按捺住激动的情绪："一盒卫生巾！我想请在座的各位想一想。"

苏警官因此开设了一个叫"基本用品"（Essentials）的收集站，和食物银行等机构合作，为有需要的人提供燃料费、卫生纸和卫生巾。

[六]

在所有形容"贫穷"的英文词汇里，我觉得"dirt poor"这个词最贴切，因为"灰尘是最势利的，当你衣着光鲜它退避三舍，当你破衣烂衫它就从四面八方猛扑而来"（乔治·奥威尔，《巴黎伦敦落魄记》）。一个人怎么会落到"dirt poor"的境地呢？除了那些一夜之间赌光祖坟的富家孽子，"博根计划"（The Borgen Project，美国一个反贫富分化的 NGO）给出了五个答案，历史成因（比如被侮辱和剥削过的殖民地）、战争、国债、歧视带来的资源分配不均、环境恶化和自然灾害。

在我看来，这五条原因里面最刺眼的是"歧视带来的资源分配不均"。在英国，性别歧视造成了全职女性的平均年收入比全职男性少 9112 英镑（《独立报》数据，2018 年 1 月 17 日）；在美国，种族歧视造成了男性黑人员工平均每小时收入只占男性白人员工的 70%（美国联邦储备银行旧金山经济研究［Federal Reserve Bank of San Francisco Economic Research］数据，2017 年 9 月 5 日）；对犹太人的歧视可以追溯到中世纪或更早，一直持续到二战前后；对残疾人的歧视令德国人在毒杀犹太人时，也杀了成千上万的同胞，单哈达马尔（Hadamar）医院就利用毒药和"熬到营养完全蒸发的稀汤"杀死了近 15000 名"不够健康"的德国公民。歧视链无所不在，对贫农的歧视，对体力劳动者的歧视，对性工作者的歧视，对 LGBT 的歧视，对流浪者的歧视，对衰老的歧视，甚至连"颜值"也被纳入歧视的范围……而贫穷几乎可以说是各种歧视混杂的产物，像一条"融汇百川"的脏河，贯穿着人类的整个文明史，以致一早就被亚里士多德称为"革命和罪行之母"。

为了反对歧视和歧视带来的贫富分化，欧洲自战后便建立起一整套税收和福利制度。战后的婴儿潮一代（Baby Boomers）几乎都是它的受益者，低收入者不但可以租住政府福利房，孩子们课间分得一杯牛奶和一勺鱼肝油，还有从小学到大学的免费教育，失业救济和全民医疗保险。然而并不是所有的人都拥抱它，那些垄断全球经济的资本家、财团及其门下政客，咬定"贫穷是自身之过"，多年以来一直在想方设法地瓦解这套体系，比如卖掉政府福利房，实行紧缩政策，将水、电、交通、医疗、教育等公共资源私有化，用"吓尿体"进行媒体轰炸等，似乎只有如此，才能从金钱和道德上脱身。

我的一位英国朋友，原本在 M&S 工作，不幸撞上了实体店打不过全球网购店的时代。M&S 在 2016 年就开始大面积裁员，2018 年又将关闭 14 家超市，炒掉 468 名员工，他属于 2016 年下岗的那波。失业近一年后，积蓄和下岗赔偿金全部用光，新工作没有着落，每月还要付近千英镑的房贷（感谢炒房集团）。妻子为了照顾三个年幼的孩子（感谢昂贵的托儿费），尚未有机会工作。双方爹妈皆不属于可拼阶层，且早已退休。于是他找了一份货车司机的工作（零合约），工资不够付房贷。

若按最坏的逻辑推理他的处境，画风估计是这样的：卖掉供了不到两年的房子，租房并靠所剩不多的卖房款生活。银两耗尽后仍未找到工作，被房东赶了出来，只好申请失业住房津贴和失业补助金。由于福利房都已差不多卖光，为富不仁的政客们根本不想再建什么"福利房"，导致等候政府安排住房的人超过了 104000（据 2017 年的数据）。为了不露宿街头，只能拖家带口投靠父母，七个人挤两居室。

终于奇迹般地等到了一片瓦，被告知在苏格兰某个穷乡僻壤（因为那里的房租比较便宜），当然不去也得去。

安顿好妻儿，每日开车去 20 英里外的就业中心准时报到，被迫囫囵吞枣填各种表，结果发现就连"捡狗屎工"都有一千人应聘。某日爆胎，未能准时到达就业中心，便被活生生地停了救济金。没米开锅，只好走进了食物银行。孩子在饥寒交迫中长大，跻身牛津剑桥的可能性降低，考上了也支付不起 9250 英镑一年的学费（据 2018 年 2 月的数据），匆忙涌入打工浪潮，万般努力却只换来零合约，他们的孩子，也就顺理成章地成了贫二代——这个原本还算中产的家庭便落入了"dirt poor"的境地，并从此被"世袭贫穷"（Generational Poverty）缠身。

英国《卫报》记者斯蒂芬·阿姆斯特朗（Stephen Armstrong）走访全英，将很多这样的"dirt poor"人生录进了他的新书《崭新的穷困》（The New Poverty）中。他认为政府的见死不救是"歧视"，尤其是"机构性歧视"（institutional discrimination）的最大显现。他写道："家住布拉德福德的克莱尔·斯基波付不起拔牙费，巨疼之中跑到工具房找了一把老虎钳自己拔牙"——这几乎是一道启示：今天我们谈起贫穷，谈论的不再只是埃塞俄比亚或委内瑞拉，甚至不是希腊，而是一个中产阶级正在萎缩的第一世界。

感谢诸神，这位从 M&S 下岗的朋友，去年底终于找到了一份工作，不然我根本不敢乱开乌鸦嘴。可惜并不是每个人都像他一样幸运，向食物银行求救的人从 2010 的 4.1 万人增加到了 2017 年的 120 万人。斯蒂芬·阿姆斯特朗引用欧盟的数据："1300 万英国人生活在贫困之中，贫困儿童占儿童总数的五分之一"，在做了严谨的调查过后，他指出，穷人不是贫困的罪魁祸首，而是它的产物。贫困也不可能通过"自律"自愈，"紧缩"只会导向更极致的贫穷。2018 年 2 月的《伦敦书评》花了两个整版，用近万字来声援他的观点。

[七]

2017 年底，我们过了一个繁忙的圣诞节，几乎每人都烤了一个蛋糕，小心翼翼地摊在碟子里，摆在小茶几上。客人们鱼贯而入，一位中年母亲走了进来，身后紧跟着她那约摸十七八岁的儿子。那个男孩，一副英伦摇滚的少年体态，像那个年纪的少男少女一样，对自己的外表有着高度的、审慎的自觉，如果我没记错的话，他还穿着一双匡威式的球鞋。请他吃蛋糕，他说了谢谢却迟迟不肯动手，一个人站在角落里，长久地望着玻璃门的反光。当我目送母子俩出门时，才发现大门外还站着另一个男孩，也许是哥哥或弟弟，一脸不可伤及的自尊，霜花般一触即碎。

在这些前来求助的人当中，我们最常听到的是这样一句话："我真为自己感到羞耻。"

"……我真为自己感到羞耻，每天最害怕的就是见到认识我的人，所以我把自己裹进睡袋，在树林里藏了十个礼拜。"在"吉米的避难所"（Jimmy's Homeless Community）发起的 2018 巡回演讲中，史蒂文（Steven）高声说道。

"吉米的避难所"坐落于剑桥市中心，一座古老的教会式建筑和一扇结实的红漆门是它的标志。二十多年来，它打捞了无数几乎被厄运淹死的人，其中就包括史蒂文。史蒂文原本是一位古建筑修复师，他告诉我，他修过大大小小的古建筑："这种活非常考究，要由化学家在旧建筑中取样，得出其原材料和配方，再在此基础上仿制出色泽和质地几乎可以乱真的建材，才能完成修复。温莎城堡的天花板，就是我和另两名修复师一起修复的。"

这样的专业人才，怎会落到"dirt poor"的境地呢？原来史蒂文临退休前，将全副身家搬到了西班牙，却在那里和结婚十四年的妻子离了婚，只好带着所剩无几的积蓄孤零零地回到了英格兰。62 岁，找工不易；想自己干，又买不起昂贵的古建筑维修工具。为了去西班牙，原先的房子也卖了，山穷水尽，他在儿子家住了四个月，后来又在哥哥和姐姐家各待了一段时间，最后他卷起包袱，住进了树林里。

"你为什么宁愿住进树林，也不肯住亲人家呢？"我万分不解——这在我的成长环境里，是不可理喻的。

"儿子刚结婚四个月，房子很小且没我能久住的地方。再说，我也不想麻烦他，人是有傲骨（Pride）的。"

"我在好几个非福利国家住过，生存面前，傲骨往往是最后才考虑的事吧？"

"不！对我们英国人来说，傲骨是与生俱来的，你甚至可以说它是一种英国性。"

"那你为什么觉得羞耻？"

"我曾如此骄傲，怎会不觉羞耻？"

"不愿人的傲骨被践踏，是英国创建福利社会的初衷么？"

"我想是的。我交了三十多年的税，就是为了不让自己有一天露宿街头或寄人篱下。"

"所以你们才要千方百计地保护福利社会？"

"没错！"

史蒂文在树林里住了十个礼拜，直到 2017 年圣诞节的第三天。那一天，一群流氓发现了他，他们把他痛打了一顿，抢走了他的睡袋、手提电脑和钱包。那一天鹅毛大雪把树枝都压扁了，他一个人走在路上。从纽马克特镇（Newmarket，剑桥郡的一个小镇）一直走到剑桥市，走了近 16 英里。在昏暗的马路上，他向警察求救。警察把他推荐给了"吉米的避难所"。他推开红漆木门，像被密封的人推开了沉重的盖子。他们为他铺好了床，送上了冒着热气的食物。一个月后，他们为他申请到了一间福利房。除了住房津贴，他每周有 73 英镑的生活费，伙食、水电、网费、交通等全在里边。这点钱是保守党政府实行"紧缩"政策的结果，比起他在过去三十年所交纳的税金来说，它简直微不足道。离领取退休金的年龄还有三年，他正在一边找工作，一边为慈善机构免费做搬运工。

"你觉得我们应该怎样帮助世上那些贫苦的人？"有人问。

"不要进行道德审判，不要给他们扣上各种罪名。"这是史蒂文在离开演讲厅时说的最后一句话。

"
这 一 代

最 杰 出 的 头 脑

"

正 毁 于

过 度 精 明 。

'The best brains of this era'

will be destroyed by their over-astuteness.

——贾行家 | Jia Hangjia

□□ 评 论

如果说，乔治·奥威尔预言了极权时代的本质；

那么，居伊·德波则预言了后极权时代的特征。

居伊·德波

—— 密谋一万种可能

撰文　萧轶

6 月中旬，我收到刚从法国回来的朋友寄来的一个包裹：两本关于闻名于世的莎士比亚书店创始人西尔维亚（Sylvia Beach）的原版图书《西尔维亚书信集》和《西尔维亚与迷惘的一代》，一把法国各个年代造型不一的法国硬币，还有十几张不同年代印刷的风景明信片，最旧的一张邮戳是 1904 年，那些旧的明信片上有不知名者写下的笔迹，可惜我不懂法语，无从知晓上面写着什么，甚至，还有一张可能是她在巴黎某个酒吧闲坐时顺出来的喜力标签。

并非如其他人那般，因为是朋友漂洋过海带来的东西而倍加珍惜，而是我对陈旧老物素来青睐，时间让这些东西看起来别有趣味：关于西尔维亚的书总让我想起解放巴黎时海明威兴奋地抱着她在大街上转圈圈的场景，喜力的标签让我去想象在巴黎小酒馆里的场景，不同年代的法国硬币让我想起那里的历史与文化，还有那些留下前人笔迹的老明信片，似乎每一张都在讲述不同年代小人物的故事。

在这些老明信片里，有巴黎风景，还有莎士比亚书店，朋友甚至特意为我寻来一张与居伊·德波（Guy Debord）有关的明信片，以及往来于威尼斯的四张明信片。不知是否是考据癖作祟，似乎每一件物品都在向我无言地诉说，让我总想搞懂这些物件背后的故事，语言的障碍和无言的画面强烈地催生着我的想象。其中，四张褐色老旧的威尼斯风景明信片，让我不由自主地想起了布罗茨基。

在他生前出版的最后一本散文集《悲伤与理智》的第一篇《战利品》里，布罗茨基特别写到了一位姑娘在他过生日时送给他的"一套像手风琴风箱一样连成一串的威尼斯风光明信片"，这套明信片是那位姑娘的奶奶于二战前夕在意大利度蜜月时带回来的，也恰好是在布罗茨基因为阅读两部以威尼斯冬季为背景的小说而常常念叨威尼斯时送来的。这些老旧的明信片让他感觉"几乎就像是在阅读亲戚的书信"，浓郁人文色彩的水城景色让他认为威尼斯呈现出来的气质，如同"做好了应对寒冷季节之准备的文明"，以至于他翻阅了无数遍，在晦暗的年代里，温暖着他沉闷漫长的冰冻生活。从这些明信片上，他想象着苏俄社会极力批评的西方社会，如同奴性的芬芳那般，诱惑着那颗逃离的心，暗暗发誓："有朝一日我若能步出国门，一定要在冬季前往威尼斯，我要租一间房，是贴着地面的一楼，不，是贴着水面，我要坐在那里，写上两三首哀歌，在潮湿的

地面上碾灭我的烟头，那烟头会发出一阵嘶嘶的响声；等
钱快要花光的时候，我也不会去购返程票，而要买一把手枪，
打穿我的脑袋。"

这是一位二十多岁的年轻人受雇于明信片想象所产生
的颓废幻想，也是一个有关于逃离的故事。命运垂青于这
位以写诗为理由而反抗劳动的诗人，让他得到西方名人的
呼吁与营救，安全离开，不仅时常到威尼斯去，还在水面
上写下了大量的诗文。在那本关于威尼斯的札记《水印：
魂系威尼斯》里，布罗茨基如同给那位姑娘写情书那般，
用情色意味的调侃方式，借助跳跃的思维和宽阔的比喻，
如同面对某种危险的愉悦，鲜明而刻意地警惕着情感泛滥
的叙事病灶，语言密度无限爆炸似的表达着深沉潜藏的忠
诚与喜爱。写下威尼斯无数倒影的他，最终让自己也成为
威尼斯的一道水印，他对威尼斯的热爱和写下的诗文让他
青史留名，如同"掠过倒映在水晶水面中的那些花边般、
瓷器状的廊柱"，竖立在威尼斯游客们的心底。他也长眠于
威尼斯墓岛，尽管与被他戏谑调侃过的庞德做了永远的邻
居，而这本关于威尼斯的书成了他销量最大、译本最多的
散文札记。

威尼斯的明信片让布罗茨基与一座城池的文化想象发
生了关联，而包裹中的一张明信片让我也像布罗茨基阅读

威尼斯明信片那般，目不转睛地看了不知多少遍。那张泛黄陈旧的明信片，是奥弗涅（Auvergne）平原火山湖泊的景致，这是居伊·德波晚年如同修筑军事要塞线般修筑高墙的隐退之地。每每凝视着这张陈旧而干净的老明信片，我总想象着火山湖泊的草木深处里居住着居伊·德波，无数次想象着他在《颂词》中所写的那种"蔚为壮观的孤立"和"愉快而难忘的隐居"，还想象着夫妇二人用丰盛的晚餐和醇美的红酒款待夜来造访的客人们，当然还有法国秘密警察和狗仔记者们如何用双眼监视着这位1968年巴黎风暴的领袖人物，不仅怀疑他与意大利"红色旅"（Brigate Rosse）和德国红军支队有联系，甚至因为德波妻子的母亲是嫁给纳粹逃兵的上海人，从而怀疑他们与共产党有密切来往，在高墙之内密谋着阴谋诡计。实际上呢，孤傲成峰的德波早就说过，他不屑与同时代的知识分子为伍，更不想混迹于声名显赫的时代群体之内。

在布罗茨基年轻时的颓废幻想里，他曾想象着在无法返程时买把手枪死在威尼斯。居伊·德波的最终归宿，就是用一颗子弹不偏不倚地射穿了自己的心脏，最终让秘密警察失去了领赏升官的机会。当他的死讯开始传播，法国媒体以为这位思想家、活动家、城市批评家、电影导演、作家和冒险家，在多年前就已经去世了，这鲜明地昭示着德波的隐匿是何等的成功。生前的他，将这片被火山湖泊切割得阡陌不通的隐秘之地称为"风暴集结之地"。他所居住的尚博（Champot）四处都是沉睡的火山，如同四周潜伏危机的社会隐喻，火山口如一双双"老大哥"的瞳孔。在火山群中择一隐退之地，甚至借助克劳塞维茨[1]的军事理论把自己的居所修筑出军事要塞的强烈气质，堡垒似的让自己的生活看起来像是随时可能被突袭的避难所。他要随时抵御攻击，在离群索居的同时，也大量地阅读和思考，在烟酒生活中密谋着颠覆世界的新理论，如同沉睡的火山那般，随时等待着喷发的一刻。

居伊·德波的人生犹如奥弗涅那些火山口，也曾与朋友们一起蓄势过，一起向着世界喷发过，而后在时代中留下了属于他的符号，并最终在这些火山湖泊附近隐匿着。如同这些明信片一样，最终他也成为后人笔下的时代风景和话语景观。他在尚博隐匿的日子里，秘密警察对他的监视以及他通过读书思考甚至建筑军事要塞来抵御外界的生活方式，恰如其分地把他的一生及其思想形象地展现出来了。现代社会对个人的监控无所不在，即使隐居尚博德波也随时随地被监视着；即使独处于尚博的封闭空间之内，他也能感受到无孔不入的视线。久而久之，我们在现代社

1　克劳塞维茨（Carl Von Clausewitz，1781—1831），普鲁士将军、军事理论家，著有《战争论》。

会的生活中，会被这些夜以继日的外界凝视所腐化，因恐惧而掩藏，因掩藏而扼杀自己内心的真实想法，从而使生活变得局促不安，进而使我们被打磨成没有个性、没有自我的人。无论是他在巴黎写下的《景观社会》，还是在尚博自己点评自己的《〈景观社会〉评论》，这些被认为具有左派色彩的著作，对于从不归属于左翼或右翼意识形态阵营的他来说，更像是对现代生活的投石问路。对于读者而言，则更像是属于每一个人的私人课程：在逃无可逃的时代里，我们如何忠于自己的天性；在日常生活中，我们如何攀爬可以企及的高度，密谋更多的生活可能性。一个关乎幸存的伟大命题。

　　无论是离经叛道的生活方式，还是影响世界的著作文章，居伊·德波一直在撕开虚假的社会帷幕，去寻找属于我们私人的本真生活：真实的情感、真实的体验和真实的欲望。在1968年的法国"五月风暴"时，他写下了激动人心的标语：我们拒绝用无聊致死的危险去换取一个免于饥饿的世界。在被各种资本侵袭的现代社会中，物质化的商品世界让虚伪矫饰成为兜售情感的最便捷支付方式，既可以让人舒适安全，也可以让人心安理得，更让人乐在其中，但就是没有自我的存在。数字比权利更重要，公司发展比市民起义更伟大，服从归顺的被动接受，如同一个现代社会的监禁噩梦，将沉睡作为人类的最终要求。社会学家和

心理学家的理论研究变成了统治技术，如同社会警察一般
与国家之间签署了学术契约，窥探着时代的心理，从而像
递交镇压方案似的进献给了国家智囊团。日渐麻痹的生活
方式，在居伊·德波看来，是一桩心安理得的永久性丑闻。

如同意识形态的粗暴统治，我们时代迎来了新型催眠
方式。战后的资本主义世界，商业规则如同雾霾一样入侵
日常生活的方方面面，在法国有亨利·列斐伏尔[1]对"劫后
余生的资本主义"和"现代世界的日常生活"的深刻反思，
在美国有大卫·理斯曼[2]对"孤独人群"的深刻论述，当然
还有走进我们课堂的马歇尔·麦克卢汉[3]的媒介理论……就
在此时，居伊·德波借助尼采式的语调，结合了年轻的人
道主义和成熟的政治经济学、左翼的黑格尔与唯物论的费
尔巴哈、好战的马基雅维利和理想主义的卡尔·柯尔施[4]，
以及浪漫的卢卡奇和军事的克劳塞维茨，用最为冷酷无情
的语录式写作，向我们展示了一个丑即美、虚伪即真实、
愚蠢即智慧的生活图景，递交了一份通往个人自由而非集
体独裁的宣言书。"让想象力夺权"，居伊·德波在精神危

1　亨利·列斐伏尔（Henri Lefebvre，1901—1991），法国马克思主义哲学家和社会学家。

2　大卫·理斯曼（David Riesman，1909—2002），美国社会学家、律师、教育家。理斯曼
　　1950 年与同事合著的书《孤独的人群》对现代行为进行了社会学研究。

3　马歇尔·麦克卢汉（Marshall McLuhan，1911—1980），加拿大著名哲学家及教育家，著有
　　《理解媒介》等。

4　卡尔·柯尔施（Karl Korsch，1886—1961），德国马克思主义理论家。

机时代喊出了这句响亮的口号。在情感日渐麻木的时代，在精神日益困惑的年头，他用激进的话语和激进的行为来反思和抵抗我们时代被包装得让人人都感到舒适的激进社会潮流，那就是通过商品与物质的精确计算，借助美好生活的口号，让人逐步麻痹成没有个性的人格，汇流成真情实感匮乏至极的社会生活，意义也从生活中退场。他用忠于天性的真实生活，来寻求生活的意义，希冀把个体从催眠大会中打捞出来。

在青春年少之时，德波就下定决心要过一种晦暗不明、难以捉摸的冒险生活，不愿如社会潮流那般只是为了获取职业技能而学习知识，也不愿仅仅为了得到一份安稳舒适的工作岗位而打开书本。在大学里，他大量地读书，大量地抽烟，大量地喝酒，还有大量地撩妹，在图书馆和小酒馆里斗志昂扬地与他人激辩着时代的命题，以至于他终生只有高中文凭。他用这种离经叛道的鬼混生活进行自我教育，最终成为 20 世纪法国最为迷人的思想家，甚至可以说是蛊惑大师：一个光芒四射的知识偶像，一个魅力无敌的冒险大师，一个狂妄自大的革命领袖。最终，无论左派阵营还是右派阵营，都无从将他引以为友，又没法将他引以为敌，他的思想和行为只属于居伊·德波这个名字。左派因其资产阶级的高傲自大而无法与之结盟，右派又因其激进的生活方式而厌恶他，以至于流言蜚语的猛烈攻击让他必须借助酒精来驱赶恐惧；游牧式的生活方式照旧拒绝着无论是来自政府还是来自社会的劝诱归降，让他无法被归类，以至于他被冠以太多有争议的名号：策划者、虚无主义者、伪哲学家、教皇般一贯正确的人、孤僻之人、导师、催眠师、信奉自我的宗教狂、恶魔、幕后黑手、被诅咒的灵魂、激进主义的公开信徒、精神领袖、疯狂的施虐者、愤世嫉俗者、卑鄙的梅菲斯特、蛊惑者……如果要给居伊·德波一个定义，再好不过的概括依旧来自我们时代的陈词滥调："一个自由的灵魂"。

1957 年，在历经字母主义运动、字母主义国际和包豪斯印象运动等先锋运动的兴盛和衰落之后，25 岁的德波主导了"情境主义国际"[1]的诞生和发展，尤其在 20 世纪 60 年代，直接催化了 1968 年的法国学生运动，并在"五月风暴"中带领"情境主义国际"走向鼎盛。而德波如同军师般，在幕后运筹帷幄。"情境主义国际"吸取并继承了达达主义运动、超现实主义运动等先锋运动的理念，结合战后对资本主义社会的批判理论，对资本主义的异化生活发起了艺术式的反抗。"情境主义国际"的精神和《景观社会》相辅

1　情境主义国际（Situationist International），一个由先锋派艺术家、知识分子和政治理论家组成的左翼国际组织。

相成：建构情境，打破景观。实践的具体方法表现为"漂移"和"异轨"，前者利用游牧式的夜游来寻觅经验，抵制城市建筑的僵化布局，反抗被物化的城市生活；后者则致力于对习以为常的意识形态进行反叛，重寻新的语言方式，培育新的思维方式，对媒介进行揭穿，重获日常生活的真情实感。

那时候的他，喜欢废墟般的城市，一如他喜欢跟底层人混在一起，喜欢与郁郁不得志的人一起烂醉如泥。他有着蔚为壮观的孤立，愉快而又慵懒地隐匿在巴黎的小酒馆里，却从不与巴黎精英们废话，反而钟爱与"声名狼藉"的同伴为伍，过着完全独立的贫困生活。"我可以四处为家，唯独不愿与这个时代的知识分子共处。这当然是因为我鄙视他们，凡是了解他们全部著作的人又怎么会为此感到惊讶呢？"德波如此说道，显得既不安分且又目中无人。甚至，当所有人在传颂萨特拒绝诺贝尔文学奖时，德波冷冷地嘲讽道：拒绝诺贝尔奖算得了什么，更需要看他是否真的配得上它。他不希求科研经费，也不需要报界精英的称赞。在德波看来，美好生活的敌人们早已颁布了盲目的法律，使得社会总是回报平庸之辈，回报给那些对可憎的法律唯唯诺诺之人。在朋友之间，他懒于面对不具备对话可能性的人，而是热衷于冷酷无情的驱逐："换朋友比换想法要好得多"。傲视群雄的他，或许会认同夏多布里昂的话：

"有些时候，人们应该尽量节俭地使用轻蔑，因为有大量的人需要它。"尽管如此热衷于驱逐，非凡的知识储备与超凡的个人魅力，让他从不缺乏迷人的领袖气质，总是能够轻易地联合更多的人。在社会底层中间，德波自得其乐："我品尝到的愉悦，是遵从这个时代那些可悲法则的人所无法了解的。"或许，正如科涅克所说的那样：只有真正孤独的人才配得上赞赏。

在他看来，一个充分享受人生的人，日常生活应该由醇美的红酒、机智的谈话、迷人的伙伴和激动人心的书籍所构成。那个时期的巴黎城，穷人们尚未被赶出城市，尚未由于功能分区被抛到郊外，德波和周围的伙伴们一起任意地堕落和彻夜地游荡。作为江湖传奇般的隐匿酒徒，他经常嵌入一家肮脏小酒馆的沙发里，与强盗和歹徒、妓女和老鸨、愤世嫉俗的激进者和拒绝世俗的逃离者、卑鄙的罪犯和狂妄的酒徒，一起在这个酒馆里抽烟、喝酒、吵架，讨论哲学、艺术、电影和政治，欣赏和诱惑着身边的女人，与那些"快乐的、光彩照人的堕落女孩"恋爱而又失恋，与"注定不得善终的叛逆者"一起潜伏在城市的黑夜里，践行漂移理论，密谋自由个体的集体行动。他们拒绝工作，德波更是没有工作，也不想要工作。在德波看来，面对三点一线的机械生活和忙碌工作，不工作是我们时代早已失去的特权，失业是上天的恩赐。他在索邦大学混日子时下定了决心，在墙上以"绝不工作"（Ne Travaillez Jamais）作为生活的宣誓；他也从来不进入任何大学体制，"至于所学内容运用得好坏与否，我把这个问题留给他人评判"；他更不想被现代生活规则所规训，以游牧式的隐匿生活，用激进的艺术行为，抵制和反思更加激进的社会潮流。

现代化的后果严重威胁着人类的精神和真正的自由，逻各斯战胜了伊洛斯，秩序战胜了无序，组织战胜了叛逆。居伊·德波如同一匹野马般伏在巴黎城的黑暗角落，重申社会生活的勇气和城市文化的想象，用他的口舌暴力来反抗这座城市的精神暴力——虚伪、丑陋、拜物、权欲、愚蠢……他的话语总是具有预言的性质，精炼的理论化阐释无情地揭露着时代的本质与人类的异化状态。在德波看来，现代社会的日常语言已与统治语言逐步合流，官方话语习得了抚慰民众心理的暧昧语言，它不再透明，而是悄无声息地污染、模糊和篡改了我们日常生活中的交往语言。就像尼古拉·马兹洛夫[1]所说的那样：柏拉图的"理想国"和今天的"全球共和国"的区别在于，在柏拉图的时代诗人被逐出了社会权力领域；而今天，正是诗人在尝试把国家逐出他自身，写作本质上是对词语的遗弃。在现代生活之中，媒体服务于语言的造假，资讯沦为政权的诗歌，著作

1　尼古拉·马兹洛夫（Nikola Madzirov, 1973— ），马其顿诗人。

成为时代的噪音，连字典的语言也被政权收编，服务于时代的意识形态催眠职责，查阅字典都无法寻找到官方语言和真实语言的边界。德波借助激进的言论，希望传播话语的不服从，希望将透明归还给语言，将语言从政治操劳中解放出来。真实写作的意义就体现于对语词的遗弃，驱逐篡改语义的暧昧语法，夺回语言的使用权，让话语忠于天性。这也就解释了为何德波能够做到知行合一，因为真正的知行合一者，说出的话语如同时刻面临神灵审判的坚定誓言。现代性的流亡，不再以国界线为边界，而是以内心为范围。天性的坚守创造了内在的流亡，内在的流亡标注了自我的存在。唯有城市内部的漂移游荡和语言内部的寻觅行走，才能给予我们存在的感知。唯有拥抱自我的语言，才能想象生活的可能，才能拓宽命运的边界。对于既定政权和口炮党式的公共知识分子来说，德波的语言批判将会揭穿整个社会系统的虚假谎言。

作为"景观"的冷酷批判先锋，德波拒绝对景观让步，也拒绝在景观中现身，为此过着隐匿而又在场的生活，他的生活对应了乔伊斯的那句话："缺席是在场的最高形式"。这不仅体现在他的时代，还闪烁在我们的时代。在一个知识分子争相表演、争权夺利的时代，似乎没人能够真正鄙视权力的魅力，抗拒权力的认可。然而，正如罗兰·巴特所说的那样："要想活得快乐，就得隐秘生活"。德波既不寻求权力，也不寻求权力的认可，而是选择隐匿来维护自己的自由，小心地对迷恋或激怒保持着疏离的态度。去世后，他的骨灰被洒入河中，不留下任何遗迹，不仅消除自己在同辈作家之间的有形存在，还消除后人前来观察的可能性。这就是为何在 1968 年"五月风暴"之后，当其他知识分子开始寻觅出场机会时，他早已准备从喧嚣中退场，回归当初那种模糊的生活："在这个辉煌的分散时刻之后，我认识到自己必须快速置身于这个太过显眼的名利场之外。我们知道，这个社会与最直言不讳的敌人签署了某种和平协议，在景观中给予它的敌人一席之地。但我恰巧是当时唯一有些名气的人，尽管是负面和秘密的坏名声，千方百计也没能阻止出现在这个放弃的阶段。"在那之后，德波重走了17 世纪反对路易十四的投石党领袖雷斯的逃亡路线，德波作为那个年代的颠覆美学家，化身为景观时代的投石党人，在写作和出场中，都维系着"不予资敌"的坚定原则，不给敌人任何机会。他的一生都在抗拒景观，留给世人一个面目模糊的个人形象，这种隐匿而模糊的生活方式是对景观逃离、抵制、反抗、革命的最好方式。这才叫做真正的"反对阐释"。

在柏林墙被拆毁之前，在全球化还只是挂在每个政客嘴边、萦绕在自由市场论者的春梦中之时，几乎从不修正自己的居伊·德波，在 1988 年认真地润色了自我点评《景观社会》的洞察之书《〈景观社会〉评论》，对现代政治经济生活的整体未来竖起了中指，阐释了"综合（integrated）景观"的新时代本质。这本写于 1988 年的著作，不仅预言了苏联解体，也预言了当今世界自 20 世纪 90 年代之后的走向。如果说，乔治·奥威尔预言了极权时代的本质，那么，居伊·德波则预言了后极权时代的特征。正如阿甘本所说的那样，在《〈景观社会〉评论》出版仅两年后，世界政治不过是对此书所包含的话语剧本做出的仓促而拙劣的扮演而已。在德波看来，自他的《景观社会》问世以来，连半个世纪都尚未过去，景观社会已经强大得可怕：不断完善它的媒体盛典，用它的法则塑造了整整一代人。社会进程的加速度超越他最悲观的预期，历史迫使他再次介入时代："身处于这个令人遗憾的时代，我不得不再次以一种全新的方式进行写作。"

　　柏林墙曾是两种对抗的景观统治模式之间现实存在的界限。在柏林墙的东边，现实就像他笔下的"集中（concentrate）景观"，强权统摄了一切；在柏林墙的西边，现实就像他笔下的"弥散（diffuse）景观"，即全世界的美国化，也即我们时代的全球化。柏林墙代表的不只是东西对峙的终结，它也象征着民众的自由流动、市场的自由扩张与思想的自由传播。随着柏林墙的倒塌，不仅西边的国家逐渐地投入了全球化的怀抱，连前东方阵营也被迫裹挟进全球潮流之中，"集中景观"与"弥散景观"合二为一，成为了"综合景观"：造伪的全球化是对全球的伪造。此时的德波再次预言，综合景观的邪恶特征是接连不断的技术革新、国家与经济的结合、普遍的隐蔽、无可辩驳的谎言和一个永恒的现在。德波在福山之前就说过，历史的终结让当权者大大地松了一口气，愚蠢引来的不是笑声，而是普遍的敬意："所有的夺权者都有着共同的目的：使我们忘记他们只是刚刚上台这一事实。""成本与收益"取代了"战争与和平"，这不仅仅存在于柏林墙倒塌后的新欧洲，它还存在于东西方之间。世界秩序不再通过武力来定义，新的秩序正在精致的资本操控下不断地被形塑，东西方之间的意识形态分歧逐渐减弱，经济建立的握手言和正在逐渐地取代极权与民主、奴役与自由之间的对立……

最伟大的革命总是在平静与爱、在日常生活中如暗流般地实现，但无论如何都需要内在的愤怒来点燃想象的激情。因为，信仰产生宗教，慈善导致景观。在远离了革命的年代，在污化了的造反的社会，居伊·德波强调艺术与社会革命以及日常生活之间的紧密联系，取消艺术与社会和生活的界线，主张社会革命应该深入日常生活的方方面面："我们必须再一次使日常生活成为任何事情的中心。每个计划开始于那里并且每个认知返回那里呈现它的真实的含义。日常生活是任何事情的标准：来自实现，或宁可不实现；关于人类关系的；关于有生命的时间的；关于探求艺术的；关于革命的政治的。"让想象力夺权，一个人不仅要像一支队伍，更要像一个政府，通过想象构建自己的精神政府。他的生活如同他的作品一样保持着一致性，在我的阅读视野中，文如其人只属于居伊·德波。因为，他的一生都从未停止地按照毫不妥协的自由原则，进行创造和构建更多生活的可能性，同时还存在着与他人一起联合作战的可能性。

居伊·德波说，他在一生中，看到的只有混乱时刻、社会的极度分裂和巨大破坏，一个许多事物都以飞来横祸般的惊人速度变化的时代，几乎所有参照坐标和衡量标准都与它们得以建立的基础一起突然被扫荡一空。幸运的是，德波可以大胆宣告：我曾投身其中，密谋颠覆。尽管德波宣称他没有远游的必要，他从未坐过飞机，也没出过欧洲。他的偶像阿瑟·克拉凡[1]，面对纽约时曾目眩神迷地高呼："纽约！纽约！"德波有个苏格兰瘾君子朋友，曾在哈德逊河上以船为家，写出过畅销书《该隐之书》，他想邀请德波与他一起在船中对饮，在酩酊大醉中漂到纽约第 33 街旁。德波拒绝了这场邀请，因为在知识上和政治上，思维方式和精神活动通过想象完成的跨越不逊于跋涉千山万水，观念

1　阿瑟·克拉凡（Arthur Cravan，1887—1918），瑞士作家、诗人、艺术家、拳击手。

得到变化并为之坚守是最美的生活享受，在沉沦之地便可建构一座全然自我支撑、壁垒森严、独一无二的迦南美地。然而，我曾经像居伊·德波那样在新城区、老城区放浪形骸地沉沦放纵，在越发缺乏可能性的今天，浓郁的挫败感让我更希望能够像布罗茨基那样逃离。或许，多年来在向德波致敬的生活岁月里，我忽视了一个现实：德波是在巴黎蛰伏密谋，而我只是在外省局促不安地拙劣模仿着他的沉沦。

当下的我们，尚未摆脱集中景观的禁锢，却又戴上了扩散景观的桎梏，我们终于成了综合景观的悲壮囚徒。在景观社会，一切皆可消费，比如微博点蜡烛消费灾难，爱情也不例外，人不再拥有自我意识，空心病人只懂得逆来顺受地屈从，随波逐流。"我们如孤儿般生活，我们的历险尚未完成"，德波用游荡寻觅经验，在经验被抹平的阿尔法城重申城市文化的想象和社会生活的勇气，拒绝平庸，再造可能。

他的孤独也好，他的高贵也罢，都会激发人对真理的向往与对想象的激情。他热爱着生活中的许多事情，却又与生活格格不入、抗争到底，一如1959年居伊·德波电影里的画外音："我们需要通过联合作战去改变一切，或者一无所获。我们需要与大众重获联系，但我们的周围仍在沉睡……我们的生活是一次旅行——在冬天和夜晚里——我们寻觅着道路……这个巨大的迷宫像是务必解开的谜团，我们在其中忍受着疲倦和清晨的寒冷。这是幻象构成的现实，通过它我们势必会发现现实可能达到的丰富。"就像布罗茨基在《寄自威尼斯的明信片》的第一行所描述的那样，我抄录这段话作为结尾，献给自己以及所有被推迟的事物："为那些从未发生的事建造一座纪念碑。"

参考文献：

[美] 约瑟夫·布罗茨基，《悲伤与理智》，刘文飞译，上海译文出版社2015年。

[法] 居伊·德波，《景观社会》，张新木译，南京大学出版社2017年。

[法] 居伊·德波，《景观社会评论》，梁虹译，广西师范大学出版社2007年。

[法] 樊尚·考夫曼，《居伊·德波：诗歌革命》，史利平译，南京大学出版社2014年。

[美] 安迪·梅里菲尔德，《居伊·德波》，赵柔柔、崔晓红译，北京大学出版社2011年。

[意] 吉奥乔·阿甘本，《无目的的手段：政治学笔记》，赵文译，河南大学出版社2015年。

全球书情

在真相与虚构的边界，我们逆水行舟……

撰文　陈儒鹏

虚构类

荣誉
Kudos

蕾切尔·卡斯克
（Rachel Cusk）著

——

Macmillan USA 出版

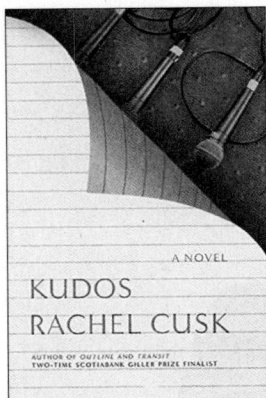

　　如果在当下的英国文坛中寻找对小说艺术最残忍的作者，这个人一定是蕾切尔·卡斯克；但同时，如果你想要寻找一个最真切的作者，那这个人也很可能是蕾切尔·卡斯克。蕾切尔·卡斯克，一个生活在伦敦的加拿大人、一个离了婚的妻子、一个不大称职的母亲、《美狄亚》的改编者与导演、一个对媒体宣战并宣誓"我将走向沉默"的小说作者。

　　《荣誉》是卡斯克的"大纲三部曲"（Outline Trilogy）的最后一部（其他两部分别为《大纲》[*Outline*]和《凌日》[*Transit*]），三部第一人称叙事的作品都围绕着一个离婚的女作者法耶（Faye）展开，但占据小说舞台中心的并不是离婚女性的独白，或是作者如同市场管理员一样事无巨细地放大、夸张、记录的生活内容。第一人称作品之中常见的成长、自白甚至是不可靠的叙述，在卡斯克的笔下都不见了踪影。法耶是一名倾听者，而所谓情节，就是她在飞机上、在创意写作班里或是在派对之中听到的一个个故事。如同偶然音乐《四分三十三秒》，尽管文本之中充斥着讲故事的声音，但法耶掌握着沉默，将它铺陈在小说的字里行间。然而，沉默并未平复小说内部的律动，法耶的视角、价值判断，她的幽默还有挑刺的习惯，为寂静赋予了喜剧、讽刺以及开放的可能。渐渐地，读者的焦虑从希望认识法耶、了解她的过去、浸入她的生活，转为担忧法耶的突然显现：在她精心挑选的沉默面具的背后，每个读者都能够看到卡斯克所谓的"另一种认知"，这种认知并不是经历本身，而是窥探、评价与隐藏。

这是一种令人着迷却不安的策略，读者不由得暗自寻思，法耶，或者是卡斯克，究竟获得了什么荣耀？她们胜利了吗？也许答案能归结到《荣誉》里一位批评家对法耶的评述，"我总是被那些复杂而刺激的作品吸引着，然而在那些有着无穷的否定色彩的文本之中，我似乎感受到了一种困境……否定的文学从它无所畏惧的诚实之中获取了力量，但这种真实却无法触碰"。"Kudos"在希腊语之中不仅仅意味着荣誉，也关联着倾听。荣耀是一场听者沉默的演讲，在倾听之中交织着沉默与言语，价值判断与叙述冲动，对真诚的渴望与无法触碰的困顿。

生食
Crudo

———

奥莉维亚·莱恩
（Olivia Laing）著

———

Picador 出版

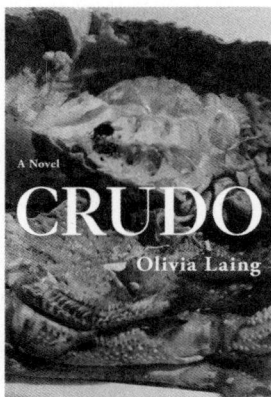

奥莉维亚·莱恩在 2017 年 8 月 1 日发了一篇 Twitter ：
"晚餐上喝得有点微醺，现在一个小说四重奏浮现在我的脑
子里，在往后 40 年的头一年里，我要把它写出来。或者在
早餐的时候就全忘掉。啊！！！这个题目可真是好极了！"
一天之后，莱恩更新了她的 Twitter，"号外：我在遮阳棚
下面已经写完了第一卷的第一段，真是有趣极了"。七周之
后，在飞往希思罗机场的飞机起飞前，莱恩宣告大功告成了。

人们很难将小说的主人公凯西（Kathy）从莱恩本人的
形象里抽出来——她们在 2017 年 8 月同时要嫁给一个叫作
伊恩（Ian）的男人，她们都在那个时候身居凉棚之下，试
着写一些东西，应对一个女人的婚前焦虑，她们甚至都喜
欢读《伦敦书评》——但莱恩又给凯西戴上了一个奇幻的

面具：已故的美国作家凯西·阿克（Kathy Acker）。凯西、凯西·阿克和奥莉维亚·莱恩，这三个人倏然被搬上了同一个舞台，20世纪80年代情绪化的现实、女性大胆的性别表演跨越了时空的壁垒，降落在了2017年8月。

这场带了些"夹生"，颇似后现代拼贴画的写作直播将此时此刻赤裸裸地展现在读者面前。莱恩在推特上承诺自己每天都会写作，而且第二天不会修改第一天的文字。莱恩的即兴表演感为小说增添了近似于日记的质感，分外亲切，但表演的绚烂也让人思索一个问题：回头再读的时候还会这么想吗？现在的观点、当下的情感是真实的吗？这样的创作方式是不是有点太快了呢？正如凯西自己在笔记本里写道："突然之间，凯西感到几分焦虑，她是不是已经把现在挖空了，她是不是已经站在了最前线，一个人立在时间的顶峰——荒唐，但有些时候你难道不认为我们并不能一同在绿野般的历史共时中穿行，像鲨鱼那样突然一群一群地劈波斩浪。"

但莱恩并不止于制造焦虑，小说伴随着婚期的临近而渐渐慢了下来。尽管欣赏的目光偶尔还会被坏脾气和忧惧打搅，但在睡着的丈夫身旁，凯西看到的现实也有了一些安定的模样，"她听着他的呼吸，长长的间歇……她在对他的爱欲里沉默不语，那个暖暖的、安睡着的小动物，那双金色的眼睛，打开来，温柔地看着她"。独身的凯西·阿克是一个精彩的面具，但面具背后的奥莉维亚·莱恩和她的凯西，她们将在婚姻和世界这道餐桌上，品尝"现实"这道生火腿，感知慰藉也承载未来的味道：这是文学带来的爱与慰藉。正如莱恩的好友黛博拉·列维（Deborah Levy）评论道，在丧乱与不安之中，莱恩致献给读者以及她热爱的生活与艺术，"一封充满遐思的情书"。

瑟茜
Circe

———

玛德琳·米勒
（Madeline Miller）著

———

Bloomsbury Publishing 出版

在《阿喀琉斯之歌》（*The Song of Achilles*）之后，玛德琳·米勒推出了她的第二部以希腊神话为背景的小说。古典学在当代的骤然兴起，为人们的思虑增添了一道前现代的色彩，在一个没有工业、没有电力，甚至半开化的年代，人要怎样面对自己的脆弱与力量，理解自己的性别与禀赋？如果说当代是一个"世俗化"的乐园，那么米勒将人重新推回到神灵与人之间的边界。在这个边界上的长居者便是瑟茜。

熟悉《奥德赛》的读者们应该不会忘了奥德修斯的船员们在艾尤岛（Aeaea）上吃了瑟茜用药水浸过的饭食而变成猪猡的情形。奥德修斯却因为幸存下来的一位船员通风报信，以及赫尔墨斯的出谋划策，用草药逃过一劫。荷马的天平自然是倾斜向奥德修斯的，一夜之后，瑟茜便倾慕于他，直到一年之后允许他重新踏上归程。

玛德琳·米勒对瑟茜的故事却颇多不满，"这种简单的征服故事真的有些让人扫兴，她是那么引人入胜、神秘莫测的形象，拥有着强大的力量与能动性，但在男性的英雄叙事面前，她似乎必须得立刻跪倒，终究逃不出作为英雄史诗之中那个必要的绊脚石的命运"。米勒希望重新书写瑟茜——这个人类有记载以来的第一个女巫——自己的故事，她是神灵与凡人的后代，但她的法力并不是神灵的赠予而是潜心研习的产物。她将咒语施展于草药之上，制造幻术，隐匿星辰，将人变成猪猡与怪物：黑暗的魔法是人类文明不可触碰的地方，只有压抑、征服，像奥德修斯那样用爱欲来化解它的迷雾，才能让人回归心安的社会领地，如同卢克莱修曾说："征服战争往往来源于人感知到的无力与最核心的脆弱。"甚至对女巫的叙事也逐渐从瑟茜开始有了自己的范式：女性的性渴望、黑魔法、草药与蛊惑，如果翻开宗教裁判所、萨勒姆的女巫审判的卷宗，看到的无非就是这些。现代人对包括希拉里在内的女性政客与经济学者的不信任，难道就比古人对女巫的鄙弃更加高贵吗？米勒再度书写的不仅仅是一个女巫的故事，而是文明的背阴面。只有进入这道阴影，摘下黑色的面纱，人才能瞥见那个所谓鬼神的世界，张牙舞爪的都是自己的影子。

非虚构类

恐惧的统治：一个哲学家观察着政治危机
The Monarchy of Fear : A Philosopher
Looks at Our Political Crisis
——
玛莎 · 努斯鲍姆
（Martha Nussbaum）著
——
Simon & Schuster 出版

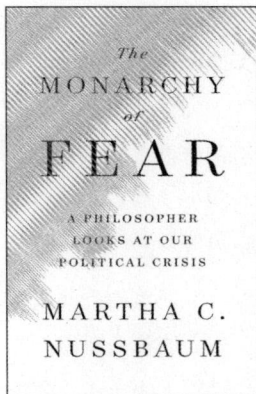

　　从亚里士多德到霍布斯、茱迪 · 史珂拉[1]，历史见证着
人类对思索政治的恐惧：恐惧和史珂拉所说的"恐惧的自
由主义"（liberalism of fear）在每次文明出现断裂的间隙——
无论是克伦威尔还是希特勒——都悄然漫上人类的思绪，
四散开来成为情感氛围。恐惧的自由主义是迫不得已的底
线：人应当有权免于屠戮、恐惧与一切非人行为。

　　2016 年特朗普当选后，玛莎 · 努斯鲍姆发现这条底线
似乎又一次被突破了："我似乎还不够深入……我一直觉得
自己有理由相信人们会抵制对恐惧与愤怒的宣传。"努斯鲍

1　茱迪·史珂拉（Judith Shklar, 1928—1992），哈佛大学政府管理学院考尔斯教授，历任美
　国政治哲学与法哲学协会主席、美国政治科学协会主席。

姆和斯宾诺莎一样，坚信社群的情感结构建构能产生更富弹性的伦理可能，而了解情感也能让人一睹事物内在的本真。如果对奥巴马的怀念已然无济于事，那么自由主义政治学者们需要考虑是什么引发了恐惧的泛滥，是什么让愤怒转为了激化矛盾的利刃，让性别歧视、宗教偏见成为了时代符号。

努斯鲍姆在《恐惧的统治》一书中将恐惧定义为一种反社会的私人情感，"恐惧是自恋心态的附带品，驱逐了一切对他人的考虑，哪怕这些考虑有着明确的形式"。这种观念不无道理，正如她在后文的分析之中指出，恐惧也是人类最为原初的情感，婴儿降生之后便暴露在对外界的恐惧之中，短暂的关怀、对危险的清除与食物的喂养才让婴儿从惴惴不安之中缓慢解脱，获得同情与利他的情感潜能——而映射到人类的政治发展之中，则显现为从"完全的独裁统治转向互惠的民主政治"，恐惧不失为一种嵌在当代民主肌体里的毒牙，"公民对他者展现出侵略的态势，他们责罚那些人，因为后者引发了恐惧的痛楚"。责难心理是一种政治的报复行为，而法西斯或者盲从政治则是一种罔顾真相的政治不负责。

2016年以来的世界也许在折磨着努斯鲍姆，但在《恐惧的统治》的最后一章，她依旧坚信同情与民主的力量。然而，时代的变化令人猝不及防，她在2004年的呼告："我们需要这样的一个社会，每位公民都可以坦承自己的需求与脆弱"，这在美国边境管控拆散非法移民家庭的暴行之中显得格外讽刺。人的脆弱不再是同情的源流，却蜕变成伤害的凭据。身处齐格蒙特·鲍曼（Zygmunt Bauman）所说的"液态恐惧"（Liquid Fear）的时代——风险让恐惧从对法令、对过往的担忧，转为对未来的预判与不安——知识分子如果希望重新唤起公民无所畏惧的同情与反抗暴政的勇气，需要更深刻的洞见、更实用的方案，甚至是一场激烈的牺牲。2018 年的努斯鲍姆踏上了渡河的航船，但愿历史厚待这个哲学家，不会只留给后人一声"公无渡河"。

真相之死：特朗普时代的谬误笔记
The Death of Truth: Notes on
Falsehood in the Age of Trump

———

角谷美智子
（Michiko Kakutani）著

———

Tim Duggan Books 出版

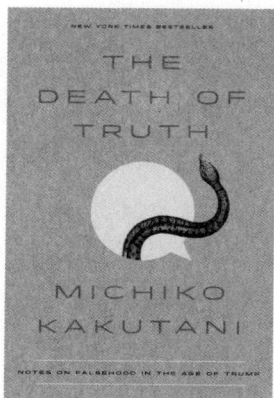

特朗普的执政给了知识分子们当头一棒，《纽约时报书评》前任书评撰稿人角谷美智子宣告退休；以前被她的尖刻言语挖苦中伤的各位作者们，终于可以上来松口气了。尽管"Kakutanize"这个动词也许不会再在文人们的日常调笑之中闪现，但这个时代前所未有地需要"Kakutanization"，这是一个未经审视的年代，而未经审视的生活是不值得过的。

退休后，角谷美智子也确实没有闲下来，而是在书卷与个人经历之中找寻"谎言时代"的源头，这本《真相之死》可以说是架构在引言之上。角谷后来在接受《滚石》杂志采访时说到，"丹尼尔·布尔斯廷（Daniel Boorstin）1962年的《图像》一书令人惊叹地预言了一个'虚假事件'取代现实、流量名人排斥真实英雄、幻象代替真实的美国"。这也不由得令人联想到居伊·德波的《景观社会》：社会万象沦为表象景观，"存在沦为拥有，拥有沦为浮现"。市场模式将社会历史纳入了生产与消费的景观之中，而在这样的社会环境下，特朗普的兴起并非意外，他是比希拉里更加刺激的景观。

角谷将美国的"后真相转向"归结为在网络与倾斜的信息浪潮之中渐染上偏见色彩的人心。当然，她也谈到美国社会并不是没有谎言的伊甸园，从"柯立芝繁荣"到越战、水门事件和伊拉克战争，不妨说美国精英的政治文化也早在谎言之中成为了烂透的苹果。不仅如此，美国立国以来，人们在生活之中对启蒙运动的相对抗拒，也滋生了难以稳定的共同理性秩序：菲利普·罗斯（Philip Roth）谈到"天生暴怒的美国人"，无疑一针见血，18 世纪时他们可以在波士顿倾倒茶叶，现代的愤怒将人们置于仇恨、封闭与自我之中。人们希望能在历史的漫漫长路上找到一个与当下相近的立足点——比方说 20 世纪 30 年代——但特朗普时代的积重难返，似乎让景观与真实的这场战争沦为无稽之谈。然而，哪怕这是一场注定失败的战争，也需要有勇气的人提着金线团，在德里达、利奥塔和鲍德里亚等人的理论迷宫之中，一边徘徊，一边一寸一寸地把线放下来，如果不能拆毁这座迷宫——无法将真相从群氓的双眸中解脱——那至少将这座迷宫探个清楚，这就是"Kakutanization"。

激进的牺牲
Radical Sacrifice

———

特里·伊格尔顿
（Terry Eagleton）著

———

Yale University Press 出版

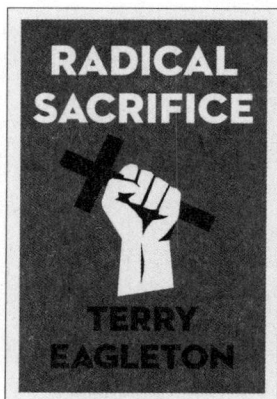

　　伊格尔顿原来说自己这几年想写一部关于喜剧与笑的书稿，然而临近 4 月的时候，他写出了这本《激进的牺牲》，这是一本关于暴力、十字架、礼物赠予、替罪羊与人类仪式的书。

　　无论是人祭还是动物的牺牲，都将人类从灾难、矛盾和错综复杂的社会关系之中带回了文化的伊始。乔治·巴塔耶（George Bataille）认为"牺牲是创造神圣的活动"，从牺牲的暴力与尸体之中诞生的是对神圣创生的狂喜与对崇高的恐惧，就像斯特拉文斯基的《春之祭》那样，在少女不断地狂舞之中，划分了神圣的愤怒与人性的边界。而最为人所知的牺牲者，无疑就是耶稣基督，他如同阿甘本所说的"神圣的人"（homo sacer），"保留了人类政治社会最原始的放逐"，这种放逐将神圣的力量从脆弱的肉体之中释放出来，也为人类社会赋予了意义——十字架。

与阿甘本和巴塔耶等人不同，伊格尔顿的文字为人类带来了一种不同于暴力与秩序的二元对立。在他笔下，最激进的牺牲是殉道：如果像伊菲格涅亚（Iphigenia）这样的牺牲让人直面神的愤怒，那么耶稣与其后圣徒的殉道则让人面对执掌权柄的帝国的背阴。伊格尔顿谈到，耶稣的殉道与复活是一种"达达主义般的事件"，在生命的毁灭与人类文明最凶恶的时刻，创造了如"先锋派艺术那样的神的国度"。

伊格尔顿是一个入世的文学批评家，他认为人类学的仪式与意象也许缺少了行动的意志，牺牲只有投射到文字与社会的变迁中才能实现其意义。勒内·吉拉尔（René Girard）的"替罪羊"、巴塔耶和德里达的"冬季赠礼节"（potlatch）在他们眼里是一种社会意象的固化与生产，伊格尔顿带给了读者一个个文学的幽灵——雅典的泰门、李尔王与燕卜逊（William Empson）的田园诗——这些文字的迷宫给这些意象与符号赋予了伦理和美学的意义：牺牲不仅仅通过隐喻和符号划定社会的边界，也通往每一个人内心之中的深夜和文明背阴处的丛林。

文章摘要

Article Abstracts

Callum Smith

Our Happy Moment — Chen Qiufan

The young science fiction writer Chen Qiufan employs the form of playwriting to present the future of fertility. Although artificial insemination and surrogacy remain technically and ethically controversial, they are no longer human imagination. The notion of male pregnancy will undoubtedly push theories of human reproduction toward complicated territory. At the end of the story, the only possibility for preventing this is: love. Even if it is constantly suppressed, forgotten and abused, it seems to be the greatest force for the movement of mankind.

The Furure of Words — Jia Hangjia

The search for the future of language has become an unavoidable question for all authors. Jia Hangjia has reviewed ancient literary language, the history of vernacular reforms, the promotion of simplified Chinese characters, and the changes brought about by the Internet language. Will the future bring about 'continuous surprise in limitless misunderstanding' or 'multiplied' silence, disregard for reality, and mutual unintelligibility' ? Someday, someone will redesign the Chinese language.

She is the Future

At the fourth annual of One Way Street Book Festival, five women from different fields shared their life stories, understandings of life, and their imagination of the future.

A Moment of Literature — Yu Wei

As a co-founder of One Way Space, Yu Wei recalls her life in Shenzhen. Two handed-down literary works and two comparable female figures become important reference points for her self-reflection later. Freedom of decision and autonomy are of utmost importance for her— the spiritual qualities that every individual, not just women, should possess.

Re-understanding Humans and Society in the Age of New Technology — Lu Ye

Professor Lu Ye from Fudan University undoubtedly holds a positive outlook toward the fast development of new technologies, especially in regard to the universalization of mobile Internet. From Gutenberg Galaxy, McLuhan Galaxy, to our times, the functions and special characteristics of the mobile Internet have already transcended the category of media form iteration. New technology has created new practical possibilities for public life and culture.

Writing is the Resonance of Life — Guo Shuang

Guo Shuang's writing career began in writing newspaper column. She gradually found her aspiration in those column articles recording insignificant people in metropolis. When the snowstorm hit Guangzhou train station in 2008, she found profound resonance with other people, and with the world. She incorporated this throughout all of her writing career.

Hardship Worth Watching — Peng Ke

In the photographic collection *Salt Pond*, the Post-90s generation graphic designer Peng Ke compares people living in the city to creatures living in salt-water, 'at once surrounded by a reflective surface, and struggling to live within'. The rapid development of the city and the changes of the city are shared memories for this generation, and also the condition in which they exist.

An Uncertain Future Beats Ten Thousand Gloomy Presents — Malilingshan

From media worker to self-proclaimed 'vulgar businessperson', this is both Malilingshan's self-mockery, and her practice of 'opening new life possibilities'. A few years after graduation, she lived a lifestyle her mother did not approve of, but realized her own incentive of 'reading, traveling, meeting people, and making mistakes'. Now, faced with the crisis of a slow economy growth, she persisted in her search.

An Interview with Yuval Harari: I don't predict the future, I simply hope to help people to join in the discussion about the future of humankind — Chen Yiyi

With the popularity of *A Brief History of Humankind, Homo Deus: A Brief History of Tomorrow, 21 Lessons for the 21st Century*, Yuval Noah Harari received a phenomenal amount of attention globally. His middle-eastern background, homosexual identity, cross-field research and other factors have formed the way he ponders on the world and expresses his ideas —the way that has a strange resonance with this era of information explosion, frequent change and anxiety. In this interview, he discusses his approach to work and composition, and warns us of the dangers and challenges for humanity in the 21st century. He stresses that he 'does not predict the future', but instead provides a vision, to give humankind the possibility to discuss the future.

Salt Pond — Peng Ke

This selection comes from young artist Peng Ke's collection *Salt Pond*. 'Salt Pond' refers to water with high salinity, either natural or manmade, usually colorful. She chooses this name because she believes that, to some extent, people living in the city are akin to animals and plants living within a salt pond. In this collection, the future seems to come from the past, but is also surreal. Peng Ke incorporates her own sensitivity, intricacy, blandness from her childhood and youth.

Yichun — Zhao Song

In this futuristic 'anti-novel', the author Zhao Song is actually deliberating on old and fundamental topics to do with humanity: love and loneliness, nested in endless searching for truth and falsity. A policeman in a fruitless search of a runaway couple; a man and woman discussing online of a young girl's desire to commit suicide; the mysterious woman throughout the journey give us a strange sense of familiarity… The frequent switchchanges of narrative forms and the presentation of fragments together render a never-ending story. Who is the girl? Is it a dream or reality? Do we really have a moment without loneliness?

The Double Pendulum — Kuai Lehao

Compared to the chaos of the city after an earthquake, or the secret in the son's heart, the 'post-earthquake orphan' that the husband brings home gives the family a shed of life and hope. An almost 50-year-old wife never thought of adopting a child, but had no choice but to conform to her husband's wish. As time passes by, the girl grows up and the truth eventually becomes clear… Following her debut trilogy in the 17th issue of *OW*

Magazine , Kuai's fiction continues to express chilling reality through daily dialogue.

Ten Poems in the Deep Night — Sun Wenbo

'All poetry is about the future', says poet Sun Wenbo. In these ten poems, he discusses politics, art, death, life and fate with the passion, sensitivity, incisiveness and deep emotion of a poet. Sun Wenbo's poetry brims with energy, a sense derived from the poet's conscious examination of the reality, the deep interrogation of life. Despite residing in seclusion, he never lose touch with the world, resisting the temptation to wallow in his own little world. Although it is difficult to express in the present era, Sun Wenbo uses poetry to continue to do so.

Belgrade's Emotion: Who is singing there? — Bai Lin

OW Magazine author Bai Lin visits the Serbian capital of Belgrade, a city that, 62 years after the failure of the Yugoslavian regime, stands in the river of history , awaiting an unknown fate. Bai Lin's words are simple and soft, touching on film, literature, and politics, weaving the author's findings amongst anecdotes from daily lives of common folk. The history and the present, the grand and tiny events, paint the picture of this ancient and battered city together.

The Texture of Poverty — Wang Bang

'Many of the tragedies to do with my life, are the fault of poverty.' Wang Bang's tone of speech when discussing her adversity often has a sense of British humor to it, but this does not impede her solid treatment of serious topics. Starting with her poverty-stricken life in London, Wang Bang utilizes plenty of vivid narration and characters, combined with accurate data and examples to generate a full image of the existence of Britain's lowest class. The most frightening reality is that, poverty seems like an original sin.

Victims of poverty are often denounced by society, particularly the middle-upper class. When poverty become a sort of disgrace, rather than a subject to be addressed or to be resolved. This is the true root of the problem.

Guy Debord: The thousands of possibilities of conspiracy — Xiao Yi

Reviewer Xiao Yi says, Debord is his idol. Bringing the spiritual life and the substantial life closely together, becoming the subject of worship and imitation for later generations, this is the greatest quality of Guy Debord — the unity of knowledge and practice. Devoted to 'the construction of situation and the destruction of spectacle', this enchanting and bewitching thinker of the 20th century continues to glitter in the 21st century. If George Orwell predicted the essence of the age of totalitarianism, then Guy Debord predicts the features of the post-totalitarian age.

World Book Affairs — Chen Rupeng

Having recently joined Edinburgh University, young author Chen Rupeng sends us his global survey of the latest books. The three novels are all written by women, providing thought-provoking discussion from their female perspective and identity; in the non-fiction category, the power of empathy and democracy are revisited and re-emphasised. What is the reason behind the 'post-truth era' of the Trump-era? How to find the remedy? Creators in the intellectual and literary fields must, in every era, be able to make sober observations.

撰 稿 人

陈楸帆，毕业于北大中文系及艺术系，科幻作家，编剧，翻译。世界科幻作家协会（SFWA）成员，世界华人科幻作家协会（CSFA）会长，Xprize基金会科幻顾问委员会（SFAC）成员。曾多次获得星云奖、银河奖、世界奇幻科幻翻译奖等国内外奖项，作品被广泛翻译为多国语言，在许多欧美科幻杂志均为首位发表作品的中国作家，代表作包括《荒潮》《未来病史》《后人类时代》等。

贾行家，男，1978年生人，非职业作者。出版有散文集《尘土》《潦草》。

于威，单向空间联合创始人。

陆晔，复旦大学信息与传播研究中心副主任、新闻学院教授。华中理工大学工学学士，北京广播学院法学（新闻学）硕士，复旦大学法学（新闻学）博士，香港中文大学博士后，美国南加州大学富布赖特访问学者。主要研究领域为媒介社会学、新技术、影像与日常生活。

郭爽，1984年出生于贵州。毕业于厦门大学中文系。曾供职于《南方都市报》。获德国罗伯特·博世基金会"无界行者"创作奖学金（2015）。获第七届华文世界电影小说奖首奖（2017）。现居广州。

彭可，1992年出生于湖南长沙，成长于深圳，是一名图像工作者，现在洛杉矶和中国南方生活和工作。她相信"观看"这一静止行为的动态力量，以及摄影的自我投射和心理学潜能。毕业于罗德岛设计学院摄影系。

马李灵珊，毕业于南京大学金融系，先后供职于《南方人物周刊》《时尚先生 *Esquire*》《智族 *GQ*》等媒体，中国顶级商业及文娱人物报道记者。2015 年，与导演五百联合创立五元文化，联合出品《白夜追凶》《灭罪师》等剧集。

牛雪琛，毕业于外交学院，曾任国际新闻编辑、记者，"翻译是一件可以同时享受阅读和创作的事"。

赵松，作家，文学和艺术评论家。1972 年生于辽宁抚顺，现居上海。作品有小说集《积木书》《抚顺故事集》《空隙》《细听鬼唱诗》，随笔集《最好的旅行》，文学评论集《被夺走了时间的蚂蚁》。

蒯乐昊，1979 年出生，媒体人，业余画画自娱，现居南京。

孙文波，1956 年出生。四川成都人。作品入选《后朦胧诗全集》《中国二十世纪新诗大典》《百年新诗选》等多种选本。部分作品被翻译成英语、德语、俄语、西班牙语、荷兰语。曾与人共同创办《红旗》《九十年代》《反对》《小杂志》等民刊。参与主编《中国诗歌评论》《中国诗歌：九十年代备忘录》。主编《当代诗》。获得多种国内诗歌奖项。迄今已出版诗集《地图上的旅行》

（1997）、《给小蓓的俪歌》（1998）、《孙文波的诗》（2001）、《与无关有关》（2011）、《新山水诗》（2012）、《马峦山望》（2015）、《长途汽车上的笔记》（2017）。文论集《在相对性中写作》（2010）。

柏琳，原《新京报·书评周刊》资深记者，编辑，现为书评人，独立记者。从理论语言学中叛逃，在文学里瞎打误撞。

王梆，出版有电影文集《映城志》、数本短篇小说绘本集以及漫画故事《伢三》等。电影剧作《梦笼》获 2011 年纽约独立电影节最佳剧情片奖，纪录片《刁民》亦在数个国际电影节参展。小说作品散见于《天南》、美国俄克拉荷马州大学《中国当代文学选集》、美国"文字无边界"文学网站、2016 年秋纽约古根海姆博物馆"故事新编"中国当代艺术展等。作为自由记者，为海内外媒体撰写欧洲时政评论。译有英国当代诗人理查德·贝伦加滕诗选《改变》、英国当代诗人彼得·休斯诗选《贝多芬附魔曲》等。

萧轶，平时睡觉、偶尔写字的乡下青年。

陈儒鹏，爱丁堡大学文学与现代性专业研究生，对伍尔夫和她的一切满心欢喜。前《单读》实习生，如今是个小评论员。

图书在版编目（CIP）数据

单读 . 19，到未来去 / 吴琦主编 . —北京：台海出版社，2019.1

ISBN 978-7-5168-2218-0

Ⅰ . ①单… Ⅱ . ①吴… Ⅲ . ①社会科学—文集

Ⅳ .C53

中国版本图书馆 CIP 数据核字 (2019) 第 019607 号

单读 . 19，到未来去

主　　编：吴　琦			
责任编辑：刘　峰		策划编辑：罗丹妮　　王天仪	
美术总监：刘肖男		设计制作：李政珂	
内文制作：陈基胜		责任印制：蔡　旭	

出版发行：台海出版社

地　　址：北京市东城区景山东街 20 号　邮政编码：100009

电　　话：010-64041652（发行、邮购）

传　　真：010-84045799（总编室）

网　　址：www.taimeng.org.cn/thcbs/default.htm

　　　　　E-mail：thcbs@126.com

经　　销：全国各地新华书店

印　　刷：山东鸿君杰文化发展有限公司

本书如有破损、缺页、装订错误，请与本社联系调换

开　　本：787mm × 1092mm　1/32

字　　数：230 千字　　　　　　印　　张：13.5

版　　次：2019 年 2 月第 1 版　　印　　次：2019 年 2 月第 1 次印刷

书　　号：ISBN 978-7-5168-2218-0

定　　价：49.00 元